元 脱脱等撰

宋史

第三三册

卷三六五至卷三八〇（傳）

中華書局

宋史卷三百六十五

列傳第一百二十四

岳飛 子雲

岳飛字鵬舉，相州湯陰人。世力農。父和，能節食以濟饑者。有耕侵其地，割而與之；貰其財者不責償。飛生時，有大禽若鵠，飛鳴室上，因以爲名。未彌月，河決內黃，水暴至，母姚抱飛坐甕中，衝濤及岸得免，人異之。

少負氣節，沈厚寡言，家貧力學，尤好左氏春秋、孫吳兵法。生有神力，未冠，挽弓三百斤，弩八石。學射於周同，盡其術，能左右射。同死，朔望設祭於其冢。父義之，曰：「汝爲時用，其徇國死義乎。」

宣和四年，眞定宣撫劉韐募敢戰士，飛應募。相有劇賊陶俊、賈進和〔一〕，飛請百騎滅之。遣卒僞爲商入賊境，賊掠以充部伍。飛遣百人伏山下，自領數十騎逼賊壘。賊出戰，飛陽北，賊來追之，伏兵起，先所遣卒擒俊及進和以歸。

康王至相，飛因劉浩見，命招賊吉倩，倩以衆三百八十人降。補承信郎。以鐵騎三百往李固渡嘗敵，敗之。從浩解東京圍，與敵相持於滑南，領百騎習兵河上。敵猝至，飛麾其徒曰：「敵雖衆，未知吾虛實，當及其未定擊之。」乃獨馳迎敵。有梟將舞刀而前，飛斬之，敵大敗。遷秉義郎，隸留守宗澤。戰開德、曹州皆有功，澤大奇之，曰：「爾勇智才藝，古良將不能過，然好野戰，非萬全計。」因授以陣圖。飛曰：「陣而後戰，兵法之常，運用之妙，存乎一心。」澤是其言。

康王即位，飛上書數千言，大略謂：「陛下已登大寶，社稷有主，已足伐敵之謀，而勤王之師日集，彼方謂吾素弱，宜乘其怠擊之。黃潛善、汪伯彥輩不能承聖意恢復，奉車駕日益南，恐不足繫中原之望。臣願陛下乘敵穴未固，親率六軍北渡，則將士作氣，中原可復。」書聞，以越職奪官歸。

詣河北招討使張所，所待以國士，借補修武郎，充中軍統領。所問曰：「汝能敵幾何？」飛曰：「勇不足恃，用兵在先定謀，欒枝曳柴以敗荆，莫敖采樵以致絞，皆謀定也。」所矍然曰：「君殆非行伍中人。」飛因說之曰：「國家都汴，恃河北以爲固。苟馮據要衝，峙列重鎭，一城受圍，則諸城或撓或救，金人不能窺河南，而京師根本之地固矣。招撫誠能提兵壓境，飛唯命是從。」所大喜，借補武經郎。

命從王彥渡河，至新鄉，金兵盛，彥不敢進。飛獨引所部鏖戰，奪其纛而舞，諸軍爭奮，遂拔新鄉。翌日，戰侯兆川，身被十餘創，士皆死戰，又敗之。夜屯石門山下，或傳金兵復至，一軍皆驚，飛堅臥不動，金兵卒不來。食盡，走彥壁乞糧，彥不許。飛引兵益北，戰于太行山，擒金將拓跋耶烏。居數日，復遇敵，飛單騎持丈八鐵槍，刺殺黑風大王，敵衆敗走。飛自知與彥有隙，復歸宗澤，爲留守司統制。澤卒，杜充代之，飛居故職。

二年，戰胙城，又戰黑龍潭，皆大捷。從閭勍保護陵寢，大戰汜水關，射殪金將，大破其衆。駐軍竹蘆渡，與敵相持，選精銳三百伏前山下，令各以薪芻交縛兩束，夜半，爇四端而舉之。金人疑援兵至，驚潰。

三年，賊王善〔三〕、曹成、孔彥舟等合衆五十萬，薄南薰門。飛所部僅八百，衆懼不敵，飛曰：「吾爲諸君破之。」左挾弓，右運矛，橫衝其陣，賊亂，大敗之。又擒賊杜叔五、孫海于東明。借補英州刺史。王善圍陳州，飛戰于清河，擒其將孫勝、孫清，授眞刺史。

杜充將還建康，飛曰：「中原地尺寸不可棄，今一舉足，此地非我有，他日欲復取之，非數十萬衆不可。」充不聽，遂與俱歸。師次鐵路步，遇賊張用，至六合遇李成，與戰，皆敗之。成遣輕騎劫憲臣犒軍銀帛，飛進兵掩擊之，成奔江西。時命充守建康，金人與成合寇烏江，充閉門不出。飛泣諫請視師，充竟不出。金人遂由馬家渡渡江，充遣飛等迎戰，王𤫊先遁，諸將皆潰，獨飛力戰。

會充已降金，諸將多行剽掠，惟飛軍秋毫無所犯。兀朮趨杭州，飛要擊至廣德境中，六戰皆捷，擒其將王權，俘簽軍首領四十餘。察其可用者，結以恩遣還，令夜斫營縱火，飛乘亂縱擊，大敗之。駐軍鍾村，軍無見糧，將士忍饑，不敢擾民。金所籍兵相謂曰：「此岳爺爺軍。」爭來降附。

四年，兀朮攻常州，宜興令迎飛移屯焉。盜郭吉聞飛來，遁入湖，飛遣王貴、傅慶追破之，又遣辯士馬皐、林聚盡降其衆。有張威武者不從，飛單騎入其營，斬之。避地者賴以免，圖飛像祠之。

金人再攻常州，飛四戰皆捷；尾襲於鎭江東，又捷；戰于淸水亭，又大捷，橫屍十五里。兀朮趨建康，飛設伏牛頭山待之。夜，令百人黑衣混金營中擾之，金兵驚，自相攻擊。兀朮次龍灣，飛以騎三百、步兵二千馳至新城，大破之。兀朮奔淮西，遂復建康。飛奏：「建康爲要害之地，宜選兵固守，仍益兵守淮，拱護腹心。」帝嘉納。兀朮歸，飛邀擊于靜安，敗之。

詔討戚方，飛以三千人營于苦嶺。方遁，俄益兵來，飛自領兵千人，戰數十合，皆捷。

會張俊兵至，方遂降。范宗尹言張俊自浙西來，盛稱飛可用，遷通、泰鎮撫使兼知泰州。飛辭，乞淮南東路一重難任使，收復本路州郡，乘機漸進，使山東、河北、河東、京畿等路次第而復。

會金攻楚急，詔張俊援之。俊辭，乃遣飛行，而命劉光世出兵援飛。飛屯三墪爲楚援，尋抵承州，三戰三捷，殺高太保，俘酋長七十餘人。光世等皆不敢前，飛師孤力寡，楚遂陷。詔飛還守通、泰，有旨可守卽守，如不可，但於沙洲保護百姓，伺便掩擊。飛以泰無險可恃，退保柴墟，戰于南霸橋，金大敗。渡百姓於沙上，飛以精騎二百殿，金兵不敢近。飛以泰州失守待罪。

紹興元年，張俊請飛同討李成。時成將馬進犯洪州，連營西山。飛曰：「賊貪而不慮後，若以騎兵自上流絕生米渡，出其不意，破之必矣。」飛請自爲先鋒，俊大喜。飛重鎧躍馬，潛出賊右，突其陣，所部從之。進大敗，走筠州。飛抵城東，賊出城，布陣十五里，飛設伏，以紅羅爲幟，上刺「岳」字，選騎二百隨幟而前。賊易其少，薄之，伏發，賊敗走。飛使人呼曰：「不從賊者坐，吾不汝殺。」坐而降者八萬餘人。進以餘卒奔成于南康。飛夜引兵至朱家山，又斬其將趙萬。成聞進敗，自引兵十餘萬來。飛與遇於樓子莊，大破成軍，追斬進。成走蘄州，降僞齊。

張用寇江西，用亦相人，飛以書諭之曰：「吾與汝同里，南薰門、鐵路步之戰，皆汝所悉。今吾在此，欲戰則出，不戰則降。」用得書曰：「果吾父也。」遂降。

江、淮平，俊奏飛功第一，加神武右軍副統制，留洪州，彈壓盜賊，授親衞大夫、建州觀察使。建寇范汝爲陷邵武，江西安撫李回檄飛分兵保建昌軍及撫州，飛遣人以「岳」字幟植城門，賊望見，相戒勿犯。賊黨姚達、饒靑逼建昌，飛遣王萬、徐慶討擒之。升神武副軍都統制。

二年，賊曹成擁衆十餘萬，由江西歷湖湘，據道、賀二州。命飛權知潭州，兼權荆湖東路安撫都總管，付金字牌、黄旗招成。成聞飛將至，驚曰：「岳家軍來矣。」卽分道而遁。飛至茶陵，奉詔招之，成不從。飛奏：「比年多命招安，故盜力强則肆暴，力屈則就招，苟不略加剿除，蠭起之衆未可遽殄。」許之。

飛入賀州境，得成諜者，縛之帳下。飛出帳調兵食，吏曰：「糧盡矣，奈何？」飛陽曰：「姑反茶陵。」已而顧諜若失意狀，頓足而入，陰令逸之。諜歸告成，成大喜，期翌日來追。飛命士蓐食，潛趨遶嶺，未明，已至太平場，破其砦。成據險拒飛，飛麾兵掩擊，賊大潰。成走據北藏嶺、上梧關，遣將迎戰，飛不陣而鼓，士爭奮，奪二隘據之。成又自桂嶺置砦至北藏嶺，連控隘道，親以衆十餘萬守蓬頭嶺。飛部才八千，一鼓登嶺，破其衆，成奔連州。飛謂張憲等曰：「成黨散去，追而殺之，則脅從者可憫，縱之則復聚爲盜。今遣若等誅其酋而撫其衆，慎勿妄殺，累主上保民之仁。」於是憲自賀、連，徐慶自邵、道，王貴自郴、桂，招降者二萬，與飛會連州。進兵追成，成走宣撫司降。時以盛夏行師瘴地，撫循有方，士無一人死癘者，嶺表平。授武安軍承宣使，屯江州。甫入境，安撫李回檄飛捕劇賊馬友、郝通、劉忠、李通、李宗亮、張式，皆平之。

三年春，召赴行在。江西宣諭劉大中奏：「飛兵有紀律，人恃以安，今赴行在，恐盜復起。」不果行。時虔、吉盜連兵寇掠循、梅、廣、惠、英、韶、南雄、南安、建昌、汀、邵武諸郡，帝乃專命飛平之。飛至虔州，固石洞賊彭友悉衆至雩都迎戰，躍馬馳突，飛麾兵即馬上擒之，餘酋退保固石洞。洞高峻環水，止一徑可入。飛列騎山下，令皆持滿，黎明，遣死士疾馳登山，賊衆亂，棄山而下，騎兵圍之。賊呼丐命，飛令勿殺，受其降。授徐慶等方略，捕諸郡餘賊，皆破降之。初，以隆祐震驚之故，密旨令飛屠虔城。飛請誅首惡而赦脅從，不許；請至三四，帝乃曲赦。人感其德，繪像祠之。餘寇高聚、張成犯袁州，飛遣王貴平之。

秋，入見，帝手書「精忠岳飛」字，製旗以賜之。授鎭南軍承宣使、江南西路沿江制置使，又改神武後軍都統制，仍制置使，李山、吳全、吳錫、李横、牛皋皆隸焉。

僞齊遣李成挾金人入侵，破襄陽、唐、鄧、隨、郢諸州及信陽軍，湖寇楊么亦與僞齊通，欲順流而下，李成又欲自江西陸行，趨兩浙與么會。帝命飛爲之備。

四年，除兼荆南、鄂岳州制置使。飛奏：「襄陽等六郡爲恢復中原基本，今當先取六郡，以除心膂之病。李成遠遁，然後加兵湖湘，以殄羣盜。」帝以諭趙鼎，鼎曰：「知上流利害，無如飛者。」遂授黄復州、漢陽軍、德安府制置使。飛渡江中流，顧幕屬曰：「飛不擒賊，不涉此江。」抵郢州城下，僞將京超號「萬人敵」，乘城拒飛。飛鼓衆而登，超投崖死，復郢州，遣張憲、徐慶復隨州。飛趣襄陽，李成迎戰，左臨襄江，飛笑曰：「步兵利險阻，騎兵利平曠。成左列騎江岸，右列步平地，雖衆十萬何能爲。」舉鞭指王貴曰：「爾以長槍步卒擊其騎兵。」指牛皐曰：「爾以騎兵擊其步卒。」合戰，馬應槍而斃，後騎皆擁入江，步卒死者無數，成夜遁，復襄陽。劉豫益成兵屯新野，飛與王萬夾擊之，連破其衆。

飛奏：「金賊所愛惟子女金帛，志已驕惰；劉豫僭僞，人心終不忘宋。如以精兵二十萬，直擣中原，恢復故疆，誠易爲力。襄陽、隨、郢地皆膏腴，苟行營田，其利爲厚。臣候糧足，卽過江北剿戮敵兵。」時方重深入之舉，而營田之議自是興矣。

進兵鄧州，成與金將劉合孛堇列砦拒飛。飛遣王貴、張憲掩擊，賊衆大潰，劉合孛堇僅以身免。賊黨高仲退保鄧城，飛引兵一鼓拔之，擒高仲，復鄧州。帝聞之，喜曰：「朕素聞岳飛行軍有紀律，未知能破敵如此。」又復唐州、信陽軍。

襄漢平，飛辭制置使，乞委重臣經畫荆襄，不許。趙鼎奏：「湖北鄂、岳最爲上流要害，乞令飛屯鄂、岳，不惟江西藉其聲勢，湖、廣、江、浙亦獲安妥。」乃以隨、郢、唐、鄧、信陽並爲襄陽府路隸飛，飛移屯鄂，授淸遠軍節度使、湖北路、荆、襄、潭州制置使，封武昌縣開國子。

兀朮、劉豫合兵圍廬州，帝手札命飛解圍，提兵趨廬，僞齊已驅甲騎五千逼城。飛張「岳」字旗與「精忠」旗，金兵一戰而潰，廬州平。飛奏：「襄陽等六郡人戶闕牛、糧，乞量給官錢，免官私逋負，州縣官以招集流亡爲殿最。」

五年，入覲，封母國夫人；授飛鎭寧、崇信軍節度使，湖北路、荆襄潭州制置使，進封武昌郡開國侯；又除荆湖南北、襄陽路制置使，神武後軍都統制，命招捕楊么。飛所部皆西北人，不習水戰，飛曰：「兵何常，顧用之何如耳。」先遣使招諭之。賊黨黄佐曰：「岳節使號令如山，若與之敵，萬無生理，不如往降。節使誠信，必善遇我。」遂降。飛表授佐武義大夫，單騎按其部，拊佐背曰：「子知逆順者。果能立功，封侯豈足道？欲復遣子至湖中，視其可乘者擒之，可勸者招之，如何？」佐感泣，誓以死報。

時張浚以都督軍事至潭，參政席益與浚語，疑飛玩寇，欲以聞。浚曰：「岳侯，忠孝人也，兵有深機，胡可易言？」益慙而止。黄佐襲周倫砦，殺倫，擒其統制陳貴等。飛上其功，遷武功大夫〔三〕。統制任士安不稟王𤫉令，軍以此無功。飛鞭士安使餌賊，曰：「三日賊不平，斬汝。」士安宣言：「岳太尉兵二十萬至矣。」賊見止士安軍，併力攻之。飛設伏，士安戰急，伏四起擊賊，賊走。

會召浚還防秋，飛袖小圖示浚，浚欲俟來年議之。飛曰：「已有定畫，都督能少留，不八日可破賊。」浚曰：「何言之易？」飛曰：「王四廂以王師攻水寇則難，飛以水寇攻水寇則易。水戰我短彼長，以所短攻所長，所以難。若因敵將用敵兵，奪其手足之助，離其腹心之託，使孤立，而後以王師乘之，八日之內，當俘諸酋。」浚許之。

飛遂如鼎州。黃佐招楊欽來降，飛喜曰：「楊欽驍悍，既降，賊腹心潰矣。」表授欽武義大夫，禮遇甚厚，乃復遣歸湖中。兩日，欽說余端、劉詵〔四〕等降，飛詭罵欽曰：「賊不盡降，何來也？」杖之，復令入湖。是夜，掩賊營，降其衆數萬。么負固不服，方浮舟湖中，以輪激水，其行如飛，旁置撞竿，官舟迎之輒碎。飛伐君山木爲巨筏，塞諸港汊，又以腐木亂草浮上流而下，擇水淺處，遣善罵者挑之，且行且罵。賊怒來追，則草木壅積，舟輪礙不行。飛亟遣兵擊之，賊奔港中，爲筏所拒。官軍乘筏，張牛革以蔽矢石，舉巨木撞其舟，盡壞。么投水，牛皐擒斬之。飛入賊壘，餘酋驚曰：「何神也！」俱降。飛親行諸砦慰撫之，縱老弱歸田，籍少壯爲軍，果八日而賊平。浚嘆曰：「岳侯神算也。」初，賊恃其險曰：「欲犯我者，除是飛來。」至是，人以其言爲讖。獲賊舟千餘，鄂渚水軍爲沿江之冠。詔兼蘄、黃制置使，飛以目疾乞辭軍事，不許，加檢校少保，進封公。還軍鄂州，除荆湖南北、襄陽路招討使。

六年，太行山忠義社梁興等百餘人，慕飛義率衆來歸。飛入覲，面陳：「襄陽自收復後，未置監司，州縣無以按察。」帝從之，以李若虛爲京西南路提舉兼轉運、提刑，又令湖北、襄陽府路自知州、通判以下賢否，許飛得自黜陟。

張浚至江上會諸大帥，獨稱飛與韓世忠可倚大事，命飛屯襄陽，以窺中原，曰：「此君素志也。」飛移軍京西，改武勝、定國軍節度使，除宣撫副使，置司襄陽。命往武昌調軍。居母憂，降制起復，飛扶櫬還廬山，連表乞終喪，不許，累詔趣起，乃就軍。又命宣撫河東，節制河北路。首遣王貴等攻虢州，下之，獲糧十五萬石，降其衆數萬。張浚曰：「飛措畫甚大，令已至伊、洛，則太行一帶山砦，必有應者。」飛遣楊再興進兵至長水縣，再戰皆捷，中原響應。又遣人焚蔡州糧。

九月，劉豫遣子麟、姪猊分道寇淮西（三），劉光世欲舍廬州，張俊欲棄盱眙，同奏召飛以兵東下，欲使飛當其鋒，而已得退保。張浚謂：「岳飛一動，則襄漢何所制？」力沮其議。帝慮俊、光世不足任，命飛東下。飛自破曹成、平楊么，凡六年，皆盛夏行師，致目疾，至是，甚；聞詔卽日啓行，未至，麟敗。飛奏至，帝語趙鼎曰：「劉麟敗北不足喜，諸將知尊朝廷爲可喜。」遂賜札，言：「敵兵已去淮，卿不須進發，其或襄、鄧、陳、蔡有機可乘，從長措置。」飛乃還軍。時僞齊屯兵窺唐州，飛遣王貴、董先等攻破之，焚其營。奏圖蔡以取中原，不許。飛召貴等還。

七年，入見，帝從容問曰：「卿得良馬否？」飛曰：「臣有二馬，日啖芻豆數斗，飲泉一斛，然非精潔則不受。介而馳，初不甚疾，比行百里始奮迅，自午至酉，猶可二百里。褫鞍甲而不息不汗，若無事然。此其受大而不苟取，力裕而不求逞，致遠之材也。不幸相繼以死。今所乘者，日不過數升，而秣不擇粟，飲不擇泉，攬轡未安，踊躍疾驅，甫百里，力竭汗喘，殆欲斃然。此其寡取易盈，好逞易窮，駑鈍之材也。」帝稱善，曰：「卿今議論極進。」拜太尉，繼除宣撫使兼營田大使。從幸建康，以王德、酈瓊兵隸飛，詔諭德等曰：「聽飛號令，如朕親行。」

飛數見帝，論恢復之略。又手疏言：「金人所以立劉豫於河南〔六〕，蓋欲荼毒中原，以中國攻中國，粘罕因得休兵觀釁。臣欲陛下假臣月日，便則提兵趨京、洛，據河陽、陝府、潼關，以號召五路叛將。叛將既還，遣王師前進，彼必棄汴而走河北，京畿、陝右可以盡復。然後分兵濬、滑，經略兩河，如此則劉豫成擒，金人可滅，社稷長久之計，實在此舉。」帝答曰：「有臣如此，顧復何憂，進止之機，朕不中制。」又召至寢閤命之曰：「中興之事，一以委卿。」

命節制光州。

飛方圖大舉，會秦檜主和，遂不以德、瓊兵隸飛。詔詣都督府與張浚議事，浚謂飛曰：「王德淮西軍所服，浚欲以爲都統，而命呂祉以督府參謀領之，如何？」飛曰：「德與瓊素不相下，一旦揠之在上，則必爭。呂尚書不習軍旅，恐不足服衆。」浚曰：「張宣撫如何？」飛曰：「暴而寡謀，尤瓊所不服。」浚曰：「然則楊沂中爾？」飛曰：「沂中視德等爾〔七〕，豈能馭此軍？」浚艴然曰：「浚固知非太尉不可。」飛曰：「都督以正問飛，不敢不盡其愚，豈以得兵爲念耶？」即日上章乞解兵柄，終喪服，以張憲攝軍事，步歸，廬母墓側。浚怒，奏以張宗元爲宣撫判官，監其軍。

帝累詔趣飛還職，飛力辭，詔幕屬造廬以死請，凡六日，飛趨朝待罪，帝慰遣之。宗元還言：「將和士銳，人懷忠孝，皆飛訓養所致。」帝大悅。飛奏：「比者寢閤之命，咸謂聖斷已堅，何至今尚未決？臣願提兵進討，順天道，因人心，以曲直爲老壯，以逆順爲強弱，萬全之効可必。」又奏：「錢塘僻在海隅，非用武地。願陛下建都上游，用漢光武故事，親率六軍，往來督戰。庶將士知聖意所向，人人用命。」未報而酈瓊叛，浚始悔。飛復奏：「願進屯淮甸，伺便擊瓊，期於破滅。」不許，詔駐師江州爲淮、浙援。

飛知劉豫結粘罕，而兀朮惡劉豫，可以間而動。會軍中得兀朮諜者，飛陽責之曰：「汝非吾軍中人張斌耶？吾向遣汝至齊，約誘至四太子，汝往不復來。吾繼遣人問，齊已許我，今冬以會合寇江爲名，致四太子于淸河。汝所持書竟不至，何背我耶？」諜冀緩死，卽詭服。乃作蠟書，言與劉豫同謀誅兀朮事，因謂諜曰：「吾今貸汝。」復遣至齊，問舉兵期，刲股納書，戒勿泄。諜歸，以書示兀朮，兀朮大驚，馳白其主，遂廢豫。飛奏：「宜乘廢豫之際，擣其不備，長驅以取中原。」不報。

八年，還軍鄂州。王庶視師江、淮，飛與庶書：「今歲若不舉兵，當納節請閑。」庶甚壯之。秋，召赴行在，命詣資善堂見皇太子。飛退而喜曰：「社稷得人矣，中興基業，其在是乎？」會金遣使將歸河南地，飛言：「金人不可信，和好不可恃，相臣謀國不臧，恐貽後世譏。」檜銜之。

九年，以復河南，大赦。飛表謝，寓和議不便之意，有「唾手燕雲，復讎報國」之語。授開府儀同三司，飛力辭，謂：「今日之事，可危而不可安；可憂而不可賀；可訓兵飭士，謹備不虞，而不可論功行賞，取笑敵人。」三詔不受，帝溫言奬諭，乃受。會遣士㒞謁諸陵，飛請以輕騎從洒埽，實欲觀釁以伐謀。又奏「金人無事請和，此必有肘腋之虞，名以地歸我，實寄之也。」檜白帝止其行。

十年，金人攻拱、亳，劉錡告急，命飛馳援，飛遣張憲、姚政赴之。帝賜札曰：「設施之方，一以委卿，朕不遙度。」飛乃遣王貴、牛皐、董先、楊再興、孟邦傑、李寶等，分布經略西京、汝、鄭、潁昌、陳、曹、光、蔡諸郡；又命梁興渡河，糾合忠義社，取河東、北州縣。又遣兵東援劉錡，西援郭浩，自以其軍長驅以闞中原。將發，密奏言：「先正國本以安人心，然後不常厥居，以示無忘復讎之意。」帝得奏，大褒其忠，授少保，河南府路、陝西、河東北路招討使，尋改河南、北諸路招討使。未幾，所遣諸將相繼奏捷。大軍在潁昌，諸將分道出戰，飛自以輕騎駐郾城，兵勢甚銳。

兀朮大懼，會龍虎大王議，以爲諸帥易與，獨飛不可當，欲誘致其師，併力一戰。中外聞之，大懼，詔飛審處自固。飛曰：「金人伎窮矣。」乃日出挑戰，且罵之。兀朮怒，合龍虎大王、蓋天大王與韓常之兵逼郾城。飛遣子雲領騎兵直貫其陣，戒之曰：「不勝，先斬汝！」鏖戰數十合，賊屍布野。

初，兀朮有勁軍，皆重鎧，貫以韋索，三人爲聯，號「拐子馬」，官軍不能當。是役也，以萬五千騎來，飛戒步卒以麻札刀入陣，勿仰視，第斫馬足。拐子馬相連，一馬仆，二馬不能行，官軍奮擊，遂大敗之。兀朮大慟曰：「自海上起兵，皆以此勝，今已矣！」兀朮益兵來，部將王剛以五十騎覘敵，遇之，奮斬其將。飛時出視戰地，望見黃塵蔽天，自以四十騎突戰，敗之。

方郾城再捷，飛謂雲曰：「賊屢敗，必還攻潁昌，汝宜速援王貴。」既而兀朮果至，貴將遊奕、雲將背嵬戰于城西。雲以騎兵八百挺前決戰，步軍張左右翼繼之，殺兀朮婿夏金吾、副統軍粘罕索孛堇，兀朮遁去。

梁興會太行忠義及兩河豪傑等，累戰皆捷，中原大震。飛奏：「興等過河，人心願歸朝廷。金兵累敗，兀朮等皆令老少北去，正中興之機。」飛進軍朱仙鎭，距汴京四十五里，與兀朮對壘而陣，遣驍將以背嵬騎五百奮擊，大破之，兀朮遁還汴京。飛檄陵臺令行視諸陵，葺治之。

先是，紹興五年，飛遣梁興等布德意，招結兩河豪傑，山砦韋銓、孫謀等斂兵固堡，以待王師，李通、胡清、李寶、李興、張恩、孫琪等舉衆來歸。金人動息，山川險要，一時皆得其實。盡磁、相、開德、澤、潞、晉、絳、汾、隰之境，皆期日興兵，與官軍會。其所揭旗以「岳」爲號，父老百姓爭挽車牽牛，載糗糧以餽義軍，頂盆焚香迎候者，充滿道路。自燕以南，金號令不行，兀朮欲簽軍以抗飛，河北無一人從者。乃嘆曰：「自我起北方以來，未有如今日之挫衄。」金帥烏陵思謀素號桀黠，亦不能制其下，但諭之曰：「毋輕動，俟岳家軍來卽降。」金統制王鎭、統領崔慶、將官李覬崔虎華旺等皆率所部降，以至禁衞龍虎大王下忔查千戶高勇之屬，皆密受飛旗牓，自北方來降。金將軍韓常欲以五萬衆內附。飛大喜，語其下曰：「直抵黃龍府，與諸君痛飲爾！」

方指日渡河，而檜欲畫淮以北棄之，風臺臣請班師。飛奏：「金人銳氣沮喪，盡棄輜重，疾走渡河，豪傑向風，士卒用命，時不再來，機難輕失。」檜知飛志銳不可回，乃先請張俊、楊沂中等歸，而後言飛孤軍不可久留，乞令班師。一日奉十二金字牌，飛憤惋泣下，東向再拜曰：「十年之力，廢於一旦。」飛班師，民遮馬慟哭，訴曰：「我等戴香盆、運糧草以迎官軍，金人悉知之。相公去，我輩無噍類矣。」飛亦悲泣，取詔示之曰：「吾不得擅留。」哭聲震野，飛留五日以待其徙，從而南者如市，亟奏以漢上六郡閑田處之。

方兀朮棄汴去，有書生叩馬曰：「太子毋走，岳少保且退矣。」兀朮曰：「岳少保以五百騎破吾十萬，京城日夜望其來，何謂可守？」生曰：「自古未有權臣在內，而大將能立功於外者，岳少保且不免，況欲成功乎？」兀朮悟，遂留。飛旣歸，所得州縣，旋復失之。飛力請解兵柄，不許，自廬入覲，帝問之，飛拜謝而已。

十一年，諜報金分道渡淮，飛請合諸帥之兵破敵。兀朮、韓常與龍虎大王疾驅至廬，帝趣飛應援，凡十七札。飛策金人舉國南來，巢穴必虛，若長驅京、洛以擣之，彼必奔命，可坐而斃。時飛方苦寒嗽，力疾而行。又恐帝急於退敵，乃奏：「臣如擣虛，勢必得利，若以爲敵方在近，未暇遠圖，欲乞親至蘄、黃，以議攻卻。」帝得奏大喜，賜札曰：「卿苦寒疾，乃爲朕行，國爾忘身，誰如卿者？」師至廬州，金兵望風而遁。飛還兵于舒以俟命，帝又賜札，以飛小心恭謹、不專進退爲得體。兀朮破濠州，張俊駐軍黃連鎭，不敢進；楊沂中遇伏而敗，帝命飛救之。金人聞飛至，又遁。

時和議既決，檜患飛異己，乃密奏召三大將論功行賞。韓世忠、張俊已至，飛獨後，檜又用參政王次翁計，俟之六七日。既至，授樞密副使，位參知政事上，飛固請還兵柄。五月，詔同俊往楚州措置邊防，總韓世忠軍還駐鎭江。

初，飛在諸將中年最少，以列校拔起，累立顯功，世忠、俊不能平，飛屈己下之，幕中輕銳教飛勿苦降意。金人攻淮西，俊分地也，俊始不敢行，師卒無功。飛聞命卽行，遂解廬州圍，帝授飛兩鎭節，俊益恥。楊么平，飛獻俊、世忠樓船各一，兵械畢備，世忠大悅，俊反忌之。淮西之役，俊以前途糧乏訹飛，飛不爲止，帝賜札褒諭，有曰：「轉餉艱阻，卿不復顧。」俊疑飛漏言，還朝，反倡言飛逗遛不進，以乏餉爲辭。至視世忠軍，俊知世忠忤檜，欲與飛分其背嵬軍，飛義不肯，俊大不悅。及同行楚州城，俊欲修城爲備，飛曰：「當戮力以圖恢復，豈可爲退保計？」俊變色。

會世忠軍吏景著〔八〕與總領胡紡言：「二樞密若分世忠軍，恐至生事。」紡上之朝，檜捕著下大理寺，將以扇搖誣世忠。飛馳書告以檜意，世忠見帝自明。俊於是大憾飛，遂倡言飛議棄山陽，且密以飛報世忠事告檜，檜大怒。

初，檜逐趙鼎，飛每對客嘆息，又以恢復爲己任，不肯附和議。讀檜奏，至「德無常師，主善爲師」之語，惡其欺罔，恚曰：「君臣大倫，根於天性，大臣而忍面謾其主耶！」兀朮遺檜書曰：「汝朝夕以和請，而岳飛方爲河北圖，必殺飛，始可和。」檜亦以飛不死，終梗和議，己必及禍，故力謀殺之。以諫議大夫万俟卨與飛有怨，風卨劾飛，又風中丞何鑄、侍御史羅汝楫交章彈論，大率謂：「今春金人攻淮西，飛略至舒、蘄而不進，比與俊按兵淮上，又欲棄山陽而不守。」飛累章請罷樞柄，尋還兩鎮節，充萬壽觀使、奉朝請。檜志未伸也，又諭張俊令劫王貴、誘王俊誣告張憲謀還飛兵。

檜遣使捕飛父子證張憲事，使者至，飛笑曰：「皇天后土，可表此心。」初命何鑄鞫之，飛裂裳以背示鑄，有「盡忠報國」四大字，深入膚理。既而閱實無左驗，鑄明其無辜。改命万俟卨。卨誣：飛與憲書，令虛中探報以動朝廷，雲與憲書，令措置使飛還軍；且言其書已焚。

飛坐繫兩月，無可證者。或教卨以臺章所指淮西事爲言，卨喜白檜，簿錄飛家，取當時御札藏之以滅迹。又逼孫革等證飛受詔逗遛，命評事元龜年取行軍時日雜定之，傅會其獄。歲暮，獄不成，檜手書小紙付獄，即報飛死，時年三十九。雲棄市。籍家貲，徙家嶺南。幕屬于鵬等從坐者六人。

初，飛在獄，大理寺丞李若樸何彥猷、大理卿薛仁輔並言飛無罪，卨俱劾去。宗正卿士㒟請以百口保飛，卨亦劾之，竄死建州。布衣劉允升上書訟飛冤，下棘寺以死。凡傅成其獄者，皆遷轉有差。

獄之將上也，韓世忠不平，詣檜詰其實，檜曰：「飛子雲與張憲書雖不明，其事體莫須有。」世忠曰：「『莫須有』三字，何以服天下？」時洪皓在金國中，蠟書馳奏，以爲金人所畏服者惟飛，至以父呼之，諸酋聞其死，酌酒相賀。

飛至孝，母留河北，遣人求訪，迎歸。母有痼疾，藥餌必親。母卒，水漿不入口者三日。家無姬侍。吳玠素服飛，願與交驩，飾名姝遺之。飛曰：「主上宵旰，豈大將安樂時？」卻不受，玠益敬服。少豪飲，帝戒之曰：「卿異時到河朔，乃可飲。」遂絕不飲。帝初爲飛營第，飛辭曰：「敵未滅，何以家爲？」或問天下何時太平，飛曰：「文臣不愛錢，武臣不惜死，天下太平矣。」

師每休舍，課將士注坡跳壕，皆重鎧習之。子雲嘗習注坡，馬躓，怒而鞭之。卒有取民麻一縷以束芻者，立斬以徇。卒夜宿，民開門願納，無敢入者。軍號「凍死不拆屋，餓死不鹵掠。」卒有疾，躬爲調藥；諸將遠戍，遣妻問勞其家；死事者哭之而育其孤，或以子婚其女。凡有頒犒，均給軍吏，秋毫不私。

善以少擊衆。欲有所舉，盡召諸統制與謀，謀定而後戰，故有勝無敗。猝遇敵不動，故敵爲之語曰：「撼山易，撼岳家軍難。」張俊嘗問用兵之術，曰：「仁、智、信、勇、嚴，闕一不可。」調軍食，必蹙額曰：「東南民力，耗敝極矣。」荆湖平，募民營田，又爲屯田，歲省漕運之半。帝手書曹操、諸葛亮、羊祜三事賜之。飛跋其後，獨指操爲姦賊而鄙之，尤檜所惡也。

張所死，飛感舊恩，鞠其子宗本，奏以官。李寶自楚來歸，韓世忠留之，寶痛哭願歸飛，世忠以書來諗，飛復曰：「均爲國家，何分彼此？」世忠嘆服。襄陽之役，詔光世爲援，六郡既復，光世始至，飛奏先賞光世軍。好賢禮士，覽經史，雅歌投壺，恂恂如書生。每辭官，必曰：「將士效力，飛何功之有？」然忠憤激烈，議論持正，不挫於人，卒以此得禍。

檜死，議復飛官。万俟卨謂金方顧和，一旦錄故將，疑天下心，不可。及紹興末，金益猖獗，太學生程宏圖上書訟飛冤，詔飛家自便。初，檜惡岳州同飛姓，改爲純州，至是仍舊。中丞汪澈宣撫荆、襄，故部曲合辭訟之，哭聲雷震。孝宗詔復飛官，以禮改葬，賜錢百萬，求其後悉官之。建廟於鄂，號忠烈。淳熙六年，謚武穆。嘉定四年，追封鄂王。

五子：雲、雷、霖、震、霆。

雲，飛養子。年十二，從張憲戰，多得其力，軍中呼曰「贏官人」。飛征伐，未嘗不與，數立奇功，飛輒隱之。每戰，以手握兩鐵椎，重八十斤，先諸軍登城。攻下隨州，又攻破鄧州，襄漢平，功在第一，飛不言。逾年，銓曹辯之，始遷武翼郎。楊么平，功亦第一，又不上。張浚廉得其實，曰：「岳侯避寵榮，廉則廉矣，未得爲公也。」奏乞推異數，飛力辭不受。嘗以特旨遷三資，飛辭曰：「士卒冒矢石立奇功，始沾一級，男雲遽躐崇資，何以服衆？」累表不受。潁昌大戰，無慮十數，出入行陣，體被百餘創，甲裳爲赤。以功遷忠州防禦使，飛又辭；命帶御器械，飛又力辭之。終左武大夫、提舉醴泉觀。死年二十三。孝宗初，與飛同復元官，以禮祔葬，贈安遠軍承宣使。

雷，忠訓郎、閤門祗候，贈武略郎。霖，朝散大夫、敷文閣待制，贈太中大夫。初，飛下獄，檜令親黨王會搜其家，得御札數篋，束之左藏南庫，霖請於孝宗，還之。霖子珂，以淮西十五御札辯驗彙次，凡出師應援之先後皆可考。嘉定間，爲籲天辯誣集五卷、天定錄二卷上之。震，朝奉大夫、提舉江南東路茶鹽公事。霆，修武郎、閤門祗候。

論曰：西漢而下，若韓、彭、絳、灌之爲將，代不乏人，求其文武全器、仁智并施如宋岳飛者，一代豈多見哉。史稱關雲長通春秋左氏學，然未嘗見其文章。飛北伐，軍至汴梁之朱仙鎮，有詔班師，飛自爲表答詔，忠義之言，流出肺腑，眞有諸葛孔明之風，而卒死於秦檜之手。蓋飛與檜勢不兩立，使飛得志，則金讎可復，宋恥可雪；檜得志，則飛有死而已。昔劉宋殺檀道濟，道濟下獄，嗔目曰：「自壞汝萬里長城！」高宗忍自棄其中原，故忍殺飛，嗚呼寃哉！嗚呼寃哉！

校勘記

〔一〕賈進和　岳珂金陀粹編卷四行實編年、章穎宋南渡十將傳卷二岳飛傳都作「賈進」。

〔二〕王善　原作「黃善」，據本書卷二五高宗紀、繫年要錄卷一九改；下文同。

〔三〕武功大夫　金陀粹編卷六行實編年作「武經大夫」。按黃佐原是武義大夫，本書卷一六九職官志載，武義大夫至武功大夫相差六階，黃佐由此功而驟升六階可疑，似以遷一階作武經大夫近是。

〔四〕余端劉誥　本書卷二八高宗紀、金陀粹編卷六行實編年都作「全琮、劉誥」。

〔五〕劉豫遣子麟姪猊分道寇淮西　「姪」字原脫。按劉猊是劉豫之姪，金陀粹編卷七行實編年、宋南渡十將傳卷二岳飛傳「猊」上都有「姪」字，據補。

〔六〕河南　原作「江南」，顯誤；金陀粹編卷一一乞出師劄子作「河南」，據改。

〔七〕沂中視德等爾　「德」原作「事」，據金陀粹編卷七行實編年、宋南渡十將傳卷二岳飛傳改。

〔八〕景著　金陀粹編卷八行實編年、宋南渡十將傳卷二岳飛傳都作「耿著」，疑是。

宋史卷三百六十六

列傳第一百二十五

劉錡　吳玠　吳璘 子挺

劉錡字信叔，德順軍人，瀘川軍〔一〕節度使仲武第九子也。美儀狀，善射，聲如洪鐘。嘗從仲武征討，牙門水斛滿，以箭射之，拔箭水注，隨以一矢窒之，人服其精。宣和間，用高俅薦，特授閤門祗候。

高宗卽位，錄仲武後，錡得召見，奇之，特授閤門宣贊舍人，差知岷州，爲隴右都護。與夏人戰屢勝，夏人兒啼，輒怖之曰：「劉都護來！」張浚宣撫陝西，一見奇其才，以爲涇原經略使兼知渭州。浚合五路師潰于富平，慕洧以慶陽叛，攻環州。浚命錡救之，留別將守渭，自將救環。未幾，金攻渭，錡留李彥琪捍洧，親率精銳還救渭，已無及，進退不可，乃走德順軍。彥琪遁歸渭，降金。錡貶秩知緜州兼沿邊安撫。

紹興三年復官，爲宣撫司統制〔二〕。金人攻拔和尚原，乃分守陝、蜀之地。會使者自蜀歸，以錡名聞。召還，除帶御器械，尋爲江東路副總管。六年，權提舉宿衞親軍。帝駐平江，解潛、王彥兩軍交鬥，俱罷，命錡兼將之。錡因請以前護副軍及馬軍，通爲前、後、左、右、中軍與游奕，凡六軍，每軍千人，爲十二將。前護副軍，卽彥八字軍也。於是錡始能成軍，扈從赴金陵。七年，帥合肥；八年，戍京口。九年，擢果州團練使、龍神衞四廂都指揮使，主管侍衞馬軍司。

十年，金人歸三京，充東京副留守，節制軍馬。所部八字軍纔三萬七千人，將發，益殿司三千人，皆攜其孥，將駐于汴，家留順昌。錡自臨安泝江絕淮，凡二千二百里。至渦口，方食，暴風拔坐帳，錡曰：「此賊兆也，主暴兵。」卽下令兼程而進，未至，五月，抵順昌三百里，金人果敗盟來侵。

錡與將佐舍舟陸行，先趨城中。庚寅，諜報金人入東京。知府事陳規見錡問計，錡曰：「城中有糧，則能與君共守。」規曰：「有米數萬斛。」錡曰：「可矣。」時所部選鋒、遊奕兩軍及老稚輜重，相去尚遠，遣騎趣之，四鼓乃至。及旦得報，金騎已入陳〔三〕。

錡與規議斂兵入城，爲守禦計，人心乃安。召諸將計事，皆曰：「金兵不可敵也，請以精銳爲殿，步騎遮老小順流還江南。」錡曰：「吾本赴官留司，今東京雖失，幸全軍至此，有城可守，奈何棄之？吾意已決，敢言去者斬！」惟部將許清號「夜叉」者奮曰：「太尉奉命副守汴京，軍士扶攜老幼而來，今避而走，易耳。然欲棄父母妻子則不忍；欲與偕行，則敵翼而攻，何所逃之？不如相與努力一戰，於死中求生也。」議與錡合。錡大喜，鑿舟沉之，示無去意。寘家寺中，積薪於門，戒守者曰：「脫有不利，即焚吾家，毋辱敵手也。」分命諸將守諸門，明斥堠，募土人爲間探。於是軍士皆奮，男子備戰守，婦人礪刀劍，爭呼躍曰：「平時人欺我八字軍，今日當爲國家破賊立功。」

時守備一無可恃，錡於城上躬自督厲，取僞齊所造癡車，以輪轅埋城上；又撤民戶扉，周匝蔽之；城外有民居數千家，悉焚之。凡六日粗畢，而游騎已涉潁河至城下。壬寅，金人圍順昌，錡豫於城下設伏，擒千戶阿黑等二人，詰之，云：「韓將軍營白沙渦，距城三十里。」錡夜遣千餘人擊之，連戰，殺虜頗衆。既而三路都統葛王褎以兵三萬，與龍虎大王合兵薄城。錡令開諸門，金人疑不敢近。

初，錡傅城築羊馬垣，穴垣爲門。至是，與清等蔽垣爲陣，金人縱矢，皆自垣端軼著于城，或止中垣上。錡用破敵弓〔四〕翼以神臂、強弩，自城上或垣門射敵，無不中，敵稍卻。復以步兵邀擊，溺河死者不可勝計，破其鐵騎數千。特授鼎州觀察使、樞密副都承旨、沿淮制置使。

時順昌受圍已四日，金兵益盛，乃移砦於東村，距城二十里。錡遣驍將閻充募壯士五百人，夜斫其營。是夕，天欲雨，電光四起，見辮髮者輒殲之。金兵退十五里。錡復募百人以往，或請銜枚，錡笑曰：「無以枚也。」命折竹爲嘂，如市井兒以爲戲者，人持一以爲號，直犯金營。電所燭則皆奮擊，電止則匿不動，敵衆大亂。百人者聞吹聲即聚，金人益不能測，終夜自戰，積屍盈野，退軍老婆灣。

兀朮在汴聞之，即索靴上馬，過淮寧留一宿，治戰具，備糗糧，不七日至順昌。錡聞兀朮至，會諸將於城上問策，或謂今已屢捷，宜乘此勢，具舟全軍而歸。錡曰：「朝廷養兵十五年，正爲緩急之用，況已挫賊鋒，軍聲稍振，雖衆寡不侔，然有進無退。且敵營甚邇，而兀朮又來，吾軍一動，彼躡其後，則前功俱廢。使敵侵軼兩淮，震驚江、浙，則平生報國之志，反成誤國之罪。」衆皆感動思奮，曰：「惟太尉命。」

錡募得曹成等二人，諭之曰：「遣汝作間，事捷重賞，第如我言，敵必不汝殺。今置汝綽路騎中，汝遇敵則佯墜馬，爲敵所得。敵帥問我何如人，則曰：『太平邊帥子，喜聲伎，朝廷以兩國講好，使守東京圖逸樂耳。』」已而二人果遇敵被執，兀朮問之，對如前。兀朮喜曰：「此城易破耳。」即置鵝車砲具不用。翌日，錡登城，望見二人遠來，縋而上之，乃敵械成等歸，以文書一卷繫于械，錡懼惑軍心，立焚之。

兀朮至城下，責諸將喪師，衆皆曰：「南朝用兵，非昔之比，元帥臨城自見。」錡遣耿訓以書約戰，兀朮怒曰：「劉錡何敢與我戰，以吾力破爾城，直用靴尖趯倒耳。」訓曰：「太尉非但請與太子戰，且謂太子必不敢濟河，願獻浮橋五所，濟而大戰。」兀朮曰：「諾。」乃下令明日府治會食。遲明，錡果爲五浮橋於潁河上，敵由之以濟。錡遣人毒潁上流及草中，戒軍士雖渴死，毋得飲于河者；飲，夷其族。敵用長勝軍嚴陣以待，諸酋各居一部。衆請先擊韓將軍，錡曰：「擊韓雖退，兀朮精兵尚不可當，法當先擊兀朮。兀朮一動，則餘無能爲矣。」

時天大暑，敵遠來疲敝，錡士氣閑暇，敵晝夜不解甲，錡軍皆番休更食羊馬垣下。敵人馬饑渴，食水草者輒病，往往困乏。方晨氣淸涼，錡按兵不動，逮未、申間，敵力疲氣索，忽遣數百人出西門接戰。俄以數千人出南門，戒令勿喊，但以銳斧犯之。統制官趙撙、韓直身中數矢，戰不肯已，士殊死鬥，入其陣，刀斧亂下，敵大敗。是夕大雨，平地水深尺餘。乙卯，兀朮拔營北去，錡遣兵追之，死者萬數。

方大戰時，兀朮被白袍，乘甲馬，以牙兵三千督戰，兵皆重鎧甲，號「鐵浮圖」；戴鐵兜牟，周匝綴長簷。三人爲伍，貫以韋索，每進一步，卽用拒馬擁之，人進一步，拒馬亦進，退不可卻。官軍以槍標去其兜牟，大斧斷其臂，碎其首。敵又以鐵騎分左右翼，號「拐子馬」，皆器甲，積如山阜。

女眞爲之，號「長勝軍」，專以攻堅，戰酣然後用之。自用兵以來，所向無前；至是，亦爲錡軍所殺。戰自辰至申，敵敗，遽以拒馬木障之，少休。城上鼓聲不絕，乃出飯羹，坐餉戰士如平時，敵披靡不敢近。食已，撤拒馬木，深入斫敵，又大破之。棄屍斃馬，血肉枕藉，車旗器甲，積如山阜。

初，有河北軍告官軍曰：「我輩元是左護軍，本無鬥志，所可殺者兩翼拐子馬爾。」故錡兵力擊之。兀朮平日恃以爲強者，什損七八，至陳州，數諸將之罪，韓常以下皆鞭之，乃自擁衆還汴。捷聞，帝喜甚，授錡武泰軍節度使、侍衞馬軍都虞候、知順昌府、沿淮制置使。

是役也，錡兵不盈二萬，出戰僅五千人。金兵數十萬營西北，亙十五里，每暮，鼓聲震山谷，然營中讙譁，終夜有聲。金遣人近城竊聽，城中肅然，無雞犬聲。兀朮帳前甲兵環列，持燭照夜，其衆分番假寐馬上。錡以逸待勞，以故輒勝。時洪皓在燕密奏：「順昌之捷，金人震恐喪魄，燕之重寶珍器，悉徙而北，意欲捐燕以南棄之。」故議者謂是時諸將協心，分路追討，則兀朮可禽，汴京可復；而王師亟還，自失機會，良可惜也。

七月，命爲淮北宣撫判官，副楊沂中，破敵兵於太康縣。未幾，秦檜請令沂中還師鎭江，錡還太平州，岳飛以兵赴行在，出師之謀寢矣。

十一年，兀朮復簽兩河兵，謀再舉。帝亦測知敵情，必不一挫遂已，乃詔大合兵于淮西以待之。金人攻廬、和二州，錡自太平渡江，抵廬州，與張俊、楊沂中會。而敵已大入，錡據東關之險以遏其衝，引兵出淸溪，兩戰皆勝。行至柘皐，與金人夾石梁河而陣。河通巢湖，廣二丈，錡命曳薪疊橋，須臾而成，遣甲士數隊路橋臥槍而坐〔五〕。會沂中、王德、田師中、張子蓋之軍俱至。

翌日，兀朮以鐵騎十萬分爲兩隅，夾道而陣。德薄其右隅，引弓射一酋斃之，因大呼馳擊，諸軍鼓譟。金人以拐子馬兩翼而進。德率衆鏖戰，沂中以萬兵各持長斧奮擊之，敵大敗；錡與德等追之，又敗於東山。敵望見曰：「此順昌旗幟也。」即退走。錡駐和州，得旨，乃引兵渡江歸太平州。時並命三帥，不相節制。諸軍進退多出於張俊，而錡以順昌之捷驟貴，諸將多嫉之。俊與沂中爲腹心，而與錡有隙，故柘皐之賞，錡軍獨不與。

居數日，議班師，而濠州告急。俊與沂中、錡趨黃連埠援之，距濠六十里，而南城已陷。沂中欲進戰，錡謂俊曰：「本救濠，今濠已失，不如退師據險，徐爲後圖。」諸將曰：「善。」三帥鼎足而營，或言敵兵已去，錡又謂曰：「敵得城而遽退，必有謀也，宜嚴備之。」俊不從，命沂中與德將神勇步騎六萬人，直趨濠州，果遇伏敗還。

遲明，錡軍至藕塘，則沂中軍已入滁州，俊軍已入宣化。錡軍方食，俊至，曰：「敵兵已近，奈何？」錡曰：「楊宣撫兵安在？」俊曰：「已失利還矣。」錡語俊：「無恐，錡請以步卒禦敵，宣撫試觀之。」錡麾下皆曰：「兩大帥軍已渡，我軍何苦獨戰？」錡曰：「順昌孤城，旁無赤子之助，吾提兵不滿二萬，猶足取勝；況今得地利，又有銳兵邪？」遂設三覆以待之。俄而俊至，曰：「諜者妄也，乃戚方殿後之軍爾。」錡與俊益不相下。

一夕，俊軍士縱火劫錡軍，錡擒十六人，梟首槊上，餘皆逸。錡見俊，俊怒謂錡曰：「我爲宣撫，爾乃判官，何得斬吾軍？」錡曰：「不知宣撫軍，但斬劫砦賊爾。」俊曰：「有卒歸，言未嘗劫砦。」呼一人出對。錡正色曰：「錡爲國家將帥，有罪，宣撫當言于朝，豈得與卒伍對事？」長揖上馬去。已，皆班師，俊、沂中還朝，每言岳飛不赴援，而錡戰不力。秦檜主其說，遂罷宣撫判官，命知荆南府。岳飛奏留錡掌兵，不許，詔以武泰之節提舉江州太平觀。

錡鎭荆南凡六年，軍民安之。魏良臣言錡名將，不當久閑。乃命知潭州，加太尉，復帥荆南府。江陵縣東有黃潭，建炎間，有司決水入江以禦盜，由是夏秋漲溢，荆、衡間皆被水患。錡始命塞之，斥膏腴田數千畝，流民自占者幾千戶。詔錡遇大禮許奏文資，仍以其姪汜爲江東路兵馬副都監。

三十一年，金主亮調軍六十萬，自將南來，彌望數十里，不斷如銀壁，中外大震。時宿將無在者，乃以錡爲江、淮、浙西制置使，節制逐路軍馬。八月，錡引兵屯揚州，建大將旗鼓，軍容甚肅，觀者歎息。以兵駐淸河口，金人以氊裹船載粮而來，錡使善沒者鑿沉其舟。錡自楚州退軍召伯鎭，金人攻眞州，錡引兵還揚州，帥劉澤以城不可守，請退軍瓜洲。金萬戶高景山攻揚州，錡遣員琦拒于皂角林，陷圍力戰，林中伏發，大敗之，斬景山，俘數百人。捷奏，賜金五百兩、銀七萬兩以犒師。

先是，金人議留精兵在淮東以禦錡，而以重兵入淮西。大將王權不從錡節制，不戰而潰，自淸河口退師揚州，以舟渡眞、揚之民于江之南，留兵屯瓜洲。錡病，求解兵柄，留其姪汜以千五百人塞瓜洲渡，又令李橫以八千人固守。詔錡專防江，錡遂還鎭江。

十一月，金人攻瓜洲，汜以克敵弓射卻之。時知樞密院事葉義問督師江、淮，至鎭江，見錡病劇，以李橫權錡軍。義問督鎭江兵渡江，衆皆以爲不可，義問強之。汜固請出戰，錡不從，汜拜家廟而行。金人以重兵逼瓜洲，分兵東出江皐，逆趨瓜洲。汜先退，橫以孤軍不能當，亦卻，失其都統制印，左軍統制魏友、後軍統制王方死之，橫、汜僅以身免。

方諸軍渡江而北也，錡使人持黃、白幟登高山望之，戒之曰：「賊至舉白幟，合戰舉二幟，勝則舉黃幟。」是日二幟舉，踰時，錡曰：「黃幟久不舉，吾軍殆矣。」錡憤懣，病益甚。都督府參贊軍事虞允文自采石來，督舟師與金人戰。允文過鎭江，謁錡問疾。錡執允文手曰：「疾何必問。朝廷養兵三十年，一技不施，而大功乃出一儒生，我輩愧死矣！」

召詣闕，提舉萬壽觀。錡假都亭驛居之。金之聘使將至，留守湯思退除館以待，遣黃衣諭錡徙居別試院，錡疑汜埽己，常懼有後命。三十二年閏二月，錡發怒，嘔血數升而卒。贈開府儀同三司，賜其家銀三百兩，帛三百匹。後謚武穆。

錡慷慨深毅，有儒將風。金主亮之南也，下令有敢言錡姓名者，罪不赦。枚舉南朝諸將，問其下孰敢當者，皆隨姓名其答如響，至錡，莫有應者。金主曰：「吾自當之。」然錡卒以病不能成功。世傳錡通陰陽家行師所避就，錡在揚州，命盡焚城外居屋，用石灰盡白城壁，書曰：「完顏亮死於此。」金主多忌，見而惡之，遂居龜山，人衆不可容，以致是變云。

吳玠字晉卿，德順軍隴干人。父葬水洛城〔六〕，因徙焉。少沉毅有志節，知兵善騎射，讀書能通大義。未冠，以良家子隸涇原軍。政和中，夏人犯邊，以功補進義副尉，稍擢隊將。從討方臘，破之；及擊河北羣盜，累功權涇原第十將。靖康初，夏人攻懷德軍，玠以百餘騎追擊，斬首百四十級，擢第二副將。

建炎二年春，金人渡河，出大慶關，略秦雍，謀趨涇原。都統制曲端守麻務鎮，命玠爲前鋒，進據青溪嶺，逆擊大破之，追奔三十里，金人始有懼意。權涇原路兵馬都監兼知懷德軍。金人攻延安府，經略使王庶召曲端進兵，端駐邠州不赴，且曰：「不如蕩其巢穴，攻其必救。」端遂攻蒲城，命玠攻華州，拔之。

三年冬，劇賊史斌寇漢中，不克，引兵欲取長安，曲端命玠擊斬之，遷忠州刺史。宣撫處置使張浚巡關陝，參議軍事劉子羽誦玠兄弟才勇，浚與玠語，大悅，即授統制，弟璘掌帳前親兵。

四年春，升涇原路馬步軍副總管。金帥婁宿與撒離喝長驅入關，端遣玠拒于彭原店〔七〕，而擁兵邠州爲援。金兵來攻，玠擊敗之，撒離喝懼而泣，金軍中目爲「啼哭郎君」。金人整軍復戰，玠軍敗績。端退屯涇原，劾玠違節度，降武顯大夫，罷總管，復知懷德軍。張浚惜玠才，尋以爲秦鳳副總管兼知鳳翔府。時兵火之餘，玠勞來安集，民賴以生。轉忠州防禦使。

九月，浚合五路兵，欲與金人決戰，玠言宜各守要害，須其弊而乘之。及次富平，都統制又會諸將議戰，玠曰：「兵以利動，今地勢不利，未見其可。宜擇高阜據之，使不可勝。」諸將皆曰：「我衆彼寡，又前阻葦澤，敵有騎不得施，何用他徙？」已而敵驟至，輿柴囊土，藉淖平行，進薄玠營。軍遂大潰，五路皆陷，巴蜀大震。

玠收散卒保散關東和尚原，積粟繕兵，列柵爲死守計。或謂玠宜退屯漢中，扼蜀口以安人心。玠曰：「我保此，敵決不敢越我而進，堅壁臨之，彼懼吾躡其後，是所以保蜀也。」玠在原上，鳳翔民感其遺惠，相與夜輸芻粟助之。玠償以銀帛，民益喜，輸者益多。金人怒，伏兵渭河邀殺之，且令保伍連坐；民冒禁如故，數年然後止。

紹興元年，金將沒立自鳳翔，別將烏魯折合自階、成出散關，約日會和尚原。烏魯折合先期至，陣北山索戰，玠命諸將堅陣待之，更戰迭休。山谷路狹多石，馬不能行，金人舍馬步戰，大敗，移砦黃牛，會大風雨雹，遂遁去。沒立方攻箭筈關，玠復遣將擊退之，兩軍終不得合。

始，金人之入也，玠與璘以散卒數千駐原上，朝問隔絕，人無固志。有謀劫玠兄弟北去者，玠知之，召諸將歃血盟，勉以忠義。將士皆感泣，願爲用。張浚錄其功，承制拜明州觀察使。居母喪，起復，兼陝西諸路都統制。

金人自起海角，狃常勝，及與玠戰輒北，憤甚，謀必取玠。婁宿死，兀朮會諸道兵十餘萬，造浮梁跨渭，自寶雞結連珠營，壘石爲城，夾澗與官軍拒。十月，攻和尚原。玠命諸將選勁弓強弩，分番迭射，號「駐隊矢」，連發不絕，繁如雨注。敵稍卻，則以奇兵旁擊，絕其糧道。度其困且走，設伏於神坌以待。金兵至，伏發，衆大亂。縱兵夜擊，大敗之。兀朮中流矢，僅以身免。張浚承制以玠爲鎭西軍節度使，璘爲涇原路馬步軍副總管。兀朮旣敗，遂自河東歸燕山；復以撒離喝爲陝西經略使，屯鳳翔，與玠相持。

二年，命玠兼宣撫處置使司都統制，節制興、文、龍三州。金久窺蜀，以璘駐兵和尙原扼其衝，不得逞，將出奇取之。時玠在河池，金人用叛將李彥琪駐秦州，睨仙人關以綴玠；復令游騎出熙河以綴關師古，撒離喝自商於直擣上津。三年正月，取金州。二月，長驅趨洋、漢，興元守臣劉子羽急命田晟守饒風關，以驛書招玠入援。

玠自河池日夜馳三百里，以黃柑遺敵曰：「大軍遠來，聊用止渴。」撒離喝大驚，以杖擊地曰：「爾來何速耶！」遂大戰饒風嶺。金人被重鎧，登山仰攻。一人先登則二人擁後；先者旣死，後者代攻。玠軍弓弩亂發，大石摧壓，如是者六晝夜，死者山積而敵不退。募敢死士，人千銀，得士五千，將夾攻。會玠小校有得罪奔金者，導以祖溪間路，出關背，乘高以瞰饒風。諸軍不支，遂潰，玠退保西縣。敵入興元，劉子羽退保三泉，築潭毒山以自固，玠走三泉會之。

未幾，金人北歸，玠急遣兵邀于武休關，掩擊其後軍，墮澗死者以千計，盡棄輜重去。金人始謀，本謂玠在西邊，故道險東來，不虞玠馳至。雖入三郡，而失不償得。進玠檢校少保，充利州路、階成鳳州制置使。

四年二月，敵復大入，攻仙人關。先是，璘在和尙原，餉饋不繼；玠又謂其地去蜀遠，命璘棄之，經營仙人關右殺金平，創築一壘，移原兵守之。至是，兀朮、撒離喝及劉夔率十萬騎入侵，自鐵山鑿崖開道，循嶺東下。玠以萬人當其衝。璘率輕兵由七方關倍道而至，與金兵轉戰七晝夜，始得與玠合。

敵首攻玠營，玠擊走之。又以雲梯攻壘壁，楊政以撞竿碎其梯，以長矛刺之。璘拔刀畫地，謂諸將曰：「死則死此，退者斬！」金分軍爲二，兀朮陣于東，韓常陣于西。璘率銳卒介其間，左縈右繞，隨機而發。戰久，璘軍少憊，急屯第二隘。金生兵踵至，人被重鎧，鐵鉤相連，魚貫而上。璘以駐隊矢迭射，矢下如雨，死者層積，敵踐而登。撒離喝駐馬四視曰：「吾得之矣。」翌日，命攻西北樓，姚仲登樓酣戰，樓傾，以帛爲繩，挽之復正。金人用火攻樓，以酒缶撲滅之。玠急遣統領田晟以長刀大斧左右擊，明炬四山，震鼓動地。明日，大出兵。統領王喜、王武率銳士，分紫、白旗入金營，金陣亂。奮擊，射韓常，中左目，金人始宵遁。玠遣統制官張彥劫橫山砦，王俊伏河池扼歸路，又敗之。以郭震戰不力，斬之。是役也，金自元帥以下，皆攜孥來。劉夔乃豫之腹心。本謂蜀可圖，既不得逞，度玠終不可犯，則還據鳳翔，授甲士田，爲久留計，自是不妄動。

捷聞，授玠川、陝宣撫副使。四月，復鳳、秦、隴三州。七月，錄仙人關功，拜檢校少師、奉寧保定軍節度使，璘自防禦使升定國軍承宣使，楊政以下遷秩有差。六年，兼營田大使，易保平、靜難節。七年，遣裨將馬希仲攻熙州，敗績，又失鞏州，玠斬之。

玠與敵對壘且十年，常苦遠餉勞民，屢汰冗員，節浮費，益治屯田，歲收至十萬斛。又調戍兵，命梁、洋守將治褒城廢堰，民知灌溉可恃，願歸業者數萬家。九年，金人請和。帝以玠功高，授特進、開府儀同三司，遷四川宣撫使，陝西階、成等州皆聽節制。遣內侍奉親札以賜，至，則玠病已甚，扶掖聽命。帝聞而憂之，命守臣就蜀求善醫，且飭國工馳視，未至，玠卒於仙人關，年四十七。贈少師，賜錢三十萬。

玠善讀史，凡往事可師者，錄寘座右，積久，牆牖皆格言也。用兵本孫、吳，務遠略，不求小近利，故能保必勝。御下嚴而有恩，虛心詢受，雖身爲大將，卒伍至下者得以情達，故士樂爲之死。選用將佐，視勞能爲高下先後，不以親故、權貴撓之。

玠死，胡世將問玠所以制勝者，璘曰：「璘從先兄有事西夏，每戰，不過一進卻之頃，勝負輒分。至金人，則更進迭退，忍耐堅久，令酷而下必死，每戰非累日不決，勝不遽追，敗不至亂。蓋自昔用兵所未嘗見，與之角逐滋久，乃得其情。蓋金人弓矢，不若中國之勁利；中國士卒，不及金人之堅耐。吾常以長技洞重甲於數百步外，則其衝突固不能相及。於是選據形便，出銳卒更迭撓之，與之爲無窮，使不得休暇，以沮其堅忍之勢。至決機於兩陣之間，則璘有不能言者。」

晚節頗多嗜欲，使人漁色於成都，喜餌丹石，故得咯血疾以死。方富平之敗，秦鳳皆陷，金人一意睨蜀，東南之勢亦棘，微玠身當其衝，無蜀久矣。故西人至今思之。謚武安，作廟于仙人關，號思烈。淳熙中，追封涪王。子五人：拱、扶、㧑、擴、揔。拱亦握兵云。

吳璘字唐卿，玠弟也。少好騎射，從玠攻戰，積功至閤門宣贊舍人。紹興元年，箭筈關之戰，斷沒立與烏魯折合兵，使不得合，金人遁，璘功居多，超遷統制和尚原軍馬，於是玠駐師河池，璘專守原。及兀朮大入，玠兄弟以死守之。敵陣分合三十餘，璘隨機而應，至神坌伏發，金兵大敗，兀朮中流矢遁。張浚承制以璘爲涇原路馬步軍副都總管，升康州團練使。

三年，遷榮州防禦使、知秦州，節制階、文。是歲，玠敗於祖溪嶺，時璘猶在和尚原，玠命璘棄原別營仙人關，以防金人深入。四年，兀朮、撒離喝果以大兵十萬至關下，璘自武、階路入援。先以書抵玠，謂殺金平地闊遠，前陣散漫，須後陣阻隘，然後可以必勝。玠從之，急修第二隘。璘冒圍轉戰，會於仙人關。敵果極力攻第二隘，諸將有請別擇形勝以守者，璘奮曰：「兵方交而退，是不戰而走也，吾度此敵去不久矣，諸君第忍之。」震鼓易幟，血戰連日。金兵大敗，二酋自是不敢窺蜀者數年。露布獻捷，遷定國軍承宣使、熙河蘭廓路經略安撫使、知熙州。六年，新置行營兩護軍，璘爲左護軍統制。九年，升都統制〔八〕，尋除秦鳳路經略安撫使、知秦州。玠卒，授璘龍、神衞四廂都指揮使。

時金人廢劉豫，歸河南、陝西地。樓炤使陝，以便宜欲命三帥分陝而守，以郭浩帥鄜延，楊政帥熙河，璘帥秦鳳，欲盡移川口諸軍於陝西。璘曰：「金人反覆難信，懼有他變。今我移軍陝右，蜀口空虛，敵若自南山要我陝右軍，直擣蜀口，我不戰自屈矣。當且依山爲屯，控其要害，遲其情見力疲，漸圖進據。」炤從之，命璘與楊政兩軍屯內地保蜀，郭浩一軍屯延安以守陝。

既而胡世將以四川制置權宜撫司事，至河池，璘見之曰：「金大兵屯河中府，止隔大慶一橋爾，騎兵疾馳，不五日至川口。吾軍遠在陝西，緩急不可追集，關隘不葺，糧運斷絕，此存亡之秋也。璘家族固不足恤，如國事何！」時朝廷恃和忘戰，欲廢仙人關。於是世將抗奏謂：「當外固歡和，內修守禦。今日分兵，當使陝、蜀相接，近兵宮賀仔諜知撤離喝密謀曰：『要入蜀不難，棄陝西不顧，三五歲南兵必來主之，道路吾已熟知，一發取蜀必矣。』敵情如是，萬一果然，則我當爲伐謀之備，仙人關未宜遽廢，魚關倉亦宜積糧。」於是璘僅以牙校三隊赴秦州，留大軍守階、成山砦，戒諸將毋得撤備。世將尋眞除宣撫，置司河池。

十年，金人敗盟，詔璘節制陝西諸路軍馬。撒離喝渡河入長安，趨鳳翔，陝右諸軍隔在敵後，遠近震恐。時楊政在鞏，郭浩在鄜延，惟璘隨世將在河池。世將急召諸將議，惟涇原帥田晟與楊政同至，參謀官孫渥謂河池不可守，欲退保仙人原，璘厲聲折之曰：「懦語沮軍，可斬也！璘請以百口保破敵。」世將壯之，指所居帳曰：「世將誓死於此！」乃遣渥之涇原，命田晟以三千人迎敵。璘又遣姚仲拒于石壁砦，敗之。詔同節制陝西諸路軍馬。

璘以書遺金將約戰，金鶻眼郎君以三千騎衝璘軍，璘使李師顏以驍騎擊走之。鶻眼入扶風，復攻拔之，獲三將及女眞百十有七人。撒離喝怒甚，自戰百通坊，列陣二十里。璘遣姚仲力戰破之，授鎭西軍節度使，升侍衞步軍都虞候。十一年，與金統軍胡盞戰剡家灣，敗之，復秦州及陝右諸郡。

初，胡盞與習不祝合軍五萬屯劉家圈，璘請討之。世將問策安出，璘曰：「有新立疊陣法：每戰，以長槍居前，坐不得起；次最強弓，次強弩，跪膝以俟；次神臂弓。約賊相搏至百步內，則神臂先發；七十步，強弓併發；次陣如之。凡陣，以拒馬爲限，鐵鉤相連，俟其傷則更代之。遇更代則以鼓爲節。騎，兩翼以蔽於前，陣成而騎退，謂之『疊陣』」。諸將始猶竊議曰：「吾軍其殲於此乎？」璘曰：「此古束伍令也，軍法有之，諸君不識爾。得車戰餘意，無出於此，戰士心定則能持滿，敵雖銳，不能當也。」及與二酋遇，遂用之。

二酋老於兵，據險自固，前臨峻嶺，後控臘家城，謂我必不敢輕犯。先一日，璘會諸將問所以攻，姚仲曰：「戰于山上則勝，山下則敗。」璘以爲然，乃告敵請戰，敵笑之。璘夜半遣仲及王彥銜枚截坡，約二將上嶺而後發火。二將至嶺，寂無人聲，軍已畢列，萬炬齊發。敵駭愕曰：「吾事敗矣。」習不祝善謀，胡盞善戰，二酋異議。璘先以兵挑之，胡盞果出壘戰。璘以疊陣法更休迭戰，輕裘駐馬亟麾之，士殊死鬥，金人大敗。降者萬人，胡盞走保臘家城，璘圍而攻之。城垂破，朝廷以驛書詔璘班師，世將浩歎而已。明年，竟割和尙原以與敵。撤戍割地，皆秦檜主之也。

十二年，入覲，拜檢校少師、階成岷鳳四州經略使，賜漢中田五十頃。十四年，朝議析利州路爲東西路，以璘爲西路安撫使，治興州，階、成、西和、鳳、文、龍、興七州〔九〕隸焉。時和議方堅，而璘治軍經武，常如敵至。十七年，徙奉國軍節度使，改行營右護軍爲御前諸軍都統制，安撫使如故。二十一年，以守邊安靜，拜少保〔一〇〕。二十六年，領興州駐箚御前諸軍都統制職事，改判興州。渡江以來未有使相爲都統制者，時璘已爲開府儀同三司，故改命之。

三十一年，金主亮叛盟，拜四川宣撫使。秋，亮渡淮，遣合喜爲西元帥，以兵扼大散關，遊騎攻黃牛堡。璘卽肩輿上殺金平，駐軍青野原，益調內郡兵分道而進，授以方略。制置使王剛中來會璘計事，璘尋移檄契丹、西夏及山東、河北，聲金人罪以致討。未幾，兼陝西、河東招討使。璘以病還興州，總領王之望馳書告執政，謂璘多病，猝有緩急，蜀勢必危。請移璘姪京襄帥拱歸蜀，以助西師。凡五書未報。璘已力疾，復上仙人關。

三十二年，璘遣姚仲取鞏，王彥屯商、虢、陝、華，惠逢取熙河。或久攻不下，或既得復失，竟無成功。金人據大散關六十餘日，相持不能破。仲舍鞏攻德順已踰四旬，璘以知夔州李師顏代之，遣子挺節制軍馬。挺與敵戰於瓦亭，敗之。璘自將至城下，守陴者聞呼「相公來」，觀望咨嗟，矢不忍發。璘按行諸屯，預治黃河戰地〔二〕，斬不用命者，先以數百騎嘗敵。敵一鳴鼓，銳士空壁躍出突璘軍。璘軍得先治地，無不一當十。至暮，璘忽傳呼「某將戰不力」，人益奮搏，敵大敗，遁入壁。黎明，師再出，敵堅壁不動。會天大風雷〔三〕，金人拔營去，凡八日而克。璘入城，市不改肆，父老擁馬迎拜不絕。璘尋還河池。

四月，原州受圍，璘命姚仲以德順之兵往援，璘自趨鳳翔視師。諸將雖力戰，敵攻益急，增兵至七萬。五月，仲與敵戰于原州之北嶺，仲敗績。初，仲自德順至原，由九龍泉上北嶺，令諸軍持滿引行。以盧士敏兵爲前陣，所統軍六千爲四陣，姚志兵爲後拒。隨地便利以列，與敵鏖戰，開合數十。會輜重隊隨陣亂行，敵兵衝之，軍遂大潰，失將三十餘人。始，璘出師，王之望嘗言：「此行士卒銳氣，不及前時，仲年來數奇，不可委以要地。」及仲至原，璘亦貽仲書，謂原圍未即解，且還德順。書未達而仲敗，璘亦無功還。尋奪仲兵，欲斬之，或勸而止，械繫河池獄。

孝宗受禪，賜璘札，命兼陝西、河東路宣撫招討使。璘策金人必再爭德順，亟馳赴城下，而完顏悉烈等兵十餘萬果來攻。萬戶豁豁復領精兵自鳳翔繼至。璘築堡東山以守，敵極力爭之，殺傷太半，終不能克。時議者以爲兵宿於外，去川口遠，恐敵襲之，欲棄三路。遂詔璘退師。敵乘其後，璘將士死亡者甚衆，三路復爲敵有。拜少傅。隆興二年冬，金人侵岷州，璘提兵至祁山，金人聞之，退師，遣使來告曰：「兩國已講和矣。」會詔至，俱解去。

沈介爲四川安撫、制置使，與璘議不協，兵部侍郎胡銓上書，語頗及璘。璘抗章請朝，上親札報可。未半道，請罷宣撫使及致仕，皆不允。乾道元年詣闕，遣中使勞問，召對便殿，許朝德壽宮。高宗見璘，歎曰：「朕與卿，老君臣也，可數入見。」璘頓首謝。兩宮存勞之使相踵，又命皇子入謁。拜太傅，封新安郡王。越數日，詔仍領宣撫使，改判興元府。及還鎭，兩宮宴餞甚寵。璘入辭德壽宮，泣下。高宗亦爲之悵然，解所佩刀賜之，曰：「異時思朕，視此可矣。」

璘至漢中，修復褒城古堰，溉田數千頃，民甚便之。三年，卒，年六十六。贈太師，追封信王。上震悼，輟視朝兩日，賻贈加等。高宗復賜銀千兩。初，璘病篤，呼幕客草遺表，命直書其事曰：「願陛下毋棄四川，毋輕出兵。」不及家事，人稱其忠。

璘剛勇，喜大節，略苛細，讀史曉大義。代兄爲將，守蜀餘二十年，隱然爲方面之重，威名亞於玠。高宗嘗問勝敵之術，璘曰：「弱者出戰，強者繼之。」高宗曰：「此孫臏三駟之法，一敗而二勝也。」

嘗著兵法二篇，大略謂：「金人有四長，我有四短，當反我之短，制彼之長。四長曰騎兵，曰堅忍，曰重甲，曰弓矢。吾集蕃漢所長，兼收而并用之，以分隊制其騎兵；以番休迭戰制其堅忍；制其重甲，則勁弓強弩；制其弓矢，則以遠尅近，以強制弱。布陣之法，則以步軍爲陣心、左右翼，以馬軍爲左右肋，拒馬布兩肋之間；至帖撥增損之不同，則係乎臨機。」知兵者取焉。

王剛中嘗談劉錡之美，璘曰：「信叔有雅量、無英槪，天下雷同譽之，恐不能當逆亮，璘竊憂之。」剛中不以爲然，錡果無功，以憂憤卒。璘選諸將率以功。有薦才者，璘曰：「兵官非嘗試，難知其才。以小善進之，則僥倖者獲志，而邊人宿將之心怠矣。」子挺。

挺字仲烈，以門功補官。從璘爲中郎將，部西兵詣行在。高宗問西邊形勢、兵力與戰守之宜，挺占對稱旨，超授右武郎、浙西都監兼御前祗候，賜金帶。尋差利路鈐轄，改利州東路前軍同統制，繼改西路。

紹興三十一年，金人渝盟，璘以宣撫使總三路兵禦之，挺願自力軍前，璘以爲中軍統制。王師既復秦州，金將合喜孛堇介叛將張中彥以兵來爭，挺破其治平砦。已而南市城賊亦犄角爲援，轉戰竟日。挺令前軍統制梅彥𪊧衆直據城門，衆弗喻，彥亦懼力不敵。挺督之，彥出兵殊死戰，挺率背嵬騎盡易黃旗繞出敵後，憑高突之。敵譁曰：「黃旗兒至矣！」遂驚敗。挺不自爲功，狀彥第一，士頗多之。璘亦引嫌，併匿其功。擢榮州刺史，尋拜熙河經略、安撫使。

明年，挺被檄與都統制姚仲率東西路兵攻德順。金左都監空平涼之衆以援合喜，又遣精兵數萬自鳳翔來會。仲駐軍六盤，挺獨趨瓦亭，身冒矢石，衆從之。金人捨騎操短兵奮鬥，挺遣別將盡奪其馬，金衆遂潰。挺勒兵追之，禽千戶耶律九斤、孛堇等百三十七人。

金人懲前衄，悉兵趨德順。璘自秦州來督師，先壁於險，且治夾河戰地。金人果大至，挺誘致之，至所治戰地，盛兵鏖之，敵不能支，一夕遁去。鞏州久不下，挺以選鋒至城下，諸將咸曰：「西北坡陀地易攻，若分兵各當一面，宜得利。」挺曰：「西北雖卑而土堅，東南幷河多沙礫善圮。且兵分則少，以少當堅城，可得而下乎？」乃命悉衆擊東南隅。不二日，樓櫓俱盡。夜半，其將雷千戶約降，黎明，城破。以功授團練使，又以瓦亭功授郢州防禦使。孝宗卽位，加璘兼陝西、河東路招討宣撫使。璘慮敵必再爭德順，至自河池，金人果合兵十餘萬列栅以拒。有大酋引騎數千睨東山，璘命挺領騎迎擊，卻之。遂據東山，築堡以守。敵不能爭，乃益修攻具，爲大車匿戰士其中，將塡隍而進。挺命掄大木植中道，車至不得前。拜武昌軍承宣使，尋加龍神衞四廂都指揮使、熙河路經略安撫使中軍統制，時年二十五。會朝廷主議和，詔西師解嚴，父子遂旋軍。

乾道元年，升本軍都統制。三年，以父命入奏，拜侍衞親步軍指揮使，節制興州軍馬。璘卒，起復金州都統、金房開達安撫使，改利州東路總管。挺力求終喪，服除，召爲左衞上將軍。朝廷方議置神武中軍五千人以屬御前，命挺爲都統制。挺力陳不當輕變祖宗法，事遂寢。拜主管侍衞步軍司公事。

挺每燕見從容，嘗論兩淮形勢曠漫，備多力分，宜擇勝地扼以重兵，敵仰攻則不克，越西南又不敢，我以全力乘其弊，蔑不濟者。帝頗嘉納。淳熙元年，改興州都統，拜定江軍節度使。初，軍中自置互市於宕昌，以來羌馬，西路騎兵遂雄天下。自張松典榷牧，奏絕軍中互市，自以馬給之，所得多下駟。挺至，首陳利害以聞，乞歲市五百匹，詔許七百匹。

始，武興所部就餉諸郡，漫不相屬。挺奏以十軍爲名，自北邊至武興列五軍，曰踏白、摧鋒、選鋒、策選鋒、遊奕；武興以西至縣爲左、右、後三軍；而駐武興者前軍、中軍。營部於是始井井然。四年，入覲，除知興州、利州西路安撫使。密修皂郊堡，增二堡，繕戎器，儲于兩庫，敵終不覺。

十年冬，特加檢校少保。成州、西和歲大侵，挺力爲振恤，諭總賦者分軍儲以佐之，全活殆數千萬。蜀自諸軍宿師，凡廩賜，官率糴三之一，視價高下給之，名曰「折估」，隨所屯地相爲乘除。歲久屯他徙，廩賜不易舊，至有同部伍而廩相倍蓰者，挺裒爲中制上之。光宗即位，御筆獎勞。而西和、階、成、鳳、文、龍六州器械弗繕，挺節冗費，屯工徒，悉創爲之。御軍雖嚴，而能時其緩急，士以不困。郡東北有二谷水，挺作二隄以捍之。紹熙〔三〕二年，水暴發入城。挺既振被水者，復增築長隄，民賴以安。詔問備邊急務，即建增儲之策，由是糧糗不乏。四年春，以疾乞致仕，詔加太尉。卒，年五十六。贈少師、開府儀同三司。

挺少起勳閥，弗居其貴，禮賢下士，雖遇小官賤吏，不敢怠忽。拊循將士，人人有恩。璘故部曲拜於庭下，輒降答之，即失律，誅治無少貸。璘嘗對孝宗言，諸子中惟挺可任。孝宗亦曰：「挺是朕千百人中選者。」歲時問勞不絕，被遇尤深厚。光宗賜內府珍奇，以示殊禮。子五人，曦，其次也。曦仕至太尉、昭信軍節度使，以叛誅，見別傳。

論曰：劉錡神機武略，出奇制勝，順昌之捷，威震敵國，雖韓信泜上之軍，無以過焉。或謂其英概不足，雅量有餘，豈其然乎？吳玠與弟璘智勇忠實，戮力協心，據險抗敵，卒保全蜀，以功名終，盛哉！挺累從征討，功效甚著，有父風矣。然玠晚頗荒淫，璘多喪敗，豈狃于常勝，驕心侈歟！抑三世為將，釀成逆曦之變，覆其宗祀，蓋有由焉。

校勘記

〔一〕瀘川軍　「川」原作「州」。按瀘州的軍額是「瀘川」，見本書卷八九地理志；本書卷三五〇劉仲武傳作「瀘川軍」，據改。

〔二〕宣撫司統制　「司」原作「使」。按本書卷一六七職官志「諸軍都統制」條說：「神武五軍及川陝宣撫司、都督府、樞密院皆置。」章穎宋南渡十將傳卷一劉錡傳作「宣撫司」，據改。

〔三〕金騎已入陳　「陳」原作「陣」。按此處指的是陳州，見繫年要錄卷一三五、北盟會編卷二〇一，不得和「陣」字通，據改。

〔四〕破敵弓　宋南渡十將傳卷一劉錡傳、北盟會編卷二〇一作「破胡弓」。

〔五〕遣甲士數隊路橋臥槍而坐　「路」，繫年要錄卷一三九、北盟會編卷二〇五作「過」。

〔六〕水洛城　原作「永洛城」，據琬琰集上編卷一二明庭傑吳武安玠功蹟記、本書卷八七地理志改。

〔七〕彭原店　本書卷二六高宗紀作「彭原」，北盟會編卷一九五載王綸吳玠墓誌銘及同書卷一三七都作「彭店原」，琬琰集吳武安玠功蹟記作「彭店」。

〔八〕六年新置行營兩護軍璘爲左護軍統制九年升都統制　琬琰集上編卷一四王曮吳武順王碑作：「六年，創軍名行營右護軍，爲行營右護軍統制軍馬。……九年春，改行營右護軍都統制。」下文也說：「十七年，……改行營右護軍爲御前諸軍都統制。」疑此處「左」當作「右」。

〔九〕階成西和鳳文龍興七州　「西」字原脫，琬琰集吳武順王碑七州中無「西和」而有「岷」。按岷州紹興十四年三月改西和州，見本書卷三〇高宗紀，此處「和」當作「西和」。繫年要錄卷一五二正作「西和」，據補。

〔一〇〕二十一年以守邊安靜拜少保　按吳璘本年未拜少保而是加拜太尉；直至二十九年始除少保，見琬琰集吳武順王碑、宋會要職官一之五及一三。此誤。

〔一一〕預治黃河戰地　「黃河」，於地里上不合，吳武順王碑、本卷吳挺傳、繫年要錄卷一九八都作「夾河」。

〔三〕會天大風雷　「雷」，琬琰集吳武順王碑、繫年要錄卷一九八都作「雪」。

〔三〕紹熙　原作「紹興」。按此處所記是光宗時事，不應用紹興紀元，今改。

宋史卷三百六十七

列傳第一百二十六

李顯忠　楊存中　郭浩　楊政

李顯忠，綏德軍青澗人也。初名世輔，南歸，賜名顯忠。由唐以來，世襲蘇尾九族巡檢。初，其母當產，數日不能免，有僧過門曰：「所孕乃奇男子，當以劍、矢置母旁，即生。」已而果生顯忠，立於蓐，咸異之。

年十七，投效用，隨父永奇出入行陣。金人犯鄜延，經略王庶命永奇募間者，得張琦；更求一人，顯忠請行。永奇曰：「汝未涉歷，行必累琦。」顯忠曰：「顯忠年小，膽氣不小，必不累琦，當與琦俱。」有敵人夜宿陶穴，顯忠縋穴中，得十七人，皆殺之，取首二級，馬二匹，餘馬悉折其足。庶大奇之，補承信郎，充隊將，由是始知名。轉武翼郎，充副將。

金人陷延安，授顯忠父子官。永奇聚泣曰：「我宋臣也，世襲國恩，乃為彼用邪！」會劉豫令顯忠帥馬軍赴東京，永奇密戒之曰：「汝若得乘機，卽歸本朝，無以我故貳其志。事成，我亦不朽矣。」顯忠至東京，劉麟喜之，授南路鈐轄，乃密遣其客雷燦以蠟書赴行在。已而豫廢，兀朮以萬騎馳獵淮上，與顯忠獨立馬圍場間。顯忠戒吳俊往探淮水可度馬處，欲執兀朮歸朝。俊還，顯忠馳問之，爲竹刺傷馬而止。兀朮授顯忠承宣使、知同州。

顯忠至鄜省侍，永奇教顯忠曰：「同州入南山，乃金人往來驛路，汝可於此擒其酋，渡洛、渭，由商、虢歸朝。第報我知，我當以兵取延安而歸。」顯忠赴同州，卽遣黃士成等持書由蜀至吳，報歸朝事。元帥撒里曷來同州，顯忠以計執之，馳出城。至洛河，舟船後期不得渡，與追騎屢戰，皆勝。顯忠憩高原，望追騎益多，乃與撒里曷折箭爲誓，不得殺同州人，不得害我骨肉，皆許之，遂推之下山崖，追兵爭救得免。顯忠攜老幼長驅而北，至鄜城縣，急遣人告永奇。永奇卽挈家出城，至馬趐谷口，爲金人所及，家屬二百口皆遇害。是日，天昏大雪，延安人聞之皆泣下。

顯忠僅以二十六人奔夏國。夏人問故。顯忠泣，具言父母妻子之亡，切齒疾首，恨不卽死，願得二十萬人生擒撒里曷，取陝西五路歸于夏，顯忠亦得報不共戴天之讎。夏主曰：「爾能爲立功，則不靳借兵。」時有酋豪號「青面夜叉」者，久爲夏國患，乃令顯忠圖之。請三千騎，晝夜疾馳，奄至其帳，擒之以歸。夏主大悅，卽出二十萬騎，以文臣王樞、武臣哆訛爲陝西招撫使，顯忠爲延安招撫使，時紹興九年二月十四日也。

顯忠引兵至延安，總管趙惟淸大呼曰：「鄜延路今復歸宋矣，已有赦書。」顯忠與官吏觀赦書列拜，顯忠大哭，衆皆哭，百姓哭聲不絕。乃以舊部八百餘騎往見王樞、哆訛，諭之曰：「顯忠已得延安府，見講和赦書，招撫可以本部軍歸國。」哆訛不從，曰：「初，經略乞兵來取陝西。今旣到此，乃令我歸耶？」顯忠知勢不可，乃出刀斫哆訛，不及，擒王樞縛之。夏人以鐵鷂子軍來。顯忠以所部拒之，馳揮雙刀，所向披靡，夏兵大潰，殺死蹂踐無慮萬人，獲馬四萬疋。顯忠揭榜招兵，以「紹興九年」爲文書。每得一人，予馬一匹，旬日間得萬人，皆驍勇少壯。又擒害其父母弟姪者，皆斬于東城之內。行至鄜州，已有馬步軍四萬餘。撒里曷在耀州，聞顯忠來，一夕遁去。

四川〔二〕宣撫吳玠遣張振來撫諭云：「兩國見議和好，不可生事，可量引軍赴行在。」遂至河池縣見玠，玠撫之曰：「忠義歸朝，惟君第一。」從行使臣崔臯等六百餘人列拜庭下，玠又撫之，犒以銀絹，詣行府受告敕、金帶，除指揮使、承宣使。至行在，高宗撫勞再三，賜名加賚，又賜田鎭江，以崔臯輩充將佐。

兀朮犯河南，命顯忠爲招撫司前軍都統制，與李貴同破靈壁縣。兀朮犯合肥，手詔以軍與張俊會。顯忠至孔城鎭，與敵戰，敗之。兀朮謂韓常曰：「李世輔歸宋，不曾立功，此人敢勇，宜且避之。」乃焚廬江而走。顯忠欲追之與死戰，俊以奉旨監護，慮失顯忠，遂各以軍還。

太后至臨安，顯忠入覲，加保信軍節度使、浙東副總管。顯忠熟西邊山川險易，因上恢復策，忤秦檜意。金使言顯忠私遣人過界，遂降官奉祠，台州居住。復寧國軍節度使，升都統制。

二十九年，金渝盟，詔顯忠以本部捍禦。遣統制官韋永壽等以二百騎至安豐軍，與金將小韓將軍兵五千人戰于大人洲，敗之。俄又增兵萬餘來，顯忠率騎軍出，自旦至午，氣百倍，以大刀斫敵陣，敵不能支，殺獲甚衆，掩入淮者不可計。

金主亮犯淮西，朝廷命王權拒于合肥。權退保和州，又棄軍渡江，和州失守。金主親統細軍駐和之鷄籠山，將濟采石。朝廷詔以顯忠代權，命虞允文趣顯忠交軍，軍中大喜，於是有采石之捷，語在允文傳。顯忠退軍沙上，得楊存中報：「車駕至平江，可速進兵。」顯忠選銳士萬人渡江，盡復淮西州郡。軍至橫山澗，與金射鵰軍戰，統制頓遇重傷，韋永壽死之，敵兵敗走。金主亮切責諸將不用命，諸將弑之而還。

是役也，顯忠所將一萬九千八百六人行賞有差，張振功爲最。詔賜顯忠五子金帶。授顯忠淮西制置使〔三〕、京畿等處招討使，擢太尉、寧國軍節度使、主管侍衛馬軍司公事，赴行在。

孝宗即位，賜田百頃，兼權池州駐箚御前諸軍都統制，節制軍馬。隆興元年，兼淮西招撫使。時金主褒新立，山東、河北豪傑蠭起，耶律諸種兵數十萬據數郡之地，太行山忠義耿京、王世隆輩皆欲挈地還于朝。金懼，亟請和。顯忠陰結金統軍蕭琦爲內應，請出師自宿、亳趨汴，由汴京以通關陝；關陝既通，則鄜延一路熟知顯忠威名，必皆響應；且欲起其舊部曲，可得數萬人，以取河東。

時張浚開都督府，四月，命顯忠渡江督戰。乃自濠梁渡淮，至陡溝，琦背約，用拐子馬來拒，與戰，敗之。琦復背城列陣，顯忠躬率將士鏖戰，琦敗走，遂復靈壁，入城，宣布德意，不戮一人，中原歸附者踵接。時邵宏淵圍虹縣未下，顯忠遣靈壁降卒開諭禍福，金貴戚大周仁及蒲察徒穆皆出降。宏淵恥功不自己出；又有降千戶訴宏淵之卒奪其佩刀，顯忠立斬之，由是二將益不相能。

六月，兵傅宿州城，金人來拒，顯忠敗之，斬其左翼都統及首虜數千人，追奔二十餘里。宏淵至，謂顯忠曰：「招撫眞關西將軍也。」顯忠閉營休士，爲攻城計，宏淵等不從。顯忠引麾下楊椿上城，開北門，不踰時拔其城。宏淵等殿後，趣之，乃始渡濠登城。城中巷戰，又斬首虜數千人，擒八十餘人，遂復宿州。舉寄居官劉時攝州事。捷聞，授顯忠開府儀同三司、殿前都指揮使，妻周氏封國夫人。宏淵欲發倉庫犒士卒，顯忠不可，移軍出城，止以見錢犒士，士皆不悅。

金帥孛撒自南京率步騎十萬來，晨薄城，列大陣。顯忠親帥軍遇于城南，戰數十合，孛撒大敗，遂退走。統制李福、統領李保各以所部退避，皆斬以徇。翼日，敵益兵至。顯忠謂宏淵幷力夾擊，宏淵按兵不動，顯忠獨與所部力戰百餘合，殺左翼都統及千戶、萬戶，斬首虜五千餘人。俄增兵復來逼城，顯忠用克敵弓射卻之。

宏淵顧衆曰：「當此盛夏，搖扇於淸涼猶不堪，況烈日中被甲苦戰乎？」人心遂搖，無鬥志。至夜，中軍統制周宏鳴鼓大譟，陽謂敵兵至，與邵世雍、劉侁各以所部兵遁；繼而統制左士淵、統領李彥孚亦遁。顯忠移軍入城，殿司前軍統制張訓通、馬司統制張師顏、池州統制荔澤、建康統制張淵各遁去。

金人乘虛復來攻城，顯忠竭力捍禦，斬首虜二千餘人，積屍與羊馬牆平。城東北角敵兵二十餘人已上百餘步，顯忠取軍所執斧斫之，敵始退卻。顯忠曰：「若使諸軍相與掎角，自城外掩擊，則敵兵可盡，金帥可擒，河南之地指日可復矣。」宏淵又言：「金添生兵二十萬來，儻我軍不返，恐不測生變。」顯忠知宏淵無固志，勢不可孤立，歎咤曰：「天未欲平中原耶？何沮撓若此！」是舉，所喪軍資器械殆盡，幸而金不復南。顯忠以軍還，見浚，納印待罪。責授果州團練副使，潭州安置。後朝廷知其故，移撫州。乾道改元，乃還會稽，復防禦使，觀察使、浙東副總管，賜銀三萬兩，絹三萬匹，綿一萬兩。提舉台州崇道觀。召除威武軍節度使、左金吾衞上將軍，賜第京師。上奇其狀貌魁傑，命繪像閣下。復太尉。乞祠，提舉興國宮，紹興府居住，歲賜米二千石。淳熙四年，召赴行在，提舉萬壽觀，奉朝請。入見，給眞奉，賜內庫金，再葺前所賜第賜之。七月卒，年六十九。贈開府儀同三司，謚忠襄。

楊存中本名沂中，字正甫，紹興間賜名存中，代州崞縣人。祖宗閔，永興軍路總管，與唐重同守永興，金人陷城，迎戰死之。父震，知麟州建寧砦，金人來攻，亦死於難。存中魁梧沈鷙，少警敏，誦書數百言，力能絕人。慨然語人曰：「大丈夫當以武功取富貴，焉用俯首爲腐儒哉！」於是學孫、吳法，善射騎。宣和末，山東、河北羣盜四起，存中應募擊賊，積功至忠翊郎。

靖康元年，金人再圍汴京，諸道兵勤王，存中與張俊、田師中從信德府守臣梁揚祖以萬兵入援，後隸張俊部曲。上問將於俊，俊以存中對。召見，賜袍帶。時元帥府草創，存中晝夜扈衞寢幄，不頃刻去側。帝知其忠謹，親信之。劇賊李昱據任城，久不克，存中以數騎入，擊殺數百人。帝乘高望見，介胄盡赤，意其被重創。召視之，皆汚賊血，壯之，飲以酒，曰：「酌此血漢。」存中請復往，帝止之。存中曰：「此賊膽碎，卽成擒矣。」遂大破之，復任城，遷閤門祗候。

建炎二年，討賊徐明于嘉興，先登。主帥將屠城，存中力諫止之，戮其渠魁而已，郡賴以全。遷榮州刺史。高宗南渡，以勝捷軍從張俊守吳門；苗、劉之變，又從俊赴難。遷貴州團練使，尋爲御前右軍統領。金人攻明州，又從俊與田師中、趙密殊死戰，破之。以奇功遷文州防禦使、御前中軍統制。

紹興元年，從俊討李成。諸將議，多欲分道進，存中曰：「賊勢如此，兵分則力弱，又諸將位均勢敵，非招討督之，必不相爲用。」俊然之。整軍至豫章，存中率兵數千，首破賊于玉隆觀，追至筠州。賊驍將以衆十萬來援，夾河而營。存中謂俊曰：「彼衆我寡，擊之當用奇，願以騎見屬，公以步兵居前。」俊從之。存中夜銜枚渡筠河，出西山，馳下擊賊，俊以步兵夾攻，俘八千人。諸將夜見存中曰：「戰未休，降卒多，忽有變，奈何？非盡殲之不可。」存中曰：「殺降吾不忍。」諸將轉告俊，竟夜坑之。乘勝追至九江，成遂遁去。遷宣州觀察使。

二年春，進神武中軍統制，宰相呂頤浩袖敕以授存中。俊奏留存中軍中，上曰：「宿衞之帥，朕所選，爲不可易也。」存中亦固辭，且謂：「神武諸帥如韓世忠、張俊，皆貴擁旄鉞，名望至重，如臣么麽，一旦位與之抗，實不自安。」不許，遣中使宣押，乃視事。兼提舉宿衞親兵。時中軍卒不滿五千，疲癃者居半。存中請拘神武卒借出於外者歸軍中，由是軍政寖修。

三年，嚴州妖賊繆羅據白馬源，殺王官，存中討平之。除帶御器械，加保信軍承宣使、權發遣鄜延路馬步軍副總管。

六年，爲龍神衞四廂都指揮使、密州觀察使。先是，張浚〔三〕視師，謀渡淮以圖劉豫，倚韓世忠爲用。世忠圍淮陽，從浚乞張俊將趙密爲助，俊拒之。趙鼎語浚曰：「世忠所欲者趙密爾，存中武勇，不減於密，盍令存中助之。」浚請於朝，故有是命。於是存中以八隊萬人，遡督府助世忠。

十月，存中與劉猊戰于藕塘，大破之。猊之初入也，淮西宣撫使劉光世欲棄廬州，退保太平。賊衆十萬已次濠、壽間，浚命張俊拒之，使存中往泗州與俊合。及至泗，則光世已舍廬去。浚遣人諭之曰：「一人渡江，即斬以狥。」光世不得已還廬駐兵，與存中相應。賊先犯定遠縣，存中以兵二千襲敗于越家坊。既而與猊兵遇藕塘，賊據山列陣，矢下如雨。存中急擊之，且使統制吳錫以勁騎五千突其陣。陣亂，存中鼓大軍乘之，自以精騎衝其脅，大呼曰：「破賊矣！」賊錯愕駭視。前軍統制張宗顏自泗來，乘背擊之，賊大敗。猊以首抵謀主李愕〔四〕曰：「適見髯將軍，銳不可當，果楊殿前也。」卽以數騎遁去。餘黨萬人僵立失措，存中躍馬叱之，皆怖而降。麟在順昌，孔彥舟方圍光州，聞之皆拔砦遁去，北方大恐。所得賊舟數百艘，車數千兩。

捷聞，帝遣中使勞賜，謂宰執曰：「卿輩始知朕得人也。」除保成軍節度使、殿前都虞候，尋兼領馬步帥。存中奏：「祖宗置三衙，鼎列相制，今令臣獨總，非故事也。」不允。七年，爲淮南西路制置使，將以撫定酈瓊諸軍，不果行，語在王德傳。九年，遷殿前副都指揮使。

十年，金人叛盟取河南，命存中爲淮北宣撫副使，引兵至宿州，以步軍退屯于泗。金人詭令來告敵騎數百屯柳子鎭。存中欲卽擊之，或以爲不可，存中不聽。留王滋、蕭保以千騎守宿，自將五百騎夜襲柳子鎭，黎明，不見敵而還。金人以精兵伏歸路，存中知之，遂橫奔而潰。參議官曹勛不知存中存亡，以聞，朝廷震恐，於是有權宜退保之命。旣而存中自壽春渡淮歸泗，人心始安。冬，引兵還行在。

十一年，兀朮恥順昌之敗，復謀來侵。詔大合兵于淮西以待之。於是存中以殿司兵三萬卒戍淮，與金人戰于柘皐，敗之。時張俊爲宣撫使，存中爲副使，劉錡爲判官，王德爲都統制，田師中、張子蓋爲統制官。金人以拐子馬翼進，存中曰：「敵恃弓矢，吾有以屈之。」使萬人操長斧，如牆而進，諸軍鼓譟奮擊，金人大敗，退屯紫金山。是役也，失將士九百人，金人死者以萬計，而濠圍猶未解。

俊與存中、錡先議班師。會有云濠路已通者，俊謂錡曰：「吾欲與楊太尉耀兵淮上，安撫濠梁之民，取宣化歸金陵，楊太尉則渡瓜洲還臨安。」明日，命二帥行。諜報金攻濠甚急，倉皇復回，邀錡會于黃連埠，距濠六十里，聞城陷矣，召存中、錡謀之。錡謂存中：「何以處此？」存中曰：「戰爾，相公與太尉在後，存中當居前。」錡曰：「本來救濠，濠既已失，進無所依，人懷歸心，勝氣已索，此危道也。不若退師據險，俟其去，爲後圖。」諸將皆曰：「善。」鼎足而營，遣人俟敵，曰：「已去矣。」俊自以爲功，謂錡毋往，命存中與德偕至濠。列陣未定，煙起城中，金人伏騎萬餘分兩翼出。存中顧德曰：「何如？」德曰：「德小將，焉敢預事？」存中以策麾軍曰：「那回！」諸軍以爲令其走也，遂散亂南奔，無復紀律，金人追殺甚衆。後一日，韓世忠大軍至，已無及矣。存中乃自宣化渡江歸行在。加檢校少保、開府儀同三司兼領殿前都指揮使，蓋錄柘皐之功而揜濠梁之敗也。

十二年，徽宗梓宮攢永固陵，命存中都護。竣事，拜少傅，以保傅爲管軍自存中始。十四年，存中請詣太學謁先聖，帝曰：「學校既興，武人亦知崇尚，如漢羽林士皆通孝經，況其他乎？」二十年，封恭國公。二十八年，拜少師，恩數視樞密使。存中以凡重地皆有統制官，獨荆、襄無之，請于朝，於是荆南、襄陽初置諸統制。

存中在殿巖凡二十五載，權寵日盛，太常寺主簿李浩、敕令所删定官陸游、司封員外郎王十朋、殿中侍御史陳俊卿相繼以爲言。三十一年，罷爲太傅、醴泉觀使，進封同安郡王，賜玉帶，朝朔望。

時金主亮有南侵意，存中上備敵十策。步帥趙密謀奪存中權，因指爲喜功生事。存中聞之，上章乞免，密竟代之。未幾，邊聲日急，九月，詔存中爲御營宿衞使。劉汜戰敗于瓜洲，命存中往京口，爲守江計。虞允文自采石來會，存中與之協力拒敵，敵不能濟。金主亮死，與允文輕舟渡江以伺敵。及金人請和，存中奏俟彼得新主之命，無遽許之。

帝如建康，詔存中扈蹕，因語宰相曰：「楊存中唯命東西，忠無與二，朕之郭子儀也。」金使復請和，存中請拘之江口，移書審問，若能歸我族屬，還舊壤，損歲幣，復白溝之界，以通兄弟之好，如是則和議可從；不然，請斬其使，亟圖恢復。會駕還，以存中爲江、淮、荆、襄路宣撫使，給、舍不書黄，命遂寢。未幾，仍奉祠。

隆興元年，王師潰于符離，復起存中爲御營使。二年，金人再入關，議割蜀之和尙原以畀之。存中入對，曰：「和尙原，隴右之藩要也。敵得之，則可以睥睨漢川；我得之，則可以下兵秦雍。曩議予金人，吳璘力爭不從。今璘在遠，不及知。臣若不言，非特負陛下，亦有媿於隣。近者，王師盡銳而後得，願毋棄。」

未幾，金人復攻淮甸，詔存中同都督江、淮事。湯思退罷，升都督，陛辭，賜坐，賜玉鞍勒。時諸軍各守分地，不相統一，存中集諸將調護之，於是始更相爲援。帝親札賜之曰：「諸帥協和，互相策應，卿之力也。」會金兵已深入，朝議欲舍淮保江，存中持不可，乃已。金兵在揚州，或勸存中擊之。存中不敢渡，獨臨江固壘以老之。

金人尋請盟。乾道元年班師，加昭慶軍節度使，復奉祠。時興屯田，存中獻私田在楚州者三萬九千畝。二年，卒，年六十五。以太師致仕，追封和王，謚武恭。高宗追念舊臣，爲之出涕，賻錢十萬。高宗假借諸將，眷存中尤深，嘗曰：「朕於存中，撫綏之過於子弟。」濠、廬之役，親筆戒之曰：「若不便進，當行軍法。」趙密代領殿帥，則舉唐崔祐甫奪王駕鶴兵權事，豫戒大臣。及竣事，又曰：「楊存中之罷，朕不安寢者三夕。」

存中天資忠孝敢勇，大小二百餘戰，身被五十餘創。宿衞出入四十年，最寡過。孝宗以爲舊臣，尤禮異之，常呼郡王而不名。父、祖及母皆死難，存中既顯，請于朝，宗閔謚忠介，震謚忠毅，賜廟曰顯忠，曰報忠。又以家廟、祭器爲請，遂許祭五世，前所無也。祖母劉流落蜀、隴，存中日夜禱祠訪問，間關數千里，卒迎以歸。御軍寬而有紀，所用將士，專以才勇選，不私部曲之舊。李顯忠以罪斥，存中奏爲統制官，後爲名將。嘗以剋敵弓雖勁而蹶張難，遂以意創馬皇弩，思巧製工，發易中遠，人服其精。嘗營居鳳山，十年而就，極山川之勝，後獻於朝廷，更築室焉。又葺園亭于湖山之間，高宗爲書「水月」二字。所居建閣以藏御書，孝宗題曰「風雲慶會之閣」。

子，僎工部侍郎；倓簽書樞密院事、昭慶軍節度使。

郭浩字充道，德順軍隴干人〔五〕。父任三班奉職。徽宗時，充環慶路第五將部將，嘗率百騎抵靈州城下，夏人以千騎追之，浩手斬二騎，以首還。充渭州兵馬都監。從种師道進築葺平砦，敵據塞水源，以渴我師，浩率精騎數百奪之。敵攻石尖山，浩冒陣而前，流矢中左脇，怒不拔，奮力大呼，得賊乃已；諸軍從之，敵遁去，由是知名。累遷中州〔六〕刺史。

欽宗卽位，進安州團練使。以种師道薦，召對，奏言：「金人暴露，日久思歸，乞給輕兵間道馳滑臺，時其半度，可擊也。」會和戰異議，不能用。帝問西事，浩曰：「臣在任已聞警，慮夏人必乘間盜邊，願選將設備。」已而果攻涇原路，取西安州、懷德軍。紹聖開拓之地，復盡失之。种師中制置河東，辟以自隨。

建炎元年，知原州。二年，金人取長安，涇州守臣夏大節棄城遁，郡人亦降。浩適夜半至郡，所將財二百人，得金人不殺，使之還，曰：「爲語汝將曰，我郭浩也，欲戰即來決戰。」金人遂引去。升本路兵馬鈐轄、知涇州、權主管鄜延路經略安撫。

時二敵交侵，鄜延之東皆金人，西北即夏境，其屬朝廷者惟保安一軍、德靜一砦。浩間道之德靜，置司招收散亡，與敵對壘，一年，敵不能犯。再除涇原路兵馬鈐轄、知涇州。浩去，夏人復來，權帥耿友諒僅以身免，一路盡陷。

張浚爲宣撫處置使，以浩爲秦鳳路提點刑獄、權經略使、知秦州。時浚經略陝西，有言敵可討者，浚意向之。諸帥恥於不武，莫敢出言。浚檄五路帥悉所部兵會于富平，浩獨謂敵鋒方銳，且當分守其地，掎角相援，俟釁而動。浚不聽，師出果敗，五路俱陷，帥府皆徙置他所。浚復以浩舊官移知鳳翔府，寓治寶鷄縣，又退保和尚原。金人抵原下，浩與吳玠隨方捍禦，蜀以安全。第功，遷正任防禦使。

紹興元年，金人破饒風嶺，盜梁、洋，入鳳州，攻和尚原。浩與吳璘往援，斬獲萬計。遷邠州觀察使，徙知興元府。飢民相聚米倉山爲亂，浩討平之。徙知利州。金人以步騎十餘萬破和尚原，進窺川口，抵殺金平，浩與吳玠大破之。遷彰武軍承宣使。玠按本路提點刑獄宋萬年陰與敵境通，利所鞫不同，由是與浩意不協，朝廷乃徙浩知金州兼永興軍路經略使。

金州殘弊特甚，戶口無幾，浩招輯流亡，開營田，以其規置頒示諸路。他軍以匱急仰給朝廷，浩獨積贏錢十萬緡以助戶部，朝廷嘉之，凡有奏請，得以直達。九年，改金、洋、房州節制。

金人還河南地，以浩爲龍、神衞四廂都指揮使，充陝西宣諭使、知金州。樓炤行關中，辟浩樞密院都統制、節制陝西軍馬。十年，拜奉國軍節度使。五路陷，徙知夔州，未行，移知金州，仍永興路經略安撫使、節制陝西河東兼措置河東路忠義軍馬。十一年，金人內侵，宣撫使胡世將召浩及吳璘、楊政會仙人原，授以攻取之策。浩遣裨將設伏破之。

十四年，召見，拜檢校少保，還鎭，賜以御府金器、繡鞍，仍官一子文資，賜田五十頃。浩辭曰：「臣父子起身行陣，不敢忘本，願還文資。」帝嘉其意，別與一子閤職。是歲，分利州爲東西兩路，以浩爲金房開達州經略安撫使兼知金州、樞密院都統制，屯金州，仍建帥府。十五年，卒，年五十九。贈檢校少師，謚恭毅。淳熙元年，賜立廟金州。

楊政字直夫，原州臨涇人。崇寧三年，夏人舉國大入，父忠戰歿，政甫七歲，哀號如成人。其母奇之，曰：「孝於親者必忠於君，此兒其大吾門乎？」宣和末，應募爲弓箭手。靖康初，因拒夏人，稍知名。建炎間，從吳玠擊金人，九戰九捷。累功至武顯郎。

紹興元年春，金人趨和尚原，又攻箭筈關，政引兵大破之，斬千戶一、酋長二。遷右武大夫。十月，金兵大集，號十萬，自寶鷄列栅至原下。吳玠與相持累日，以政統領將兵迎敵，日數十合，士卒無不一當百。復出奇兵斷其糧道，敵少卻，遮擊之，獲萬戶及首領三百餘人、甲士八百六十人。拜恭州刺史。時有嫉政者，以母妻尚留北境，不宜屬以兵權，玠不聽，政益感奮。

二年，金合步騎數千栅魚龍川口，政帥精兵劫破之。升隴州團練使，移知方山原，軍儲芻穀在其中。三月，金大軍來攻，城且下，政擊敗之。還知鳳州。三年，金攻饒風關，政從玠戰關下，凡六日。改明州觀察使。

四年，撒离喝哀精兵十萬，欲道仙人關入蜀，至上奢田。玠築壘于關外，政曰：「此地爲蜀阨塞，當堅守，時出奇擊之。」玠用其言。金人變態多端，政隨機應之，連日百餘戰。敵帥督戰益急，政命卒以神臂弓射之；又選甲士千餘出山谷，斷其兵，使不得進退；又出敵不意，夜斫其營。敵遂遁去，追至河池而還。授龍神衞四廂都指揮使、環慶路經略安撫使。

五年，金人攻淮，玠命政帥師乘機牽制，至秦州，一戰而拔，撫定居民，秋毫無犯。改經略安撫涇原兼帥環慶、利路。三鎮事叢集，剖決無滯。母留敵境，間遣人省視之，母惟勉以忠義。九年春，和議成，始得迎母及兄弟歸。乞祠以便養，不許。詔封其母感義郡夫人，以政爲熙河蘭鞏路經略安撫使、知熙州，進武康軍承宣使。

十年，徙利州，又徙興元。會金人渝盟，政建迎敵之策，兼川、陝宣撫副使司都統制。政偕統制楊從義劫金人于鳳翔府城南砦，敗之，獲戰馬數百。母卒，起復，遂帥師趣寶雞渭水上，以拒敵衝，凡大戰七，斬獲甚多。川、陝宣撫副使胡世將奏：「鳳翔之捷，政奮不顧身，功效顯著。」拜武當軍節度使。

十一年秋，金將胡盞、習不祝合軍五萬來攻，政與吳璘、郭浩會于仙人原。世將授以攻取之策，政出和尙原，浩出商州以爲援，璘駐秦州。政引兵夜入隴州界，遂趣吳山，與金人對壘，又敗金萬戶通檢于寶雞。時通檢居渭北，政欲攻拔其城，通檢將精甲萬衆出，政帥勇士鏖戰，遣裨將突出陣後，登山執幟。金軍見之，大呼曰：「伏發矣！」乃驚潰。政乘勝掩殺，通檢走至城門而橋已絕，遂擒之。

和議成，帝召政還，軍民詣部使者借留。及入見，條奏詳明，帝善之。十三年，還鎭，加檢校少保，賜田五十頃。十四年，分利州爲東西兩路，政屯興元府。久之，拜太尉。二十七年，卒，年六十。贈開府儀同三司，謚襄毅。

政守漢中十八年，六堰久壞，失灌漑之利，政爲修復。漢江水決爲害，政築長堤捍之。凡利於民者不敢以軍旅廢。休兵十餘年，未嘗升遷將士，上下安之。政故爲吳璘裨將，及與璘分道建帥，執門下之禮益恭，世頗賢之。

論曰：李顯忠生而神奇，立功異域，父子破家狥國，志復中原，中罹讒構，屢遭廢黜，傷哉！楊存中出入淮甸，無大勝負，典兵最久，貴寵獨隆，然頗能知幾，不阽禍敗，其亦有天幸者歟？郭浩、楊政克左右玠、璘兄弟，保全川蜀。數君子皆人所屬倚以成功者，奈何撓於和議，頻失事機，人心沮喪，不得如吉甫、方叔，受祉振旅以成中興之業，惜哉！

校勘記

〔一〕四川　原作「四州」，據本書卷三六六吳玠傳、章穎宋南渡十將傳卷三李顯忠傳改。

〔二〕淮西制置使　「淮西」原作「淮南」，據本書卷三二高宗紀、繫年要錄卷一九四改。

〔三〕張浚　原作「張俊」，據繫年要錄卷九九、北盟會編卷一六九改。

〔四〕李愕　繫年要錄卷一〇六、十朝綱要卷二三都作「李諤」。

〔五〕德順軍隴干人　「德順」二字原倒。按宋無「順德軍」；本書卷八七地理志「德順軍」條：「慶曆三年，即渭州隴干城建爲軍。」據改。

〔六〕中州　按宋無中州，本書卷八九地理志夔州路有忠州，疑「中」乃「忠」字之訛。

宋史卷三百六十八

列傳第一百二十七

王德 王彥 魏勝 張憲 楊再興 牛臯 胡閎休

王德字子華，通遠軍熟羊砦人。以武勇應募，隸熙帥姚古。會金人入侵，古軍懷、澤間，遣德諜之，斬一酋而還。補進武校尉。古曰：「能復往乎？」德從十六騎徑入隆德府治，執僞守姚太師，左右驚擾，德手殺數十百人，衆愕眙莫敢前。古械姚獻于朝，欽宗問狀，姚曰：「臣就縛時，止見一夜叉耳。」時遂呼德爲「王夜叉」。

建炎元年，以勤王師倍道趨闕，改隸劉光世，平濟南寇李昱、池陽寇張遇。光世將先鋒討李成，德以百騎覘賊，至蔡州上蔡驛口橋，賊疑爲誘騎，擁衆欲西。德麾騎大呼曰：「王師大至矣！」賊駭遁，追殺甚衆。成奔新息，收散卒復戰。賊見光世張蓋行陳，不介冑，知爲主帥，併兵圍之。德突圍擁光世還軍，遂襲敗李成。授武略大夫。

三年春，遷前軍統領，屯天長。金人攻揚州，西軍多潰，德趨宣化。會叛將張昱、張彥圍和州，太守張績求援於德，德兵傅城下，賊不意其至，大潰。遲明接戰，斬昱，俘其兵騎萬數，濟自采石。

光世方謀討苗、劉之逆，迎至建康，謂德曰：「江都之擾，諸軍不竄則盜。公可仗義夜涉大江，徇國急變。」遂以軍屬光世。會苗、劉走閩中，詔德追擊，隸韓世忠。德欲自致功名，而世忠必欲德爲之使，遣親將陳彥章邀德於信州。彥章拔佩刀擊德，德殺彥章，尸諸市。德至浦城，斬苗瑀，擒馬柔吉送行在。世忠訟其擅殺，下臺獄，侍御史趙鼎按德當死，帝命特原之，編管郴州。

時光世屯九江，得楊惟忠所失空頭黃敕，卽以便宜復德前軍統制，遣平信州妖賊王念經。行次饒州，會賊劉文舜圍城，德引兵赴之，文舜請降。德納而誅之，自餘不戮一人。謂諸校曰：「念經聞吾宿留，必不爲備。」倍道而趨，一鼓擒之，獻俘于朝。詔還舊秩，加武顯大夫、榮州刺史。

四年，光世鎭京口，以德爲都統制。金兵復南，光世將退保丹陽，德請以死捍江，諸將恃以自彊。分軍扼險，渡江襲金人，收眞、揚數郡。旣而又遇敵于揚州北，有被重鎧突陣者，德馳叱之；重鎧者直前刺德，德揮刀迎之，卽墮馬。衆褫駭，因麾騎乘之，所殺萬計。

紹興元年，平秀州水賊邵青。初，德與戰于崇明沙，親執旗麾兵拔栅以入，青軍大潰。他日，餘黨復索戰，諜言將用火牛，德笑曰：「是古法也，可一不可再，今不知變，此成擒耳。」先命合軍持滿，陳始交，萬矢齊發，牛皆返奔，賊衆殲焉。青自縛請命，德獻俘行在。帝召見便殿問勞，褒賞特異。遷中亮大夫、同州觀察使。

三年，光世宣撫江、淮，當移屯建康，命韓世忠代之。德從數十騎自京口逆世忠，度將及麾下，徒步立道左，抗言曰：「擅殺陳彥章，王德迎馬頭請死。」世忠下馬握其手曰：「知公好漢，鄉來纖介不足置懷。」乃設酒盡歡而別。是冬，知鞏州、熙河蘭廓路兵馬鈐轄。

明年春，知蘭州，徙屯池陽及當塗，爲行營左護軍前軍統制。金兵掠江北，破滁州。德越江襲奪之，追至桑根，擒女眞萬戶盧孛一人，千戶十餘人。五年，改環慶副總管。

六年冬，劉豫遣麟、猊驅鄉兵三十萬，分東西道入寇，中外甚恐，議欲爲保江計。殿帥楊沂中、統制張宗顏、田師中及德等分兵禦之，大敗猊兵于藕塘，猊挺身走；麟在順昌聞之，亦拔砦遁。德追至壽春，弗及，獲其糧舟四百艘。第功，除武康軍承宣使，眞拜相州觀察使。

七年，改熙河蘭廓路副總管、行營左護軍都統制，駐師合肥。會光世罷宣撫，詔德盡護其衆，以酈瓊副之。瓊與德故等夷，恥屈其下，率衆叛從劉豫。八年，命隸張俊，名其軍曰

「銳勝」。

十年，解潁昌圍，俊檄德就取宿州。德倍道自壽春馳至蘄縣，與敵游騎遇，遂入城，偃旗臥鼓，騎引去。因潛師宿州，夜半，薄賊營。敵將高統軍詰朝壓汴而陳，僞守馬秦、同知耶律溫以三千人阻水邀戰。德策馬先濟，步騎從之，遙謂賊曰：「吾與金人大小百戰，雖名王貴酋，莫不糜碎，爾何爲者。」賊遂投兵降。馬秦、耶律溫馳入，閉門城守。德至，呼秦諭以逆順，乃自縋而下。德叱其子順先登，秦率溫降，遣詣行在。德乘勝趨亳州，俊會于城父。時叛將酈瓊屯亳，聞德至，謂三路都統制曰：「夜叉未易當也。」遂遁。德入亳州，白俊曰：「今兵威已振，請乘破竹之勢，進取東都。」俊難之，乃班師。策功第一，拜興寧軍承宣使、龍神衞四廂都指揮使，再遷侍衞親軍馬步軍都虞候，封隴西郡侯。

十一年，金人自合肥入侵，游騎及江。俊議分軍守南岸，德曰：「淮者，江之蔽也，棄淮不守，是謂脣亡齒寒也。敵數千里遠來，餉道決不繼，及其未濟急擊之，可以奪氣；若遲之，使稍安，則淮非吾有矣。」俊猶豫未許。德請益堅，曰：「願父子先越江，俟和州下，然後宣撫北渡。」俊乃許德即渡采石，俊督軍繼之。宿江中，德曰：「明旦，當會食歷陽。」已而夜拔和州，晨迎俊入。敵退保昭關，又擊走之，追至柘皐，與金人夾河而軍。

諸將帥皆集，惟張俊後至，統制田師中欲待之，德怒曰：「事當機會，復何待！」徑上馬。

兀朮以鐵騎十餘萬夾道而陣，德曰：「賊右陣堅，我當先擊之。」麾軍渡橋，首犯其鋒。一酋被甲躍馬始出，德引弓一發而斃；乘勝大呼，令萬兵持長斧，如牆而進。敵大敗，退屯紫金山，德復尾擊之。劉錡〔一〕謂德曰：「昔聞公威略如神，今果見之，請以兄禮事。」召拜清遠軍節度使、建康府駐箚御前諸軍都統制，歷浙東福建總管、荆南副都統制。二十五年，卒，贈檢校少保，再贈少傅。二子琪、順，亦以驍勇聞。

王彥字子才，上黨人〔二〕。性豪縱，喜讀韜略。父奇之，使詣京師，隸弓馬子弟所。徽宗臨軒閱試，補下班祗應，爲清河尉。從涇原路經略使种師道兩入夏國，有戰功。

金人攻汴京，彥慨然棄家赴闕，求自試討賊。時張所爲河北招撫使，異其才，擢爲都統制。使率裨將張翼、白安民、岳飛等十一將，部七千人渡河，與金人戰。敗之，復衞州新鄉縣，傳檄諸郡。

金人以爲大軍至，率數萬衆薄彥壘，圍之數匝。彥以衆寡不敵，潰圍出。諸將散歸，彥獨保共城西山，遣腹心結兩河豪傑，圖再舉。金人購求彥急，彥慮變，夜寢屢遷。其部曲覺之，相率刺面，作「赤心報國，誓殺金賊」八字，以示無他意。彥益感勵，撫愛士卒，與同甘苦。未幾，兩河響應，忠義民兵首領傅選、孟德、劉澤、焦文通等皆附之，衆十餘萬，綿亙數百里，皆受彥約束。金人患之，召其首領，俾以大兵破彥壘。首領跪而泣曰：「王都統砦堅如鐵石，未易圖也。」金人乃間遣勁騎撓彥糧道，彥勒兵待之，斬獲甚衆。益治兵，刻日大舉，告期於東京留守宗澤。

澤召彥會議，乃將兵萬餘渡河，金人以重兵襲其後而不敢擊。既至汴京，澤大喜，令彥宿兵近甸，以衞根本。彥卽以所部兵馬付留守司，量帶親兵趨行在。時已遣宇文虛中爲祈請使議和。彥見黃潛善、汪伯彥，力陳兩河忠義延頸以望王師，願因人心，大舉北伐。言辭憤激，大忤時相意，遂降旨免對，以彥爲武翼郎、閤門宣贊舍人，差充御營平寇統領。時范瓊爲平寇前將軍，彥知瓊有逆節，稱疾不就，乞致仕，許之。

知樞密院事張浚宣撫川、陝，奏彥爲前軍統制。浚與金酋婁宿相持于富平，欲大舉，初至漢中，會諸將議，彥獨以爲不可，曰：「陝西兵將上下之情，皆未相通，若少不利，則五路俱失。不若且屯利、閬、興、洋，以固根本，敵入境，則檄五路兵來援，萬一不捷，未大失也。」浚幕府不然其言。彥卽請爲利路鈐轄，俄改金均房州安撫使、知金州。

時中原盜賊蠭起，加以饑饉，無所資食；惟蜀富饒，巨盜往往窺覬。桑仲既陷淮安、襄陽，乘勢西向，均、房失守，直擣金州白土關，衆號三十萬。仲，彥舊部曲也，以申檟請於彥曰：「仲於公無敢犯，願假道入蜀就食耳。」彥乃遣統領官門立爲先鋒擊之。賊銳甚，立戰死。將士失色，或請避之。彥叱曰：「樞相張公方有事關陝，若仲越金而至梁、洋，則腹背受敵，大事去矣。敢言避者斬！」即勒兵趨長沙平，阻水據山，設伏以待。賊見官軍少，蟻附摶戰。彥執幟一麾，士殊死鬥，賊敗走。彥休士進擊，追奔至白磧，復房州。

紹興元年九月，權京西南路副總管李忠反，擾京西，遂攻金州諸關。賊衆皆河朔人，驍果善戰，彥與戰不利，關陷。彥退屯秦郊，令將士盡伏山谷間，焚秦郊積聚，僞若遁者。秦郊距郡城二十里，路坦夷，彥募敢死士易麾幟，設奇以待。閱再宿，賊至秦郊，官軍逆戰，大敗之，追襲至秦嶺，遂復乾祐縣以歸。忠走降劉豫。

初，桑仲既敗還襄陽，乃鳩集散亡陷鄧州，凶焰復熾。南攻德安，西據均陽，分衆三道：一攻住口關〔三〕，一出馬郎嶺，一擣洵陽，前軍去金州不三十里。彥曰：「仲以我寡彼衆，故分三道以離吾勢，法當先破其堅，則脆者自走。」遣副將焦文通禦住口，自以親兵營馬郎。相持一月，大戰六日，賊大敗，仲爲其下所殺。又有王闢、董貴、祁守中阻兵窺蜀，勢雖不及桑仲，然小者猶不減數萬，彥悉討平之。

是冬，僞齊秦鳳經略使郭振以數千騎掠白石鎮，彥與關師古併兵禦之，賊大敗，獲振，復秦州。張浚承制以彥節制商、虢、陝、華州軍馬。

三年正月，兀朮入侵，浚召彥與吳玠、劉子羽會于興元。撒離曷自上津疾馳，不一日至洵陽。統制官郭進死之，彥退保石泉縣。金人入金、均，彥趨西鄉。二月，金人攻饒風關，彥與吳玠禦之，不能卻，關破，彥收餘兵奔達州。五月，彥遣兵至漢陰縣，與劉豫將周貴戰，大敗之，復金州。浚承制進彥保康軍承宣使〔四〕兼宣撫司參議，彥不受。

五年四月，差知荊南府，充歸、峽、荊門公安軍安撫使。彥因荊南曠土措置屯田，自蜀買牛千七百頭，授官兵耕，營田八百五十頃，分給將士有差。六年二月，知襄陽府、京西南路安撫使，彥以岳飛嫌辭。浚奏彥爲行營前護副軍都統制、督府參謀軍事。

六月，以八字軍萬人赴行在。至鎮江，聞母喪，上疏乞解官，不許。詔免喪服，趣入對，遂以爲浙西、淮東沿海制置副使，以所部屯通州之料角。七年正月，彥因遣將捕亡者於解潛軍中，軍士交鬥於市，言者論其軍政不肅，貶秩二等。彥不自安，乞終餘服。二月，復洪州觀察使、知邵州。彥入辭，帝撫勞甚厚，曰：「以卿能牧民，故付卿便郡，行卽召矣。」九年，卒于官，年五十。

彥稱名將，當建炎初，屢破大敵，威聲振河朔。時方撓於和議，遽召之還，又奪其兵柄而使之治郡，士議惜之。彥事親孝，居官廉，子弟有戰功，不與推賞。將死，召其弟姪，以家財均給之。

魏勝字彥威，淮陽軍宿遷縣人。多智勇，善騎射，應募爲弓箭手，徙居山陽。紹興三十一年，金人將南侵，聚芻糧，造器械，籍諸路民爲兵。勝躍曰：「此其時也。」聚義士三百，北渡淮，取漣水軍，宣布朝廷德意，不殺一人，漣水民翕然以聽。遂取海州。郡守渤海高文富〔三〕聞勝起，遣兵來捕勝。距海州南八十里大伊，與金兵遇，勝迎擊走之，追至城下。衆驚傳水陸悉有兵，城中大恐，文富閉門守，驅民上城禦之。勝令城外多張旗幟，舉煙火爲疑兵；又遣人向諸城門，諭以金人棄信背盟，無名興師，本朝寬大愛民之意。城上民聞之，卽開門，勝遣勇鋭者登城樓，餘自門入，莫有禦者。獨文富與其子安仁率牙兵拒守，勝整軍與安仁父子戰譙門內，殺安仁及州兵千餘，擒文富，民皆按堵。

勝權知州事，遣人諭朐山、懷仁、沭陽、東海諸縣，皆定。乃蠲租稅，釋罪囚，發倉庫，犒戰士；分忠義士爲五軍，紀律明肅，部分如宿將。勝自兼都統制，益募忠義以圖收復，遠近聞之響應，旬日，得兵數千。卽具其事報境上帥守，冀給軍裝器甲。時帥守雖知金人將渝盟，未有發其端者，莫敢以聞。

左軍統制董成謀出西北取沂州，勝先遣間還，知金兵數萬至沂，以我軍器甲未備，戒成勿動。成不從勝，率所部千餘人直入沂州巷戰，殺其守及軍士三千餘，衆悉降，得器甲數萬。金人生兵復集，競登屋擲瓦擊之，成軍幾敗。勝欲斬成，以其驍勇，釋之。

金人遣同知海州事蒙恬鎮國以兵萬餘取海州，抵州北二十里新橋。勝帥兵出迎之，設伏于隘，陣以待。衆殊死戰，伏發，賊大敗，殺鎮國，馘千人，降三百人，軍聲益振。山東之民咸欲來附，勝傳檄招諭，結集以待王師之至。

沂民壁蒼山者數十萬，金人圍之，久不下，砦首滕豩告急於勝。勝提兵往救之，陣于山下。金人多伏兵，勝兵遇伏，皆赴砦。金人襲之，勝單騎而殿，以大刀奮擊。金人望見勝，知其爲將也，以五百騎圍之數重。勝馳突四擊，金陣開復闔。戰移時，身被數十槍，冒刃出圍。金兵追之，馬中矢踣，步而入砦，無敢當者。金人又急攻，絕其水，砦中食乾糒，殺牛馬飲血，勝默禱而雨驟作。

金人攻益急，周山爲營，勝度其必復攻海州，因間出砦趨城中。金人果解蒼山圍，自新橋抵城下，勝出戰皆捷。金分兵四面攻之，勝募士登城以禦，矢石如雨者七日，金兵死傷多，遁去。勝嘗出戰，矢中鼻貫齒，不能食，猶親禦戰。

勝起義久，朝廷尚未知。沿海制置使李寶遣其子公佐由海道覘敵，至州，始遣忠義將朱震、褚道詣行在，白勝姓名于執政，始知勝之功焉。

金主亮舉兵渡淮，盧勝躡其後，分軍數萬來攻。會李寶帥舟師往膠西，破金人舟艦，勝遣人邀之，同擊金人于新橋，大敗之。金兵未退，寶知金舟將遁，復以兵登舟備海道。金主初命造海艦，欲分軍入蘇、杭，悉以中原民操舟楫。民家送衣裘者相告語，俟王師至即背之。及寶舟入島中，適北風勁，舟不進。有頃反風，金人艤舟于岸，操舟者望見寶舟，謬云此金國兵也，俾皆入舟中。舟忽至，金人不知，寶縱火焚其舟。舟以赤油絹爲帆，風順火熾，操舟者皆登岸走。金兵在舟中者，坐以待縛，載之檻車，悉獲其舟。

寶既捷，勝亦還州爲捍禦計。金兵至，營于城北砂巷，列陣將攻關門，先遣人說勝使降。勝開門出諭之曰：「汝主叛盟失信，無故興兵，我朝以仁義之師，來復舊疆，汝主渡淮必敗。爾等宜早來歸，必獲爵賞。」時金兵已逼關，勝登關門張樂飲酒，犒軍士，令固守勿出戰。金兵攻之踰時，乃少遣士出，憑險臨擊之。金人知不可攻，率軍轉而渡河，襲關後。勝斂兵入城，金兵追將及，勝獨乘馬逐之，叱曰：「魏勝在此！」聞之皆辟易，士卒後入者不復敢追。

勝軍已入城，金兵徑趨城東，欲過砂堰圍城爲營。勝先已據堰備之，金軍不得過，拒戰竟日，終不能近。有新募士守河者，不知兵〔六〕，金兵遽過河，勝恐絕河路，亟收軍入城。金兵追至東門外黃土坂，勝單騎逐之，大叱之，金兵五百皆望風退。勝又追十數里，士得入城；有不得入者，由城南入西門。金兵復自西南來襲，勝從後叱之，金兵駭散，手殺數人。奏功授閤門祗候，差知海州兼山東路忠義軍都統。遣其子昌同峒峿山首領張榮，持旗榜往結山東忠義。

金兵自新橋、關子門、砂堰之敗，殺傷者衆。一日黎明，乘昏霧，四面薄城急攻。勝激厲士卒，竭力捍禦，矢石交下。城上鎔金液，投火牛。金兵不能前，多死傷，乃拔砦走。距海州爲長垣，包州城于中，使不能出。及亮死，乃解去。

勝善用大刀，能左右射，旗揭曰「山東魏勝」，金人望見即退走。勝爲旗十數，書其姓名，密付諸將，遇鏖戰卽揭之，金兵悉避走。初，勝起義時，無州郡糧餉之給，無府庫倉廩之儲。勝經畫市易，課酒榷鹽，勸糶豪右。環海州度視敵兵攻取處，築城浚隍，塞關隘，在軍，未嘗一日懈弛，恆如寇至。方糾集遠邇，犒勞士卒，期約有日，會金主亮被弒，金兵北歸，王師亦南還矣。

初，亮聞勝在海州，知不可取，曰：「少須，他時取之易耳。」亮既殞，勝益得自治軍旅，人皆精銳。獲金諜者，犒以酒食，厚賂遣還。有自北方來歸者，與之同臥起，共飲食，示以不疑；周其窶貧，使之感激。自是山東、河北歸附者衆，得金人虛實，悉以上聞。又第其忠義士功能，假授官資，因李寶轉達于朝，悉如所請。

金人遣山東路都統、總管以兵十萬攻海州。時寶帥海舟水陸并進，抵城北砂巷，勝率衆合寶軍大破之，斬首不可計，堰水爲之不流，餘悉奔潰。勝獨率兵追北二十里，至新橋，又破之，盡獲其鞍馬器甲。寶亦駐海州，爲進取計。

金人復遣五斤太師發諸路兵二十餘萬來攻海州，先遣一軍自州西南斷勝軍餉道。勝擇勇悍士三千餘騎，拒于石闥堰，金軍不能進。逮夜始還，留千人備險隘。金兵十萬來奪，勝率衆鏖戰，殺數千人，餘皆遁去，下令守險勿追。報寶，寶以防海道，登舟，不復發兵。金兵盛集，勝力拒之，自旦至暮，金兵不能奪。勝令步卒整隊前行，自爲殿。

時百姓以寶既登舟，懼金兵大至，皆欲入城，統制郭蔚閉城門不納。人民牛馬蔽野，呼號動地，城中亦懼。勝入城，諭以賊勢退怯之狀，固守可保無虞，乃開門盡納之。居無何，金兵環城圍數重，勝與郭蔚分兵備禦，偃旗仆鼓，寂若無人。金軍驚疑，數日不敢攻，已乃植雲梯，置砲石，四面合圍，負土填壕。勝俟其近城，鳴鼓張旗，矢石俱發，繼以火牛、金液，凡三晝夜，金兵竟不能近。於是罷攻，修營壘，絕河道，謀爲固守。勝俟其不備掩擊，或獨出攖之，使不得休息。又間夜發兵劫其營，或焚其攻具。

既而金人併力急攻，勝告急於李寶。寶以聞，還報城中，已命張子蓋率兵來解圍。金人亦知子蓋軍且至，已有退意。頃之，子蓋先帥騎兵至，勝出與子蓋議戰事，且促其步卒勝出軍城北砂巷，與金軍大戰，斬首不可計，追數十里，餘兵皆遁。勝與子蓋議進討，子蓋曰：「受詔解圍，不知其他。」遂率軍還。城中疑懼，欲隨王師出，勝親邀於道而諭之，至漣水軍，與偕還。

時都督張浚在建康，招勝，詢以軍務。轉閤門宣贊舍人，差充山東路忠義軍都統制兼鎮江府駐劄御前前軍統制，仍知海州。勝還。

隆興元年，詔以鎮江御前同統制魏全來守海州，督府亦遣賈和仲充山東、河北路招撫使，節制本路軍馬，海州駐劄。和仲忌勝，陰誘忠義軍使不安。勝與辨是非，和仲又讒勝於都督，惑之。呼勝至鎮江計事，罷其職，改京東路馬步軍副總管、都督府統制，建康府駐劄。既而督府知和仲所誣，罷之，復勝舊職，仍遣鎮江御前後軍屯海州，代前軍還鎮江。

勝既還海州，鎮撫一方，民安其政。改忠州刺史。海州城西南枕孤山，敵至，登山瞰城中，虛實立見，故西南受敵最劇。勝築重城，圍山在內，寇至則先據之，不能害。

勝嘗自創如意戰車數百兩，砲車數十兩，車上爲獸面木牌，大槍數十，垂氈幕軟牌，每車用二人推轂，可蔽五十人。行則載輜重器甲，止則爲營，掛搭如城壘，人馬不能近；遇敵又可以禦箭簇。列陣則如意車在外，以旗蔽障，弩車當陣門，其上寘床子弩，矢大如鑿，一矢能射數人，發三矢可數百步。砲車在陣中，施火石砲，亦二百步。兩陣相近，則陣間發弓弩箭砲，近陣門則刀斧槍手突出，交陣則出騎兵，兩𧇊掩擊，得捷拔陣追襲，少卻則入陣間稍憩。士卒不疲，進退俱利。伺便出擊，慮有拒遏，預爲解脫計，夜習不使人見。以其製上于朝，詔諸軍遵其式造焉。

二年，以議和撤海州戍，命勝知楚州，以本州官吏及部兵赴新治。詔勝同淮東路安撫使劉寶、知高郵軍劉敏措置盱眙軍、楚州一帶，勝專一措置淸河口。時和議尙未決，金兵乘其懈，以舟載器甲糗糧自淸河出，欲侵邊。勝覘知之，身帥忠義士拒于淸河口。金兵詐稱欲運糧往泗州，由淸河口入淮。勝知其謀，欲禦之，都統制劉寶以方議和，不許。金騎軼境，勝率諸軍拒於淮陽，自卯至申，勝負未決。金軍增生兵來，勝與之力戰，又遣人告急於寶。寶在楚州，相距四十里，堅謂方講和，決無戰事，迄不發一兵。勝矢盡，救不至，猶依土阜爲陣，謂士卒曰：「我當死此，得脫者歸報天子。」乃令步卒居前，騎爲殿，至淮陰東十八里，中矢，墜馬死，年四十五。

事聞，贈保寧軍節度使，謚忠壯。時淮南未平，詔於鎭江府江口鎭立廟，賜號褒忠，仍俟事定更祠於戰沒處。且令有司刻木以斂，葬于鎭江。官其二子，郊武功大夫、忠州刺史，昌承信郞。賜銀千兩，絹千匹，宅一區，田百頃。其後使者過淮東，始得其詳，還言于朝。

以劉寶不出救兵，削兩鎭節鉞，沒入家貲，貶瓊州死。勝所糾集忠義，有爲賈和仲誘隸別屯及撤戍隔絕者，尙五千餘人，入京口屯駐前軍。

郊，添差揚州兵馬鈐轄。淳熙十五年，孝宗語樞臣曰：「魏勝之子，當與優異。」又曰：「人材須用而後見，使魏勝不因邊釁，何以見其才？」詔郊添差兩浙西路馬步軍副總管。

張憲，飛愛將也。飛破曹成，憲與徐慶、王貴招降其黨二萬。有郝政率衆走沅州，首被白布，爲成報讐，號「白巾賊」，憲一鼓擒之。

飛遣憲復隨州，敵將王嵩不戰而遁。進兵鄧州，距城三十里，遇賊兵數萬迎戰。與王萬、董先各出騎突擊，賊衆大潰，遂復鄧州。

十年，金人渝盟入侵，憲戰潁昌、戰陳州皆大捷，復其城。兀朮頓兵十二萬于臨潁縣，楊再興與戰，死之。憲繼至，破其潰兵八千，兀朮夜遁。憲將徐慶、李山復捷于臨潁東北，破其衆六千，獲馬百匹，追奔十五里，中原大震。

會秦檜主和，命飛班師，憲亦還。未幾，檜與張俊謀殺飛，密誘飛部曲，以能告飛事者，寵以優賞，卒無人應。聞飛嘗欲斬王貴，又杖之，誘貴告飛。貴不肯，曰：「爲大將寧免以賞罰用人，苟以爲怨，將不勝其怨。」檜、俊不能屈，俊劫貴以私事，貴懼而從。時又有王俊者，善告訐，號「鵰兒」，以姦貪屢爲憲所裁。檜使人諭之，俊輒從。

檜、俊謀以憲、貴、俊皆飛將，使其徒自相攻發，因及飛父子，庶主上不疑。俊自爲狀付王俊，妄言憲謀還飛兵，令告王貴，使貴執憲。憲未至，俊預爲獄以待之。屬吏王應求白張俊，以爲密院無推勘法。俊不聽，親行鞫煉，使憲自誣，謂得雲書，命憲營還兵計。憲被掠無全膚，竟不伏。俊手自具獄成，告檜械憲至行在，下大理寺。

檜奏召飛父子證憲事。帝曰：「刑所以止亂，勿妄追證，動搖人心。」檜矯詔召飛父子至。万俟卨誣飛使于鵬〔七〕、孫革致書憲、貴，令虛申警報以動朝廷，雲與憲書規還飛軍。其書皆無有，乃妄稱憲、貴已焚之矣，但以衆證具獄。語在飛傳。憲坐死，籍家貲。紹興三十二年，追復龍神衞四廂都指揮使、閬州觀察使，贈寧遠軍承宣使，錄其家。

楊再興，賊曹成將也。紹興二年，岳飛破成，入莫邪關。第五將韓順夫解鞍脫甲，以所虜婦人佐酒。再興率衆直入其營，官軍卻，殺順夫，又殺飛弟翻。成敗，再興走躍入澗，張憲欲殺之，再興曰：「願執我見岳公。」遂受縛。飛見再興，奇其貌，釋之，曰：「吾不汝殺，汝當以忠義報國。」再興拜謝。

飛屯襄陽以圖中原，遣再興至西京長水縣之業陽，殺孫都統及統制滿在，斬五百餘人，俘將吏百人，餘黨奔潰。明日，再戰于孫洪澗，破其衆二千，復長水，得糧二萬石以給軍民，盡復西京險要。又得僞齊所留馬萬匹，芻粟數十萬。中原響應。復至蔡州，焚賊糧。

飛敗金人于郾城，兀朮怒，合龍虎大王、蓋天大王及韓常兵逼之。飛遣子雲當敵，鏖戰數十合，敵不支。再興以單騎入其軍，擒兀朮不獲，手殺數百人而還。兀朮憤甚，併力復來，頓兵十二萬于臨潁。再興以三百騎遇敵于小商橋，驟與之戰，殺二千餘人，及萬戶撒八孛堇、千戶百人。再興戰死，後獲其屍，焚之，得箭鏃二升。

牛皐字伯遠，汝州魯山人。初爲射士，金人入侵，皐聚衆與戰，屢勝，西道總管翟興表補保義郎。杜充留守東京，皐討劇賊楊進于魯山，三戰三捷，賊黨奔潰。累遷榮州刺史、中軍統領。金人再攻京西，皐十餘戰皆捷。加果州團練使。京城留守上官悟辟爲同統制兼京西南路提點刑獄。金人攻江西者，自荆門北歸，皐潛軍于寶豐之宋村，擊敗之。轉和州防禦使，充五軍都統制。又與孛堇戰魯山鄧家橋，敗之。轉西道招撫使。僞齊乞師于金入寇，臯設伏要地，自屯丹霞以待。敵兵悉衆來，伏發，俘其酋豪鄭務兒。遷安州觀察使，尋除蔡唐州信陽軍鎮撫使、知蔡州。遇敵戰輒勝，加親衛大夫。

會岳飛制置江西、湖北，將由襄、漢規中原，命臯隸飛軍。飛喜甚，卽辟爲唐鄧襄郢州安撫使，尋改神武後軍中部統領。僞齊使李成合金人入寇，破襄陽六郡。敵將王嵩在隨州，飛遣臯行，裹三日糧。糧未盡，城已拔，執嵩斬之，得卒五千，遂復隨州。李成在襄陽，飛遣臯以騎兵擊破之，復襄陽。

金人攻淮西，飛遣臯渡江，自提兵與臯會。時僞齊驅甲騎五千薄廬州，臯遙謂金將曰：「牛臯在此，爾輩胡爲見犯？」衆皆愕然，不戰而潰。飛謂臯曰：「必追之，去而復來，無益也。」臯追擊三十餘里，金人相踐及殺死者相半，斬其副都統及千戶五人，百戶數十人，軍聲大振。

廬州平，進中侍大夫。從平楊么，破之。么技窮，舉鍾子儀投于水，繼乃自仆。臯投水擒么，飛斬首函送都督行府。除武泰軍承宣使，改行營護聖中軍統制，尋充湖北、京西宣撫司左軍統制，加龍、神衛四廂都指揮使。

金人渝盟，飛命臯出師戰汴、許間，以功最，除捧日天武四廂都指揮使、成德軍承宣使，樞密行府以臯兼提舉一行事務。宣撫司罷，改鄂州駐劄御前左軍統制，升眞定府路馬步軍副統總管，轉寧國軍承宣使、荆湖南路馬步軍副總管。

紹興十七年上巳日，都統制田師中大會諸將，皐遇毒，亟歸，語所親曰：「皐年六十一，官至侍從，幸不啻足。所恨南北通和，不以馬革裹屍，顧死牖下耳。」明日卒。或言秦檜使師中毒皐云。

初，檜主和，未幾，金渝盟入侵，帝手札賜飛從便措置。飛乃命皐及王貴、董先、楊再興、孟邦傑、李寶等經略東西京、汝、鄭、潁、陳、曹、光、蔡諸郡；又遣梁興渡河，糾合忠義社取河東、北州縣。未幾，李寶捷于曹州，捷于宛亭，捷于渤海廟；董先、姚政捷于潁昌；劉政捷于中牟。張憲復潁昌、淮寧府；王貴之將楊成復鄭州；張應、韓淸復西京。皐及傅選捷于京西，捷于黃河上。孟邦傑復永安軍，其將楊遇復南城軍，又與劉政捷于西京。梁興會太行忠義及兩河豪傑趙雲、李進、董榮、牛顯、張峪等破金人于垣曲，又捷于沁水〔八〕，追至孟州之邵原，金張太保、成太保等以所部降，又破金高太尉兵于濟源。喬握堅等復趙州；李興捷于河南府，捷于永安軍；梁興在河北取懷、衞二州，大破兀朮軍，斷山東、河北金帛馬綱之路，金人大擾。未幾，岳飛還朝，下獄死，世以爲恨云。

胡閎休字良弼，開封人。宣和初，入太學。時方諱兵，閎休著兵書二卷。靖康初，創知兵科，閎休應試，中優等，補承信郎。

金人圍城，閎休分地而守。二帝詣金營，閎休欲結義士劫之，何㮚禁止之。二帝北遷，范瓊散勤王師，閎休曰：「勤王師可進不可退。」檄令隨軍而無靖康年號，閎休得之泣下，懷檄而走，從辛道宗勤王。南渡，以忠義進兩官。湖湘盜起，或曰招之便，或曰討之便，閎休作致寇、禦寇二篇，言天地之氣，先春後秋，招之不伏則討之。於是以岳飛爲招討使，飛辟閎休爲主管機宜文字。以誅鍾子儀功，進成忠郎。

飛被誣死，閎休發憤杜門，佯疾十年，卒。有勤王忠義集藏于家。孫照，德安太守。

論曰：王德素有威略，蚤隸劉光世，審其不可恃；晚從張俊，竟以功名顯，其知所擇哉。王彥棄家赴國，累破堅敵，威振河朔；晚奪兵柄，使之治郡，用違其材，惜矣。魏勝崛起，無甲兵糧餉之資，提數千烏合之衆，抗金人數十萬之師，卒完一州，名震當時，壯哉！然見忌于諸將，無援而戰死，亦可惜矣。張憲等五人皆岳飛部將，爲敵所畏，亦一時之傑也；然或以戰沒，或以憤卒，而憲以不證飛獄寃死，悲夫！

校勘記

〔一〕劉錡　原作「劉琦」，據繫年要錄卷一三九、北盟會編卷二〇五改。

〔二〕上黨人　繫年要錄卷八、北盟會編卷一九八載王彥行狀都作「河內人」。前書又說：「世爲高平大姓，後徙居覃懷。」上黨、高平皆屬河東路。覃懷卽懷州，宋爲河內郡防禦。

〔三〕住口關　原作「注口關」，據繫年要錄卷五〇、北盟會編卷一四九、卷一九八改。下同。

〔四〕保康軍承宣使　按繫年要錄卷六六、北盟會編卷一九八王彥行狀都作「保大軍承宣使」；王彥除保康軍承宣使在紹興六年，見繫年要錄卷九八及同上行狀。疑此有誤。

〔五〕高文富　章穎宋南渡十將傳卷四魏勝傳、李幼武四朝名臣言行錄別集卷一三魏勝條都作「高文多」。

〔六〕不知兵　「兵」字原脫，據宋南渡十將傳卷四魏勝傳補。

〔七〕于鵬　原作「子鵬」，據繫年要錄卷一四三、岳珂金陀粹編卷八行實編年改。

〔八〕沁水　原作「心水」，據北盟會編卷二〇七、金陀續編卷二一襄陽石刻事蹟之一改。

宋史卷三百六十九

列傳第一百二十八

張俊 從子子蓋 張宗顏 劉光世 王淵 解元 曲端

張俊字伯英，鳳翔府成紀人。好騎射，負才氣。起於諸盜，年十六，爲三陽弓箭手。政和七年，從討南蠻，轉都指揮使。宣和初，從攻夏人仁多泉，始授承信郎。平鄆州賊李太及河朔、山東武胡羣寇，功最，進武德郎。

靖康元年，以守東明縣功，轉武功大夫。金人攻太原，城守，命制置副使种師中〔一〕往援，屯榆次。金人以數萬騎壓之。俊時爲隊將，進擊，殺傷甚衆，獲馬千匹，請乘勝要戰。師中以日不利，急令退保。金人諜俊計不行，悉兵合圍，攻益急。榆次破，師中死之。俊與所部數百人突圍而出，且行且戰，至烏河川，再與敵遇，斬五百級。

金人圍汴京，高宗時爲兵馬大元帥，俊勒兵從信德守臣梁揚祖勤王。高宗見俊英偉，擢元帥府後軍統制，累功轉榮州刺史。建炎元年正月，從高宗至東平府。時劇賊李昱據兗州，命俊爲都統制討之。與數騎突圍撓戰，諸軍爭奮，賊遂殲。進桂州團練使，尋加貴州防禦使〔三〕。

中書舍人張激，自汴京齎蠟詔，命高宗以兵付副帥還京，高宗問大計，俊曰：「此金人詐謀爾。今大王居外，此天授，豈可徒往？」因請進兵，高宗許之，遂如濟州。

開啓乾龍節，迫夜，有告高宗，欲俟元帥謁香劫以叛。羣議集諸軍屯備，俊曰：「元帥不出，姦謀自破。」遂徙州治。賊術窮，黎明，引軍北遁，俊勒兵追殺之。進徐州觀察使。

高宗以俊忠勞日積，遷拱衞大夫。既而汴京破，二帝北遷，人心皇皇，俊懇辭勸進，高宗涕泣不許。俊曰：「大王皇帝親弟，人心所歸，當天下洶洶，不早正大位，無以稱人望。」且白耿南仲奏之，表三上。高宗發濟州，俊便道扈行。至應天府，高宗始卽位。初置御營司，以俊爲御營前軍統制，遣還京迎隆祐太后。權秦鳳兵馬鈐轄。尋奉太后及六宮以歸，除帶御器械。

時江、淮羣盜蜂起，俊討杜用于淮寧，趙萬、郭青于鎭江，陳通于杭州，蔣和尙等于蘭溪，皆平之。落階官，除正任觀察使。二年，升秦鳳路馬步軍副總管，尋破秀州賊數萬，縛徐明斬之。進武寧軍承宣使。

帝如揚州，召諸將議恢復，俊曰：「今敵勢方張，宜且南渡，據江爲險；練兵政，安人心，俟國勢定，大舉未晚。」俊又請移左藏庫于鎭江。既而敵掩至，已逼近甸，俊亟奏飭甲乘，從帝如臨安。

苗傅、劉正彥反，俊時屯兵吳江縣。傅等矯詔加俊捧日、天武四廂都指揮使，以三百人赴秦鳳，命他將領餘兵。俊知其僞，拒不受。三軍洶洶，俊諭之曰：「當詣張侍郎求決。」即引所部八千人至平江。張浚語俊以傅等欲危社稷，泣數行下，俊大慟。浚諭以決策起兵問罪，俊泣拜，且曰：「此須侍郎濟以機術，毋驚動乘輿。」呂頤浩至，俊見之，亦涕泣曰：「今日惟以一死報國。」劉光世以所部至，俊釋舊憾。韓世忠來自海上，俊借一軍與之俱。世忠爲前軍，俊以精兵翼之，光世次之。戰于臨平，傅等兵敗，開城以出。世忠、俊、光世入城，見于內殿，帝嘉勞久之，拜鎭西軍節度使、御前右軍都統制，尋爲浙東制置使。

金人分兵深入，渡江攻浙，杜充棄建康，韓世忠自鎭江退保江陰。帝如明州，俊自越州引兵至。兀朮攻臨安，帝御樓船如温州，留俊於明州以拒敵。帝賜親札曰：「朕非卿，則倡義誰先；卿捨朕，則前功俱廢。宜戮力共扞敵兵，一戰成功，當封王爵。」癸卯除夕，金兵至城下，俊使統制劉寶與戰，兵少卻，其將党用、丘橫死之，於是統制楊沂中、田師中、統領趙密皆殊死戰。沂中舍舟登岸力戰，殿帥李質以班直來助，守臣劉洪道率州兵射其旁，大破之，殺數千人。金呼人至砦計事，俊令小校往。金人與語，欲如越州請降，俊拒之。戒將士毋驕惰，慮敵必再至，下令淸野，多以輕舟伏弩，閉關自守。四年正旦，忽西風起，金人乘之，果復攻明州。俊與劉洪道坐城樓上，遣兵掩擊，殺傷大當。金人奔北，死於江者無數，夜拔砦去，屯餘姚，且請濟師於兀朮。後七日，敵再至，俊引兵趨入台州，明州居民去者十七八。

未幾，江、浙羣盜蠭起，授俊兩浙西路、江南東路制置使，以所部招收羣盜，命後軍統制陳思恭隸之，且令兩浙宣撫使周望以兵屬俊，劉光世、韓世忠之外，諸將皆受節度。六月，改御前五軍爲神武軍，俊卽本軍爲神武右軍都統制，除檢校少保、定江昭慶軍節度使。十月，浙西羣盜悉平，改江南招討使。

紹興元年，帝至會稽。時金人殘亂之餘，孔彥舟據武陵，張用據襄漢；李成尤悍，彊據江、淮、湖湘十餘州，連兵數萬，有席卷東南意，多造符讖蠱惑中外，圍江州久未解，時方患之。范宗尹請遣將致討，俊慨然請行，遂改江、淮路招討使。

成黨馬進在筠州。豫章介江、筠之間，俊聞命就道，急趨豫章，且曰：「我已得洪州，破賊決矣。」乃斂兵，若無人者，金鼓不動，令將士登城者斬。居月餘，進以大書牒來索戰，俊以細書狀報之，賊以俊爲怯。俊諜知賊怠，乃議戰。岳飛爲先鋒，楊沂中由上流徑絕生米渡，出賊不意，追奔七十里，至筠州。賊背筠河而陣，俊用楊沂中計，親以步兵當其前，精騎數千授沂中及陳思恭，俾從山後夾擊，以午爲期。俊與賊鏖戰至午，精騎自山馳下，賊駭亂退走，大敗。

既復筠州、臨江軍，捷奏，帝賜御筆，謂：「宜乘賊勢已衰，當官軍已振，驅除剿戮，速收全功。」俊未拜親詔，已追至北奉新樓子莊。賊黨商元據草山，挾險設伏，俊遣步兵從間道直趨山椒，殺伏奪險，乘勝追至江州。成勢迫，絕江而遁，號俊爲「張鐵山」。復江州。已而興國軍等處羣盜聞俊兵至，皆遁去。俊引兵渡江至黃梅縣，親與成戰。成憑奉新失險之敗，據石幢坡，憑山以木石投人。俊先遣游卒進退，若爭險狀以誑賊，俊親冒矢石，帥衆攻險，賊衆數萬俱潰，馬進爲追兵所殺，成北走降劉豫，諸郡悉平。拜太尉。

四年十月，金人與劉豫分道入侵。先是諜至，舉朝震恐，或請他幸。俊謂趙鼎曰：「避將何之？惟向前進一步，庶可脫。當聚天下兵守平江，徐爲計。」鼎曰：「公言避非策，是也；以天下兵守一州，非也。公但堅前議足矣。」遂以俊爲兩浙西路、江南東路宣撫使，屯建康。既而改淮西宣撫使。瀕江相距逾月，敵不得入。俊遣張宗顏潛渡至六合，出其背。敵將引去，俊繼遣王進曰：「敵既無留心，必逕渡淮去，可速及其未濟擊之。」進往，敵果北渡，遂薄諸淮，大敗之，獲其酋程師回、張延壽以獻。

五年，劉麟入寇，俊與楊沂中合兵拒于泗州。六年，改崇信、奉寧軍節度使。劉麟兵十餘萬犯濠、壽，詔併以淮西屬俊，楊存中亦聽節制，與俊合兵拒敵。俊分遣存中與張宗顏、王𤩽、田師中等，自定遠軍次越家坊，遇劉猊左右軍，擊走之。俊率大軍鼓行而前，至李家灣遇猊大兵，與戰，殺獲略盡，降者萬餘人，猊僅以身免。拜少保，加鎮洮、崇信、奉寧軍節度使。帝曰：「卿議論持重，深達敵情；兼聞挽強之士數萬，報國如此，朕復何慮。」又曰：「羣臣謂朕待卿獨厚，其仰體眷懷，益思勉勵。」

七年，改淮南西路宣撫使〔三〕，置司盱眙。俊與韓世忠入見，議移屯。秦檜奏：「臣嘗語世忠、俊，陛下倚此二大將，譬如兩虎，固當各守藩籬，使寇不敢近。」帝曰：「正如左右手，豈可一手不盡力邪？」命俊自盱眙屯廬州。八年，金人請寢兵，許之。賜俊「安民靖難功臣」，拜少傅〔四〕。

九年冬〔五〕，金復渝盟，再破河南，圖順昌府，命俊策應劉錡。俊督軍渡江，金人引退。繼而金人三路都統自東、南兩京分道來侵，抵亳州北渡河，俊收宿、亳諸軍擊之，盡復衞眞、鹿邑等地，師還。十年，酈瓊在亳州，俊以大軍至城父，都統制王德下符離，乘勝趨亳與俊合。俊引軍入城，金人棄城遁，父老列香花迎俊，遂復亳州，留統制宋超守之。俊引軍還壽春，進少師，封濟國公。

十一年二月，兀朮入合肥，漸攻歷陽，江東制置大使葉夢得見俊，請速出軍。俊遣兵渡江，諭諸將曰：「先得和州者勝。」王德願爲諸軍先，士鼓譟而行。敵已據之，德率衆渡采石先登，俊宿中流。德抵城下，金人退屯昭關。後三日，復敗金將韓常于含山。命關師古復巢縣，遂復昭關。使左軍統制趙密偃兵篁竹，出六丈河以分金勢。張守忠以五百騎敗金人於全椒。未幾，敵斷石梁以拒俊，俊疾作，力疾引衆涉流登岸，追擊之。王德與楊存中、劉錡會兵，敗金人于柘臯。拜樞密使。俊知朝廷欲罷兵，首請納所統兵。議賞宿、亳功，俊部將王德、田師中、劉寶、李横、馬立、張澥六人同日首受上賞。

俊力贊和議，與秦檜意合，言無不從。薦士大夫監司、郡守者甚衆，雖劉子羽自謫籍起家，亦俊力也。加太傅，封廣國公，尋進益國公。十二年十一月，以殿中侍御史江邈論之，罷爲鎮洮、寧武、奉寧軍節度使，充醴泉觀使。初，檜以俊助和議，德之，故盡罷諸將，以兵權付俊。歲餘，俊無去意，故檜使邈攻之。尋進封清河郡王，奉朝請。

十三年，敕修甲第，遣中使就第賜宴，侑以教坊樂部。十六年，改鎮靜江、寧武、靜海軍。二十一年冬，帝幸其第，拜太師，以其姪清海軍承宣使子蓋爲安德軍節度使，其他子弟遷秩者十三人。

南渡後，俊握兵最早，屢立戰功，與韓世忠、劉錡、岳飛並爲名將，世稱張、韓、劉、岳。

然濠、壽之役，俊與錡有隙，獨以楊沂中爲腹心，故有濠梁之劫。岳飛寃獄，韓世忠救之，俊獨助檜成其事，心術之殊也，遠哉！帝於諸將中眷俊特厚，然警敕之者不絕口。自淮西入見，則教其讀郭子儀傳；召入禁中，戒以毋與民爭利，毋興土木。

二十四年六月薨，年六十九。輟視朝三日，斂以一品服，帝臨奠哭之慟。追封循王。子五人：子琦、子厚、子顏、子正、子仁。

子蓋字德高。父宏，應募從俊軍河上。金人破開德府，宏戰死。子蓋初從韓世忠討苗傅，補承信郎，累功遷武功郎。

紹興六年，劉猊大舉入寇，過定遠縣，將趨宣化窺江，詔遣俊會劉光世軍剿之。子蓋從俊擊猊于藕塘，授閤門宣贊舍人。明年，改昌州刺史、江南東路馬步軍都總管。十年，金人再取河南，以興復宿、亳功，遷登州防禦使兼宣撫司脩兵副統制。

十一年二月，兀朮入廬州，攻含山縣，漸攻歷陽。俊遣兵渡江，子蓋從王德馳入和州，金人退屯昭關。會劉錡自東關引兵出清溪邀擊金人，俊遣子蓋與錡會，大戰於柘臯，敗之，軍勢赫張。兀朮復攻濠州，子蓋又敗之于周梁橋，除興寧軍承宣使。和議成，改建康府駐箚御前諸軍都統制。十三年，授龍神衞四廂都指揮使、兩浙西路馬步軍都總管。帝幸俊第，授子蓋安德軍節度使。

三十二年春，金人攻海州急，以子蓋爲鎭江府都統往援之，卽日渡江，馳至楚州。淮東漕臣龔濤謂之曰：「敵衆十倍，兵力不支，宜張虛聲攻淮陽，使之必救，則海州可解。」子蓋曰：「彼若不救，將如之何？」乃亟趣漣水，取便道以進。次石湫堰，金人陳萬騎於河東，子蓋率精銳數千騎擊之，謂麾下曰：「彼衆我寡，利在速戰。」遣統制張玘略陣，玘中流矢，子蓋曰：「事急矣！」奮臂大呼，馳入陣，諸將繼之殊死戰。賊大敗，擠溺石湫河死者半，圍遂解。金人復整軍來戰，子蓋再率精銳擊之，獲其車馬、鎧仗萬計，退屯泗州。

孝宗卽位，召對，賜鞍馬、鎧甲、束帶，且令招集勇敢，相時而動。子蓋受命還，招金大將蕭鷓巴、耶律造哩將其衆來降。尋以疾還鎭江，授檢校少保、淮東招撫使，未上，卒，年五十一。贈太尉，謚恭壯。

子蓋從俊征討藕塘、柘皐，雖多奏功，未能出諸將右，惟海州一捷可稱云。

張宗顏字希賢，延安人。父吉，爲涇原將，解宣威城圍，死之。宗顏以父恩補三班借職，監閿鄉酒稅，積官至涇原副將、權殿前司統轄。御營軍統制張俊選爲統領，從俊討浙西寇。

秀州軍校徐明以城叛，宗顏夜襲其城，明遁。轉忠州刺史，遷御前中軍統制。

金人攻明州，宗顏破其前軍。盜楊勍破松溪，命宗顏及李捧、陳思恭討之。宗顏次浦城不進，勍又掠建州。宗顏趨南劍州，與勍遇，遂歸。盜猶未平，謬言已擊退。侍御史沈與求劾宗顏三將並出，不能平數千之潰卒，何以示敵。貶二秩。從俊討李成，與成將馬進戰玉隆觀，敗之。遷環慶路馬步軍副總管、神武右軍統制，改麟州觀察使。

僞齊挾金人攻宣化鎭，俊遣宗顏潛渡江，出其後襲之，不勝。俊庇之，以捷聞，遂加沂州防禦使。繼以兵襲擊淮北，復遷崇信軍承宣使、宣撫司前軍統制。僞齊入寇，詔張俊解淮西急。督府張浚遣楊沂中與俊合，檄宗顏自泗州爲後繼。與猊遇于李家灣，大破之，橫屍滿野，猊僅以身遁。擢龍神衞四廂都指揮使、武信軍承宣使。

八年，知廬州，總帥事。敵數百騎抵城下，宗顏以騎百餘禦之，敵退。有至自淮北者，傳金人言曰：「此張鐵山弟也。」紹興九年卒，年四十四。贈保靜軍節度使，謚壯敏。

劉光世字平叔，保安軍人，延慶次子。初以蔭補三班奉職，累陞鄜延路兵馬都監、蘄州防禦使。方臘反，延慶爲宣撫司都統，遣光世自將一軍趨衢、婺，出其不意破之。賊平，授耀州觀察使，陞鄜延路兵馬鈐轄。

時有事燕薊，光世從延慶取易州，授奉國軍承宣使。金將郭藥師降，除威武、奉寧軍承宣使。延慶遣諸將擣盧趨燕，以光世爲後繼。光世不至，諸將失援而潰，降三官。河北賊張迪掠濬州境，詔光世討之。光世曰：「賊烏合，非有紀律，佯北以邀之，其亂可取也。」卽麾騎退。賊競進，光世引騎貫其中，賊大潰。復承宣使，充鄜延路馬步軍副總管。靖康元年，金兵攻汴京，夏人乘間寇杏子堡。堡有兩山對峙，地險阨，光世據之，敵至敗去。擢侍衞馬軍都虞候。金再攻汴京，光世入援，聞范致虛傳檄諸路，議引兵會之。會有詔止勤王兵，光世以爲宜速進，不可以詔示衆。既而潰兵至，具言京城事。衆懼，光世矯以蕃官來自汴京，謂二帝決圍南去，衆稍安，進屯陝府。致虛欲合五路兵進與金戰，光世難之，別道趨虢，遂至濟州謁康王，命爲五軍都提舉。

王卽皇帝位，命爲省視陵寢使，尋爲提舉御營使司一行事務、行在都巡檢使。斬山東賊李昱，遷奉國軍節度使。平鎭江叛兵，改滁濠太平州、無爲軍、江寧府制置使。討張遇於池州，遇望其陣曰：「官軍不整，可破也。」時湖水涸，賊越湖出官軍後，官軍亂，光世幾被執，王德救之得免。遇循江而上，光世整兵追至江州，斷其後軍破之。遇復東下，又追擊於江寧。

二年，以功加檢校少保，命討李成。光世以王德爲先鋒，與成遇於上蔡驛口橋，敗之。

戍收散卒再戰，光世以儒服臨軍，戍遙見白袍青蓋，併兵圍之，德潰圍拔光世以出。下令得戍者以其官爵與之。士爭奮，再戰皆捷，戍遁，執其謀主陶子思。加檢校少傅。

帝在揚州，金騎掩至天長，光世迎敵，未至而軍潰。帝倉卒渡江，命光世爲行在五軍制置使，屯鎮江府，控扼江口。尋加檢校太保、殿前都指揮使。

苗、劉爲亂，素憚光世，遷光世爲太尉、淮南制置使。張浚在平江，馳書諭以勤王，光世不從；呂頤浩遣使至鎮江說之，乃引兵會于丹陽。兵進，光世以選卒爲游擊，仍分軍殿後，遇苗翊、馬柔吉軍于臨平，與韓世忠等破之。至行在，遷太尉、御營副使。光世遣王德助喬仲福追傅至崇安縣，盡降其衆，傅僅以身免。逆將范瓊被執，張浚使光世撫定其衆，又招賊靳賽降之。命光世爲江東宣撫使，守太平及池州，受杜充節制。光世言受充節制有不可者六，帝怒，詔毋入光世殿門，光世始受命。

隆祐太后在南昌，議者謂金人自蘄、黃渡江，陸行二百里可至，命光世移屯江州爲屏蔽。光世既至，日置酒高會。金人自黃州渡江，凡三日，無知之者。比金人至，遂遁，太后退保虔州。馮檝貽書光世，言：「賊深入，最兵家之忌。進則距山，退則背江，百無一利，而敢如此橫行者，以前無抗拒，後無襲逐也。太尉儻選精兵自將來洪，而開一路令歸，伏兵掩之，可使匹馬不還。」光世不能用，自信州引兵至南康。酈瓊圍固始縣，光世遣人招降之，又遣王德擒妖賊王念經于信州。

時光世部曲無所隸，號「太尉兵」，侍御史沈與求論其非宜。會御營司廢，乃以「巡衞」名其軍，命充御前巡衞軍都統制。召赴行在，授浙西安撫大使、知鎮江府。光世言：「安撫控制一路，若但守鎮江，則他郡有警，不可離任。望別除守臣，光世專充安撫使，從便置司。」時光世慮金人必過江，故預擇便地，帝覺之，止許增辟通判。右諫議大夫黎確疏其擇便求佚，中外所憤，帝釋不問，加寧武軍節度使、開府儀同三司以遣之。光世乞便宜行事，不許。時韓世忠、張俊兼領浙西制置使，光世復言本路兵火之餘，不任三處需求，遂罷世忠、俊兼領。

時金兵留淮東，光世頗畏其鋒，楚州被圍已百日，帝手札趣光世援楚者五，竟不行；但遣王德、酈瓊將輕兵以出，時奏殺獲而已。楚州破，命光世節制諸鎮，力守通、泰。完顏昌屯承、楚，光世知其衆思歸，欲攜貳之。乃鑄金銀銅錢，文曰「招納信寶」。獲敵不殺，令持錢文示其徒，有欲歸者，扣江執錢爲信。歸者不絕，因創「奇兵」、「赤心」兩軍，昌遂拔砦去。

紹興元年，金人渡淮，眞、揚州皆闕守，命光世兼淮南、京東路宣撫使，置司揚州，措置屯田，迄不行。張俊討李成，又命光世分兵往舒、蘄擣其巢穴，光世以江北盜未平爲辭。命兼淮南宣撫使，領眞揚通承楚州、漣水軍。郭仲威謀據淮南以通劉豫，光世遣王德擒之，并其衆。范宗尹言：「光世軍多冗費，請汰其罷軟者。」帝曰：「俟作手書與之，如家人禮，庶幾不疑。」

光世以枯秸生穗爲瑞，聞于朝。帝曰：「歲豐人不乏食，朝得賢輔佐，軍有十萬鐵騎，乃可爲瑞，此外不足信。」淮北人多歸附者，命光世兼海、泗宣撫使以安輯之。五湖捕魚人夏寧聚衆千餘，掠人爲食，郭仲威餘黨出沒淮南，邵青據通州，光世皆招降之。光世請鑄淮東宣撫使印，給錢糧，增將吏，皆從其請。仍給鎭江府、常州、江陰軍苗米三十七萬斛，爲軍中一歲費。

二年，復命移屯揚州，時至鎭江視師。光世不奉詔，入朝言：鄰寇有疑，或致生事，願仍領浙西爲根本計。右司諫方孟卿劾之，乞召宰執與議，使之必往，光世猶以乏糧爲辭。光世之來，以縉帛、方物爲獻，帝命分賜六宮，中丞沈與求以爲不可，命還之。

呂頤浩與光世有故怨，頤浩將出視師，首言光世兵冗不練，乞移其軍還闕。帝曰：「光世軍糧不足，若驟移，必潰，先犒軍而後料簡可也。」頤浩至鎭江，光世軍果告乏，頤浩奏光世軍月費二千萬緡，乞差官考覈。詔御史江躋、度支胡蒙至軍點校，終不得實。帝方倚其成功，尋詔兩漕臣措置鎭江酒稅務，助其軍費；又罷織御服羅，省七百萬緡以助之。加寧武、寧國軍節度使。光世奏部將喬仲福、靳賽防江有勞，詔進一官，許回授。

光世固乞轉行，給事中程瑀持不可，又言光世兵未渡江，金人或渡淮，江、浙必震。光世方遣人按行宜興湖洑之間，以備退保。詔以章示之，光世遷延如故。

三年，命光世與韓世忠易鎮，同召赴闕，授檢校太傅、江東宣撫使。世忠既至鎮江城下，姦人入城焚府庫，光世擒之，皆云世忠所遣。世忠屯登雲門，光世引兵出，懼其扼己，改途趨白鷺店。世忠遣兵襲其後，光世以聞。帝遣使和解，仍書賈復、寇恂傳賜之。命爲江東、淮西宣撫使，置司池州，賜錢十萬緡。

劉豫將王彥先揚兵淮上，有渡江意〔六〕。光世扼馬家渡，遣酈瓊屯無爲軍，爲濠、廬援，賊乃退。光世奏酈延李侑充閤門祗候，言者論其涉私，罷之。金人、劉豫入侵，時光世、張俊、韓世忠權相敵，且持私隙，帝遣侍御史魏矼至軍中，諭以滅怨報國。光世乃移書二帥，二帥皆復書致情。光世始移軍太平州以援世忠。金兵退，光世入覲，遷少保。帝曰：「卿與世忠以少嫌不釋，然烈士當以氣義相許，先國家而後私讐。」復諭以光武分寇恂、賈復之事。光世泣謝，請以所置淮東田易淮西田，給事中晏敦復言其擾民而止；又請並封其三妾爲孺人，南渡後，諸大將封妾自此始。會改神武軍爲行營護軍，以光世所部稱左護軍。劉豫築劉龍城〔七〕以窺淮西，光世遣王師晟破之，加保靜軍節度使，遂領三鎮。

張浚撫淮上諸屯，劉豫挾金人分道入侵，命光世屯廬州以招北軍，與韓世忠、張俊鼎立，楊沂中將精卒爲後距。劉猊驅鄉民僞爲金兵，布淮境。光世奏廬難守，密干趙鼎，欲還太平州。浚命呂祉馳往軍中督師，光世已舍廬州退，浚遣人厲其衆曰：「若有一人渡江，卽斬以徇。」光世不得已，駐兵與沂中相應，遣王德、酈瓊領兵自安豐出謝步，遇金將三戰，皆敗之。張浚入對，言光世驕惰不戰，不可爲大將，請罷之。帝命與趙鼎議，鼎曰：「光世將家子孫，將卒多出其門，罷之恐拂人心。」遂遷護國、鎭安、保靜軍節度使。

右司諫陳公輔劾其不守廬州，張浚言其沈酣酒色，不恤國事，語以恢復，意氣怫然，乞賜罷斥。光世引疾請罷軍政，又獻所餘金穀于朝。拜少師，充萬壽觀使，奉朝請，封榮國公，賜甲第一區，以兵歸都督府。公輔又言光世雖罷，而遷少師，賞罰不明；中書舍人勾龍如淵又繳還賜第之命。帝曰：「光世罷兵柄，若恩禮稍加，則諸將知有後福，皆效力矣。」卒賜之。初，光世麾下多降盜，素無紀律；至是，督府命呂祉節制其軍。酈瓊殺祉，驅諸軍降劉豫。

九年，用講和恩，賜號「和衆輔國功臣」，進封雍國公、陝西宣撫使。弟光遠疏其短于言路，如淵時爲中丞，再論光世不可遣而止。十年，金人圍順昌，拜太保，爲三京招撫處置使，以援劉錡。光世請李顯忠爲前軍都統，又請王德自隸。德不願受其節制；顯忠行至宿、泗，軍多潰。進至和州，秦檜主罷兵，召還。光世入見，爲萬壽觀使，改封楊國公。疾革，乞免其家科役，中書舍人張廣格不下。卒，年五十四。贈太師，官其子孫、甥姪十四人，謚武僖。乾道八年，追封安城郡王。開禧元年，追封鄜王。

光世在諸將中最先進。律身不嚴，馭軍無法，不肯爲國任事，逋寇自資，見詆公論。嘗入對，言：「願竭力報國，他日史官書臣功第一。」帝曰：「卿不可徒爲空言，當見之行事。」建炎初，結內侍康履以自固。又蚤解兵柄，與時浮沈，不爲秦檜所忌，故能竊寵榮以終其身，方之韓、岳遠矣。

王淵字幾道，熙州人，後徙環州。善騎射。應募擊夏國，屢有功，累遷熙河蘭湟路第三將部將、權知鞏州寧遠砦。諸羌入寇，經略司討之，表淵總領岷山蕃兵將，興師城澤州。羌悉衆來爭，淵奮擊，大破之，追至邈川城〔八〕。移同總領湟州蕃兵將兼知臨宗砦，坐法免。

宣和三年，劉延慶討方臘，以淵爲先鋒。賊將據錢塘，勢張甚。淵諭小校韓世忠曰：「賊謂我遠來，必易我。明日爾逆戰而僞遁，我以強弩伏數百步外，必可得志。」世忠如其言，賊果追之，伏弩卒發，應弦而倒。逐北至淳安，賊據幫源峒，遂圍而平之。授閤門宣贊舍人、權京畿提舉保甲兼權提點刑獄公事。

繼從延慶攻契丹。重兵壓盧溝南，遣淵等數千人護餉道，戰敗爲敵所獲。已而逃歸，猶以出塞遷武功大夫、果州團練使。又從楊惟忠、辛興宗破羣盜高托山等，遷拱衞大夫、寧州觀察使。

靖康元年，爲眞定府總管，就遷都統制。吳湛據趙州叛，淵討平之。金人攻汴京，河東、北宣撫使范訥統勤王兵屯雍丘，以淵爲先鋒。尋以所部歸康王府。

明年，張邦昌僭立，康王如濟州，命淵以三千人入衞宗廟。淵至汴都，以朝服見邦昌，納謁曰：「參冢宰相公。」邦昌始易紫袍延之政事堂，淵慟哭宣敎。康王卽皇帝位，淵與楊惟忠、韓世忠以河北兵，劉光世以陝西兵，張俊、苗傅等以帥府及降羣盜兵，皆在行朝，不相統一。始置御營司，以淵爲都統制，扈從累月不釋甲。帝如揚州，授龍、神衞四廂都指揮使，尋改捧日、天武四廂都指揮使，進保大軍承宣使。

時羣盜蠭起，以淵爲制置使平杭賊，提兵四出，所向皆捷。平軍賊趙萬於鎭江，誅杭賊陳通於杭州，降張遇於楊子橋；期年，羣盜略盡。遷鄜德軍節度使。惟趙萬、陳通等已招其降，而復盡誅之。

建炎三年二月，金人攻揚州，帝倉卒渡江，淵與內侍康履從至鎭江。奉國軍節度使劉光世見帝泣告：「淵專管江上海船，每言緩急決不誤事。今臣所部數萬，二千餘騎，皆不能濟。」淵忿其言，斬江北都巡檢皇甫佐以自解。中書侍郎朱勝非馳見淵督之，乃始經畫，已無所及，自是淵失諸將心。

帝欲如鎭江以援江北，羣臣亦固請。淵獨言：「鎭江止可捍一面，若金人自通州渡〔九〕，先據姑蘇，將若之何？不如錢塘有重江之險。」議遂決。命淵守姑蘇，言戎器全缺，兵匠甚少，乞括民匠營繕。尋自平江赴行在，拜簽書樞密院事，仍兼都統制。命下，諸將籍籍。帝聞之，乃命免奏事簽書，仍解都統制，以慰衆心。

先是，統制官苗傅自負世將，以淵驟用，頗觖望；劉正彥嘗招巨盜丁進，亦以賞薄怨淵。而內侍康履頗用事，及淵入樞府，傅、正彥以其由宦官薦，愈不平。俟淵入朝，伏兵殺之，併殺康履，遂成明受之變。淵時年五十三。

淵爲將輕財好義，家無宿儲，每言：「朝廷官人以爵，祿足代耕，若事錐刀，我何愛爵祿，曷若爲富商大賈邪？」初，帝在南京，聞淵疾，遣中使曾澤問疾。澤還，言其帷幔茵褥皆不具，帝輟所御紫茸茵以賜。然其平羣盜多殺降，與康履深交，故及於禍。贈開府儀同三司，累加少保，官其子孫八人。紹興四年，又官二人。乾道六年，謚襄愍。子倚。

解元字善長，保安軍德清砦人。疎眉俊目，猿臂，善騎射。起行伍，爲清澗都虞候。建炎三年，隸大將韓世忠麾下，擢偏將。世忠出下邳，聞金兵大至，士皆駭愕。元領二十騎擒其生口，知敵動息。俄逢騎數百，身自陷陣，横刺酋長墜馬，餘皆遁去。授閤門宣贊舍人。苗傅、劉正彦之變，從世忠追至臨平與戰，賊勢旣衰，擒于浦城。

四年三月，金人攻浙西，世忠治兵京口，邀其歸路，以海艦横截大江。金人出小舟數十，以長鈎扳艦。元在別舸躍入敵舟，以短兵擊殺數十人，擒其千戶。授忠州團練使，統制前軍。繼從討閩寇范汝爲，轉討湖外諸盜。時劉忠據白面山，憑險築壘。世忠討之，距賊營三十里而陣。元獨跨馬涉水薄賊砦，四顧周覽。賊因山設望樓，從高瞰下，以兵守之，屯壯鋭于四山，視其指呼而出戰。元旣得其形勢，歸告世忠曰：「易與爾，若奪據其望樓，則技窮矣。」世忠然之，遣元率兵五百，長戟居中，翼以弓矢，自下趨高，賊衆莫支。乃據望樓，立赤幟，四面並進，賊遂平。改相州觀察使。

紹興四年，金人、僞齊合兵入侵。世忠自鎭江趨揚州，命元屯承州。金人至近郊，元度翌日必至城下，遣百人伏要路，百人伏嶽廟，自以四百人伏路隅。令曰：「俟金人過，我當先出掩之。伏要路者，視我麾旂，則立幟以待，金人必自嶽廟走，伏者背出。」又決河岸遏其歸路。金人果走城下，伏發，金人進退無路，乃走嶽廟，元追之，獲百四十八人，止遺二人。

時城中兵不滿三千，金萬戶黑頭虎直造城下約降。元匿其兵，以微服出，僞若降者。金人稍懈，俄伏發，擒黑頭虎。未幾，金兵四集，元戰卻之，追北數十里，金人赴水死者甚衆。改同州觀察使。六年，從世忠出下邳，以數百騎破敵伏兵，授保順軍承宣使。

十年，略地淮陽，至劉冷莊〔一〇〕，騎纔三百，當敵騎數千。元揮戈大呼，衆爭奮，敵披靡。俄而救至，後部疑懼，元回顧曰：「我在此，若等無慮。」衆乃安。轉戰自辰至午，敵退，成列而還。加龍、神衞四廂都指揮使。

明年，世忠罷兵柄爲樞密使，以元爲鎭江府駐劄御前諸軍都統制，以統其衆。又明年，進侍衞親軍馬步軍都虞候，尋授保信軍節度使。卒，年五十四。贈檢校少保。

曲端字正甫，鎭戎人。父渙，任左班殿直，戰死。端三歲，授三班借職。警敏知書，善屬文，長於兵略。歷秦鳳路隊將、涇原路通安砦兵馬監押，權涇原路第三將。

夏人入寇涇原，帥司調統制李庠捍禦，端在遣中。庠駐兵柏林堡，斥堠不謹，爲夏人所薄，兵大潰，端力戰敗之，整軍還。夏人再入寇，西安州、懷德軍相繼陷沒。鎭戎當敵要衝，無守將，經略使席貢疾柏林功，奏端知鎭戎軍兼經略司統制官。

建炎元年十二月，婁宿攻陝西。二年正月，入長安、鳳翔，關、隴大震。二月，義兵起，金人自鞏東還。端時治兵涇原，招流民潰卒，所過人供糧秸，道不拾遺。金游騎入境，端遣副將吳玠據清溪嶺，與戰大破之。端乘其退，遂下兵秦州，而義兵已復長安、鳳翔。統領官劉希亮自鳳翔歸，端斬之。六月，以集英殿修撰知延安府。

王庶爲龍圖閣待制，節制陝西六路軍馬。遂授端吉州團練使，充節制司都統制，端雅不欲屬庶。九月，金人攻陝西，庶召端會雍、耀間，端辭以未受命。庶以鄜延兵先至龍坊，端又稱已奏乞回避，席貢別遣統制官龐世才將步騎萬人來會。庶無如之何，則檄貢勒端還舊任，遣陝西節制司將官賀師範趨耀，別將王宗尹趨白水，且令原、慶出師爲援，二帥各遣偏將劉仕忠、寇鮮來與師範會。庶欲往耀督戰，已行，會龐世才兵至邠，端中悔，以狀白庶，言已赴軍前，庶乃止。師範輕敵不戒，卒遇敵于八公原，戰死，二將各引去，端遂得涇原兵柄。

十一月，金諜知端、庶不協，併兵攻鄜延。時端盡統涇原精兵，駐淳化。庶日移文趣其進，又遣使臣、進士十數輩往說端，端不聽。庶知事急，又遣屬官魚濤督師，端陽許而實無行意。權轉運判官張彬爲端隨軍應副，問以師期。端笑謂彬曰：「公視端所部，孰與李綱救太原兵乎？」彬曰：「不及也。」端曰：「綱召天下兵，不度而往，以取敗。今端兵不滿萬，不幸而敗，則金騎長驅，無陝西矣。端計全陝西與鄜延一路孰輕重，是以未敢卽行，不如蕩賊巢穴，攻其必救。」乃遣吳玠攻華州，拔之。端自分蒲城而不攻，引兵趨耀之同官，復迂路由邠之三水與玠會襄樂。

金攻延安急，庶收散亡往援。溫州觀察使、知鳳翔府王𤫊將所部發興元，比庶至甘泉，而延安已陷。庶無所歸，以軍付𤫊，自將百騎與官屬馳赴襄樂勞軍。庶猶以節制望端，欲倚以自副，端彌不平。端號令素嚴，入壁者，雖貴不敢馳。庶至，端令每門減其從騎之半，及帳下，僅數騎而已。端猶虛中軍以居庶，庶坐帳中，端先以戎服趨于庭，既而與張彬及走馬承受公事高中立同見帳中。良久，端聲色俱厲，問庶延安失守狀，曰：「節制固知愛身，不知愛天子城乎？」庶曰：「吾數令不從，誰其愛身者？」端怒曰：「在耀州屢陳軍事，不一見聽，何也？」因起歸帳。庶留端軍，終夕不自安。

端欲即軍中殺庶，奪其兵。夜走寧州，見陝西撫諭使謝亮，說之曰：「延安五路襟喉，今已失之，春秋大夫出疆得以專之，請誅庶歸報。」亮曰：「使事有指，今以人臣擅誅于外，是跋扈也，公爲則自爲。」端意阻，復歸軍。明日，庶見端，爲言已自劾待罪。端拘縻其官屬，奪其節制使印，庶乃得去。

王𤫊將兩軍在慶陽，端召之，𤫊不應。會有告𤫊過邠軍士劫掠者，端怒，命統制官張中孚率兵召𤫊，謂中孚曰：「𤫊不聽，則斬以來。」中孚至慶陽，𤫊已去，遽遣兵要之，不及而止。

初，叛賊史斌圍興元不克，引兵還關中。義兵統領張宗諤誘斌如長安而散其衆，欲徐圖之。端遣吳玠襲斌擒之，端自襲宗諤殺之。

三年九月，遷康州防禦使、涇原路經略安撫使。時延安新破，端不欲去涇原，乃以知涇州郭浩權鄜延經略司公事。自謝亮歸，朝廷聞端欲斬王庶，疑有叛意，以御營司提舉召端，端疑不行。議者喧言端反，端無以自明。會張浚宣撫川、陝，入辭，以百口明端不反。浚自收攬英傑，以端在陝西屢與敵角，欲仗其威聲。承制築壇，拜端爲威武大將軍、宣州觀察使、宣撫處置使司都統制、知渭州。端登壇受禮，軍士歡聲如雷。

浚雖欲用端，然未測端意，遣張彬以招塡禁軍爲名，詣渭州察之。彬見端問曰：「公常患諸路兵不合，財不足；今兵已合，財已備，婁宿以孤軍深入吾境，我合諸路攻之不難。萬一粘罕併兵而來，何以待之？」端曰：「不然。兵法先較彼己，今敵可勝，止婁宿孤軍一事；然將士精銳，不減前日。我不可勝，亦止合五路兵一事；然將士無以大異於前。況金人因糧於我，我常爲客，彼常爲主。今當反之，按兵據險，時出偏師以擾其耕穫。彼不得耕，必取糧河東，則我爲主，彼爲客，不一二年必自困斃，可一舉而滅也。萬一輕舉，後憂方大。」彬以端言復命，浚不主端說。

四年春，金人攻環慶，端遣吳玠等拒于彭原店，端自將屯宜祿，玠先勝。既而金軍復振，玠小卻，端退屯涇州，金乘勝焚邠州而去。玠怨端不爲援，端謂玠前軍已敗，不得不據險以防衝突，乃劾玠違節制。

是秋，兀朮窺江、淮，浚議出師以撓其勢。端曰：「平原廣野，賊便於衝突，而我軍未嘗習水戰。金人新造之勢，難與爭鋒，宜訓兵秣馬保疆而已，俟十年乃可。」端既與浚異，浚積前疑，竟以彭原事罷端兵柄，與祠，再責海州團練副使、萬州安置〔二〕。

是年，浚爲富平之役，軍敗，誅趙哲，貶劉錫。浚欲慰人望，下令以富平之役，涇原軍馬出力最多，既卻退之後，先自聚集，皆緣前帥曲端訓練有方。敍端左武大夫，興州居住。

紹興元年正月，敍正任榮州刺史，提舉江州太平觀，徙閬州。於是浚自興州移司閬州，欲復用端。玠與端有憾，言曲端再起，必不利於張公；王庶又從而間之。浚入其說，亦畏端難制。端嘗作詩題柱曰：「不向關中興事業，却來江上泛漁舟。」庶告浚，謂其指斥乘輿，於是送端恭州獄。

武臣康隨者嘗忤端，鞭其背，隨恨端入骨。浚以隨提點夔路刑獄，端聞之曰：「吾其死矣！」呼「天」者數聲；端有馬名「鐵象」，日馳四百里，至是連呼「鐵象可惜」者又數聲，乃赴逮。既至，隨令獄吏縶維之，糊其口，燔之以火。端乾渴求飲，予之酒，九竅流血而死，年四十一。陝西士大夫莫不惜之，軍民亦皆悵悵，有叛去者。浚尋得罪，追復端宣州觀察使，謚壯愍。

端有將略，使展盡其才，要未可量。然剛愎，恃才凌物，此其所以取禍云。

論曰：南渡諸將以張、韓、劉、岳並稱，而俊爲之冠。然夷考其行事，則有不然者。俊受心膂爪牙之寄，其平苗、劉，雖有勤王之績，然既不能守越，又棄四明，負亦不少。矧其附檜主和，謀殺岳飛，保全富貴，取媚人主，其負戾又如何哉？光世自恃宿將，選沮卻畏，不用上命，師律不嚴，卒致酈瓊之叛。迎合檜意，首納軍權，雖得善終牖下，君子不貴也。二人方之韓、岳益遠矣。然子蓋、宗顏號俊子弟，著海之功，泗上之捷，亦足稱焉。王淵以總率扈從有勞，遂至驕盈，失將士心，自取覆敗。況結托康履與光世一轍，烏足道哉。解元始由韓世忠進，其攻城野戰，未嘗敗衄，有可稱者。不幸早世，惜哉！曲端剛愎自用，輕視其上，勞效未著，動違節制，張浚殺之雖冤，蓋亦自取焉爾。

校勘記

〔一〕制置副使种師中　「副」字原脫。按本書卷二三欽宗紀靖康元年五月：「河北、河東路制置副使种師中與金人戰於榆次，死之。」靖康要錄卷七所載略同。據補。

〔二〕貴州防禦使　「貴州」原作「桂州」，據周麟之海陵集卷二三張俊神道碑、章穎宋南渡十將傳卷六本傳改。

〔三〕淮南西路宣撫使　「宣」原作「安」，據繫年要錄卷一一三、宋南渡十將傳本傳改。

〔四〕賜俊安民靖難功臣拜少傅　按張俊拜少傅和賜功臣號，事在紹興九年正月，見本書卷二九高宗紀、繫年要錄卷一二五；海陵集張俊神道碑也繫於「九年」。此處繫於「八年」之下，誤。

〔五〕九年冬　按本書卷二九高宗紀，「金人叛盟」，「兀朮入東京」，「金人陷南京」，「金人陷西京」，都是紹興十年五月間事；「張俊棄亳州，引軍還壽春」，是閏六月間事。海陵集張俊神道碑記本條事也在十年。此「九年冬」誤。

〔六〕王彥先揚兵淮上有渡江意　「王彥先」原作「王彥光」。按本書卷二七高宗紀紹興三年十月作「王彥先」；卷四七五劉豫傳同年十月，也有「賊將王彥先自亳引兵至壽春，將窺江南」語。據改。

〔七〕劉龍城　「劉」字原脫，據本書卷四七五劉豫傳、繫年要錄卷一〇〇補。

〔八〕邈川城　原作「邈州城」。按本書卷八七地理志，熙河蘭湟路無「邈州城」而有邈川城，即湟州；下文之「臨宗砦」也屬湟州，此「邈州」當爲「邈川」之誤。據改。

〔九〕通州　原作「通川」，據繫年要錄卷二〇改

〔一〇〕劉泠莊　原作「劉令莊」，據琬琰集上編卷一三韓忠武王碑、宋會要兵一四之三〇改。

〔一一〕海州團練副使萬州安置　「副」字原脫，「萬」下原衍「安」字，據本書卷二六高宗紀、繫年要錄卷三六刪補。

宋史卷三百七十

列傳第一百二十九

王友直　李寶　成閔　趙密　劉子羽　呂祉　胡世將　鄭剛中

王友直字聖益，博州高平人。父佐，以材武稱。友直年十二，隨父游，諳兵法。紹興三十一年，金人渝盟，友直結豪傑，志恢復。謂其衆曰：「權所以濟事，權歸於正，何害於理。」迺矯制自擬承宣使、河北等路安撫制置使，餘擬官有差，徧諭州縣勤王。未幾，得衆數萬，制爲十三軍，軍置都統制、提舉、提點、提轄、訓練統之。九月戊子，進攻大名，一鼓而克，撫定衆庶，諭以紹興年號。乃與王任、馮穀、張昇、牛汝霖列奏于朝，欲領衆南歸。時金人尚在揚州，久不報。

友直將由壽春涉淮而濟，道拜敕書，勉以率衆擣敵腹心，掎角應援。除友直檢校少保、天雄軍節度使，王任天平軍節度使，馮轂左通議大夫、徽猷閣直學士，張昇右朝奉大夫、直祕閣，牛汝霖通直郎、直祕閣，職任各從舊，得便宜行事。時三十二年正月一日也。旋與敵遇，相拒淮北；敵兵來益衆，友直卽率所部渡淮。既而審金主亮已斃，所遇乃歸師，悔不襲擊之。高宗視師江上，見于金陵，賜金帶、章服，錫賚及二子。友直恥前功不遂，自陳，改復州防禦使，以忠義軍統制隸鎭江都統司。

越四月，詔偕統制張子蓋援海州。方接戰，友直張一旗，大書「宋忠義將河北王九郎」以自表。潛由小逕背敵陣，因其輜重，扼歸道橋，左右枕水。張子蓋知友直已乘敵後，麾軍進擊，敵潰走，盡溺死，圍遂解。轉宜州觀察使。

孝宗受禪，友直與統制宋寧數出奇轉戰。張浚都督江、淮，一見喜之，辟建康前軍統制。隆興二年九月，金人犯邊，宣諭使王之望命以前軍戍昭關，友直不踰時卽行。他軍同戍者，敵至，輒退保和州，友直孤軍堅守。金兵駐黃山，鼓柝相聞，益整暇自持。

乾道元年，移鎭江御前諸軍統制，俄改步司左軍統制兼左驍衞上將軍。初，淮北之戰，友直母子相失，至是，訪得之，乃與其妻李攜二女自淮而還，錫予加厚。又明年，除御前諸軍統制，請祠，手詔慰勞。四年，繇京口入覲，進神、龍衞四廂都指揮使，主管步司公事，遷侍衞親步軍都指揮使。朝廷議遣馬、步二司移屯重地，丞相虞允文欲先發步司，友直請以馬司先。及馬帥李顯忠屯金陵，友直奏馬軍道途轉徙，困斃已甚。有旨免移步司。八年，轉承宣使，旋除殿前副都指揮使。

淳熙元年，授奉國軍節度使。四年，總殿步司大閱于茅灘，鎧仗精明，號令閑肅。明年，進殿前指揮使，賜第中都，賜田平江，燕射咸預。晚節宴安，軍政稍失律，授宜州觀察使。尋罷宮觀，徙居信州。以郊祀恩內徙，三奉祠，復武寧軍承宣使。卒，年六十一，追復節度使，贈檢校少保。

李寶，河北人。嘗陷金，拔身從海道來歸。金主亮渝盟，淮、浙姦民倪詢、梁簡等〔一〕教金造舟，且爲鄉導。金使蘇保衡造舟于潞河。明年，以保衡爲統軍，將繇海道襲浙江。諜聞，高宗謂宰臣曰：「李寶頃因召對，詢以北事，歷歷如數。且以一介脫身還朝，陛對無一毫沮懾，是必能事者。」迺授浙西路馬步軍副總管，駐劄平江，令與守臣督海舟捍禦。高宗問：「舟幾何？」曰：「堅全可涉風濤者，百二十艘。」「兵幾何？」曰：「僅三千，皆閩、浙弓弩手，非正兵也。旗幟甲仗亦粗備。事急矣，臣願亟發。」賜寶衣帶、鞍馬、尙方弓刀、戈甲及銀絹萬數。

八月，次江陰，先遣其子公佐，謂曰：「汝爲潛伺敵動靜虛實，毋誤。」公佐受命，卽與將官邊士寧偕往。寶將啓行，軍士爭言西北風力尚勁，迎之非利。寶下令，敢沮大計者斬。遂發蘇州，大洋行三日，風甚惡，舟散不可收。寶忼慨顧左右曰：「天以是試李寶邪？寶心如鐵石，不變矣。」酹酒自誓，風卽止。明日，散舟復集。

士寧自密州回，得敵耗甚悉，且言公佐已挾魏勝得海州。寶喜曰：「吾兒不負乃翁矣。」士氣百倍，趣衆乘機進。適大風復作，海濤如山，寶神色不爲動；風少殺，始縱舟泊抵東海。敵已雲合，圍海州，旌麾數十里。寶麾兵登岸，以劍畫地，令曰：「此非復吾境，力戰與否在汝等。」因握槊前行，遇敵奮擊，將士賈勇，無不一當十。敵出不意，亟引去。勝出城迎，寶獎其忠義，勉以共立功名，勝感泣。乃維舟犒士，遣辯者四出招納降附，聲振山東。豪傑如王世修〔三〕輩各署旗，集義勇，爭應援，多者數萬人。寶列名上諸朝，檄所部會密之膠西，命公佐以郡事畀勝，與俱發。

至膠西石臼島，敵舟已出海口，泊唐島，相距僅一山。時北風盛，寶禱于石臼神。俄有風自柂樓中來，如鍾鐸聲，衆咸奮，引舟握刃待戰。敵操舟者皆中原遺民，遙見寶船，紿敵兵入舟中，使不知王師猝至。風駛舟疾，過山薄虜，鼓聲震疊，海波騰躍。敵大驚，掣矴舉帆，帆皆油纈，彌亘數里，風浪捲聚一隅，窘束無復行次。

寶亟命火箭環射，箭所中，煙焰旋起，延燒數百艘。火所不及者猶欲前拒，寶叱壯士躍登其舟，短兵擊刺，殪之舟中。餘所謂簽軍，盡中原舊民，皆登島垠，脫甲歸命，以故不殺。然倉卒，舟不獲艤，溺死甚衆。俘大漢軍三千餘人，斬其帥完顏鄭家奴等六人，禽倪詢等上于朝，獲其統軍符印與文書、器甲、糧斛以萬計。餘物衆不能舉者，悉焚之，火四晝夜不滅。

寶將乘勢席卷，公佐切諫，以爲金主亮方濟淮，聞通、泰已陷，得遠失近，且有腹背憂。乃還軍駐東海，視緩急爲表裏援。遣曹洋輕舟報捷。上喜曰：「朕獨用李寶，果立功，爲天下倡矣。」詔獎諭，書「忠勇李寶」四字，表其旗幟。除靜海軍節度使、沿海制置使，賜金器、玉帶。

亮聞膠西之敗，大怒，召諸酋約以三日渡江，於是內變殺亮。向微唐島之捷，則亮之死未可期，錢唐之危可憂也。寶之功亦大矣。

寶戰具精利，宰臣陳康伯取其長槍、克敵弓弩，俾所司爲式製之。卒，贈檢校少保。

成閔字居仁，邢州人。靖康初，劉韐爲眞定帥，募勇士捍金兵，閔在麾下。高宗卽位，閔領數百騎至揚州。會上南渡，韓世忠追苗傅及襲兀朮、討范汝爲，閔皆在戎行，又以力戰卻敵，積功至武功大夫、忠州刺史。

從世忠入見，世忠指閔曰：「臣在南京，自謂天下當先，使當時見此人，亦避一頭矣。」上嘉歎勞勉。旋以取海州功，擢磁州團練使。召見，賜袍帶、錦帛，加贈玉束帶。時方與金盟，世忠罷兵，入爲樞密使，詔進閔隸州防禦使、殿前遊奕軍統制，歷遷保寧軍承宣使。

紹興二十四年，拜慶遠軍節度使。尋丁母憂，詔起復，贈其母鄭國夫人。金主亮將敗盟，詔閔提禁旅三萬鎮武昌，命湖北守、漕創砦屋三萬間以待之，發折帛米錢茶引共百四十餘萬緡、義倉和糴米六十三萬石備軍用，仍賜金器、劍甲臨遣之。閔至鄂，未幾，進屯應城縣。

八月，除湖北、京西制置使，節制兩路軍馬。九月，兼京西、河北招討使。十一月，詔回援淮西。閔喜於得歸，冒雨兼程趨建康，士卒多道死，朝廷所給犒師物奄歸己，不及士卒。士卒有怨言，閔斬之。未幾，除淮東制置使，駐鎮江。既而言者論諸軍皆聚鎮江，恐敵出不意擣上流，於是詔閔發鄂州張成、華旺軍回駐鄂。

亮死，閔引兵渡江趨揚州。及金人自盱眙渡淮北去，閔列兵南岸，軍士喏聲相聞。金人笑之曰：「寄聲成太尉，有勤護送。」時虜氣已奪，日虞王師之至，委棄戈甲、粟米山積，諸軍多仰以給。惟閔軍多浙人，素不食粟，死者甚衆。閔至泗州，奏已克復淮東。尋入朝，凡侍從、卿監、閤門、內侍，皆有賂遺。左正言劉度劾之，猶超拜太尉，主管殿前司公事。尋復爲御史論列，罷太尉，婺州居住，奪慶遠節。乾道初，聽自便，歸湖州；尋詔復節，都統鎭江諸軍。九年，請祠，致仕，治園第于平江。淳熙元年卒，年八十一。贈開府儀同三司。子十一人。

趙密字微叔，太原清源〔三〕人。政和四年，用材武試崇政殿，授河北隊將，戍燕。高宗以大元帥開府，檄統先鋒援京師。建炎元年，從張俊討任城寇李昱，俊輕騎先行，遇伏，密奔射斃數人，乃脫。擢閤門祗候。俊置靖勝軍，以密統之。平賊董靑、趙萬、徐明等，累功轉武節郎、左軍統領。金兵陷揚州，士民隨乘輿渡江，衆數萬，密露立水濱，麾舟濟之。苗傅之變，破赤心軍于臨平。金人犯明州，俊遣密及楊沂中與殊死戰，敗之，進武功大夫，陞統制。紹興元年，李成、馬進擾江、淮，俊復遣密大破之，成、進皆北遁。賜金帶，轉親衞大夫、康州刺史，總管涇原馬步軍。平張莽蕩，尋詔入衞。十年，金犯亳、宿，從俊營合肥，出西路。時水潦暴漲，涉六晝夜始達宿，與敵遇，敗之。

明年，敵分兵犯滁、濠，密進擊之，且命張守忠以五百騎出全椒縣，伏篁竹間，敵疑，宵遁。密乃引兵出六丈河，斷其歸路，又敗之。進中衞、協忠大夫，和州團練、防禦使。尋拜宣州觀察使，爲龍、神衞四廂都指揮使，主管侍衞步軍。

海寇朱明暴横，密授張守忠方略曰：「海與陸異，窮之則日月相持，非策之善，要在拊定之耳。」守忠用其計，明降。進定江軍承宣使、崇信軍節度使，以年勞轉太尉，拜開府儀同三司。明年，領殿前都指揮使，獻本軍酒方六十六所，積錢十萬緡、銀五萬兩助軍用，詔奬之。上疏告老，以萬壽觀使奉朝請。

隆興二年，進少保致仕。俄報金復犯淮，詔密再爲殿前都指揮使。初，敵聲言航海，朝論選從官視舟師，徹禁旅防守，密不爲動，迄如所料。和議成，罷爲醴泉使。

乾道元年九月，致仕。卒，年七十一。贈少傅。

劉子羽字彥修，建之崇安人，資政殿學士韐之長子也。宣和末，韐帥浙東，子羽以主管機宜文字佐其父。破睦賊，入主太府、太僕簿，遷衞尉丞。韐守眞定，子羽辟從。會金人入，父子相誓死守，金人不能拔而去，由是知名。除直祕閣。京城不守，韐死之，旣免喪，除祕閣修撰、知池州。

以書抵宰相，論天下兵勢，當以秦、隴爲根本。改集英殿修撰、知秦州。未行，召赴行在，除樞密院檢詳文字。

建炎三年，大將范瓊擁強兵江西，召之弗來，來又不肯釋兵。知樞密院事張浚，與子羽密謀誅之。一日，命張俊以千兵渡江，若備他盜者，使皆甲而來。因召俊、瓊及劉光世赴都堂議事，爲設飲食，食已，諸公相顧未發。子羽坐廡下，恐瓊覺，取黃紙趨前，舉以麾瓊曰：「下，有敕，將軍可詣大理置對。」瓊愕不知所爲，子羽顧左右擁置輿中，衞以俊兵，送獄。光世出撫其衆，數瓊在圍城中附金人迫二帝出狩狀。且曰：「所誅止瓊爾，汝等固天子自將之兵也。」衆皆投刃曰：「諾。」有旨分隸御營五軍，頃刻而定。瓊竟伏誅。浚以此奇其材。

浚宣撫川、陝，辟子羽參議軍事。至秦州，立幕府，節度五路諸將，規以五年而後出師。明年，除徽猷閣待制。金人窺江、淮急，浚念禁衞寡弱，計所以分撓其兵勢者，遂合五路之兵以進。子羽以非本計，爭之。浚曰：「吾寧不知此？顧今東南之事方急，不得不爲是耳。」遂北至富平，與金人遇，戰不利。金人乘勝而前，宣撫司退保興州，人情大震。

官屬有建策徙治夔州者，子羽叱之曰：「孺子可斬也！四川全盛，敵欲入寇久矣，直以川口有鐵山、棧道之險，未敢遽窺耳。今不堅守，縱使深入，而吾僻處夔、峽，遂與關中聲援不相聞，進退失計，悔將何及。今幸敵方肆掠，未逼近郡。宣司但當留駐興州，外繫關中之望，內安全蜀之心；急遣官屬出關，呼召諸將，收集散亡，分布險隘，堅壁固壘，觀釁而動。庶幾猶或可以補前愆而贖後咎，奈何乃爲此言乎？」浚然子羽言，而諸參佐無敢行者。子羽即自請奉命北出，復以單騎至秦州，召諸亡將。諸亡將聞命大喜，悉以其衆來會。子羽命吳玠柵和尙原，守大散關，而分兵悉守諸險塞。金人知有備，引去。

明年，金人復聚兵來攻，再爲玠所敗。浚移治閬州，子羽請獨留河池，調護諸將，以通內外聲援，浚許之。明年，玠以秦鳳經略使戍河池，王彥以金、均、房鎭撫使戍金州。二鎭皆饑，興元帥臣閉糴，二鎭病之。玠、彥皆願得子羽守漢中，浚乃承制拜子羽利州路經略使兼知興元府。子羽至漢中，通商輸粟，二鎭遂安。除寶文閣直學士。

是冬，金人犯金州。三年正月〔四〕，王彥失守，退保石泉。子羽亟移兵守饒風嶺，馳告玠。玠大驚，卽越境而東，日夜馳三百里至饒風，列營拒守。金人悉力仰攻，死傷山積，更募死士，由間道自祖溪關入，繞出玠後。玠遽邀子羽去，子羽不可，而留玠同守定軍山，玠難之，遂西。

子羽焚興元，退守三泉縣，從兵不滿三百，與士卒取草牙、木甲食之，遺玠書訣別。玠時在仙人關，其愛將楊政大呼軍門曰：「節使不可負劉待制，不然，政輩亦舍節使去矣。」玠乃間道會子羽，子羽留玠共守三泉。玠曰：「關外蜀之門戶，不可輕棄。」復往守仙人關。子羽以潭毒山形斗拔，其上寬平有水，乃築壁壘，十六日而成。金人已至，距營十數里〔五〕。子羽據胡床，坐于壘口。諸將泣告曰：「此非待制坐處。」子羽曰：「子羽今日死于此。」敵尋亦引去。

自金人入梁、洋，四蜀復大震。張浚欲移潼川，子羽遺浚書，言已在此，金人必不南，浚乃止。撒離喝由斜谷北去，子羽謀邀之於武休，不及，既回鳳翔，遣十人持書旗招子羽，子羽盡斬之，而留其一，縱之還，曰：「爲我語賊，欲來即來，吾有死爾，何可招也！」先是，子羽預徙梁、洋公私之積，至是，金人深入，餽不繼，又腹背爲子羽、玠所攻，死傷十五六，疫癘且作，亟遁去。子羽出師掩擊，墮溪澗死者不可勝計，餘兵不能自拔者，悉降。

始，金人攻蜀，所選士卒千取百，百取十；戰被重鎧，登山攻險，每一人前，輒二人推其後，前者死，後者被其甲以進，又死，則又代之，其爲必取計如此。浚雖衄師，卒全蜀，子羽之力居多。子羽還興元。四年，坐富平之役，與浚俱罷。尋爲言者所論，責授單州團練副使，白州安置〔六〕。

新除川、陝宣撫副使吳玠，始爲裨將，未知名。子羽獨奇之，言於浚，浚與語大悅，使盡護諸將。至是，上疏論子羽之功，請納節贖其罪。詔聽子羽自便。明年，復元官，提舉江州太平觀。

張浚還朝，議合兵大舉，乃請召子羽，令諭旨西帥，以集英殿修撰知鄂州。未幾，權都督府參議軍事，與主管機宜文字熊彥詩同撫諭川、陝。時吳玠屢言軍前乏糧，故令子羽見玠諭指，且與都轉運使趙開計事，併察邊備虛實以聞，時五年冬也。明年秋，與彥詩同還朝。子羽言：「金人未可圖，宜益兵屯田，以俟機會。」時張浚以淮西安撫使劉光世驕惰不肅，密奏請罷之，而以其兵屬子羽。子羽辭，乃以徽猷閣待制知泉州。

七年，淮西酈瓊叛，張浚罷相。八年，御史常同論子羽十罪，上批出「白州安置」。趙鼎曰：「章疏中論及結吳玠事，今方倚玠，恐不自安。」同疏再上，以散官安置漳州。十一年，樞密使張浚薦子羽復元官，知鎭江府兼沿江安撫使。金人入寇，子羽建議淸野，淮東之人皆徙鎭江，撫以恩信，雖兵民雜居，無敢相侵者。既而金人不至，浚問子羽，子羽曰：「異時金人入寇，飄忽如風雨，今久遲回，必有他意。」蓋金人以柘皐之敗，欲急和也。未幾，果遣使議和。復徽猷閣待制。秦檜風諫官論罷之，復提舉太平觀。

十六年，卒。子珙，自有傳。吏部郎朱松以子熹託子羽，子羽與弟子翬篤敎之，異時卒爲大儒云。

呂祉字安老，建州建陽人。宣和初，上舍釋褐。建炎二年，爲右正言，以論事忤執政，通判明州。

紹興元年，盜起湖南、北，爲荆湖提刑，祉既至，招捕有方，踰年盜平。進直祕閣，尋召赴行在。淮南宣撫使韓世忠將出師，辟祉議軍事，除直徽猷閣，充參議官，辭不行。

三年，陞直龍圖閣、知建康府。祉到官，與通判府事吳若、安撫司準備差遣陳充共議，作東南防守利便三卷上之，大略謂：「立國於東南者，當聯絡淮甸、荆、蜀之勢，今臨安僻在海隅，移蹕江上，然後可以繫南北離散之心。」

四年冬，金人攻淮，江左戒嚴，獨韓世忠統鋭卒在高郵。金既陷漣水，破山陽、盱眙，遂犯承州。祉上章言：「宜遣兵爲世忠援。」既而援兵不至，世忠退保鎭江。祉再上言：「置江北於度外，非命帥宣撫兩淮之意，且恐失中原心。唯當急遣諸將，且乞親御六師，庶幾上下協心，可以不戰而勝。」於是降詔親征。車駕至平江，金人退師。

五年，召爲中書門下省檢正諸房文字，尋除兵部侍郎兼戶部侍郎、給事中。六年，遷刑部侍郎、都督府參議軍事，俄遷吏部侍郎。劉豫分道入寇，時車駕駐平江，或請回臨安，且令守江防海。祉獨抗言：「士氣當振，賊鋒可挫，不可遽退以示弱。」劉麟衆十萬，已次濠、壽。劉光世在合肥，欲移屯太平州，軍已行，乃命祉馳往軍前，督其還。七年，遷兵部尚書，陞督府參謀軍事，往淮西撫諭諸軍。

浚以劉光世持不戰之論，罷之，乃命行營左護軍前統制王德爲都統制，又以統制官酈瓊爲之副。瓊與德素不協，祉還朝，瓊與德交訟于都督府及御史臺，乃命德還建康，以其軍隸督府。八月，復命祉往廬州節制之。祉至廬州，瓊等復訟德。祉諭之曰：「若以君等爲是，則大相誑。然張丞相但喜人向前，儻能立功，雖有大過亦闊略，况此小嫌乎？當力爲諸公辨之，保無他慮。」瓊等感泣。

事小定，祉乃密奏乞罷瓊及統制官靳賽兵權。其書吏漏語於瓊，瓊令人遮祉所遣郵置，盡得祉所言，大怨怒。會朝廷命張俊爲淮西宣撫使，置司盱眙；楊存中爲淮西制置使，劉錡爲副，置司廬州；召瓊赴行在。瓊懼，遂叛。諸將晨謁祉，坐定，瓊袖出文書，示中軍統制官張璟曰：「諸兵官有何罪，張統制乃以如許事聞之朝廷邪？」祉見之大驚，欲返走，不及，爲瓊所執。璟及兵馬鈐轄喬仲福，統制劉永、衡友死之。瓊遂率全軍〔七〕四萬人渡淮降劉豫，擁祉次三塔，距淮三十里。祉下馬曰：「劉豫逆臣，我豈可見之？」衆逼祉上馬，祉罵曰：「死則死於此！」又語其衆曰：「劉豫逆臣，爾軍中豈無英雄，乃隨酈瓊去乎？」衆頗感動，凡千餘人環立不行。瓊恐搖動衆心，急策馬先渡，祉遇害。

時有得祉括髮之帛歸吳中者，其妻吳氏持帛自縊以徇葬，聞者哀之。慶元間，詔立廟賜額，以旌其忠云。

胡世將字承公，常州晉陵人，宿之曾孫。登崇寧五年進士第。范汝爲寇閩，以世將爲監察御史、福建路撫諭使。入境，韓世忠已平賊。遷尙書右司員外郎，又遷起居郎，遷中書舍人，賜三品服，兼修政局。坐言者落職奉祠。未幾，除徽猷閣待制、知鎭江府，入爲禮部侍郎，改刑部，出知洪州，兼江西安撫、制置使。屬建昌兵變，殺守倅，嬰城以叛，世將以便宜發兵討平之。除兵部侍郎，復知鎭江。

未幾，召爲給事中兼侍講，直學士院，復還兵部侍郎。尋以樞密直學士出爲四川安撫、制置使，兼知成都府。宣撫吳玠以軍無糧，奏請踵至。世將旣被命入境，約玠會議。蜀之饟運，泝嘉陵江千餘里，半年始達。於是奏用轉般摺運之法，軍儲稍充，公私便之。

紹興九年，玠卒，以世將爲寶文閣學士、宣撫川、陝。時關陝初復，朝廷分軍移屯熙、秦、鄜延諸道。明年夏，金人陷同州，入長安，諸路皆震。蜀兵旣分，聲援幾絕，乃遣大將吳璘、田晟出鳳翔，郭浩出奉天，楊政由赤谷歸河池。不數日，璘捷于石壁及扶風，金人逡巡不敢度隴，分屯之軍得全師而還。詔除端明殿學士。

十一年秋，朝廷復用兵。會母喪，命起復。遂復隴州，破岐下諸屯，又取華、虢，兵威稍振。未幾，瘍發於首。除資政殿學士致仕，恩數視簽書樞密院事。卒，年五十八，命有司給葬事。

鄭剛中字亨仲，婺州金華人。登進士甲科，累官爲監察御史，遷殿中侍御史。剛中由秦檜薦于朝，檜主和議，剛中不敢言。移宗正少卿，請去，不許，改祕書少監。

金歸侵疆，檜遣剛中爲宣諭司參謀官；及還，除禮部侍郎。復遣剛中爲川、陝宣諭使，諭諸將罷兵，尋充陝西分畫地界使。金使烏陵贊謨入境，欲盡取階、成、岷、鳳、秦、商六州，剛中力爭不從；又欲姑取商、秦，於大散關立界，剛中又堅不從。繼除川、陝宣撫副使。

兀朮遣人力求和尚原，剛中恐敗和好，以和尚原自紹興四年後不係吳玠地分，於是割秦、商之半，棄和尚原以與金。朝廷命剛中去「陝」字，爲四川宣撫副使。剛中治蜀，頗有方略。宣撫司舊在綿、閬間，及胡世將代吳玠，就居河池，饋餉不繼。剛中奏：利州在潭毒關內，與興、洋諸關聲援相接，乞移司利州。自是省費百萬。剛中始至，卽欲移屯一軍，大將楊政不從，呼政語之曰：「剛中雖書生，不畏死！」聲色俱厲，政卽聽命。

都統每入謁，必庭參然後就坐。吳璘陞檢校少師來謝，語閽吏，乞講鈞敵之禮。剛中曰：「少師雖尊，猶都統制耳，儻變常禮，是廢軍容。」行禮如故。

奏蠲四川雜征，又請減成都府路對糴及宣撫司激賞錢。時剛中於階、成二州營田，抵秦州界，凡三千餘頃，歲收十八萬斛。先是，川口屯兵十萬，分隸三大將：吳璘屯興州，楊政屯興元府，郭浩屯金州，皆建帥節；而統制官知成州王彥、知階州姚仲、知西和州程俊、知鳳州楊從儀亦領沿邊安撫。剛中請分利州爲東、西路，以興元府、利閬洋巴劍州、大安軍七郡爲東路，治興元，命政爲安撫；以興、階、成、西和、文、隴、鳳七州爲西路，治興州，命璘爲安撫；而命浩爲金、房、開、達州安撫；諸裨將領安撫者皆罷。從之。弛夔路酒禁，復利州錢監爲紹興監。時軍已罷，移屯內郡，剛中言逐路各有漕司，都漕宜罷。從之。

秦檜怒剛中在蜀專擅，令侍御史汪勃奏置四川財賦總領官，以趙不棄爲之，不隸宣撫司。不棄牒宣撫司，剛中怒，由是有隙。不棄頗求剛中陰事言於檜，檜陽召不棄歸，因召剛中。剛中語人曰：「孤危之迹，獨賴上知之耳。」檜聞愈怒，遂罷，責桂陽軍居住；再責濠州團練副使，復州安置；再徙封州，卒。

論曰：自紹興和議成，材武善謀之士，無所用其力。若王友直之矯制起兵，李寶之立功膠西，成閔、趙密皆足以斬將搴旗，劉子羽轉戰屢勝，呂祉不從劉豫，胡世將、鄭剛中威震巴蜀，皆中道以歿，是以知宋不克興復也。

校勘記

〔一〕倪詢梁簡等　繫年要錄卷一九三、中興小紀卷四〇、四朝名臣言行錄別集下卷李寶條都作「倪荀、商簡、梁三兒等」。

〔二〕王世修　按中興小紀卷四〇記此事說：「時山東豪傑王世隆、明椿、劉異輩，皆各以義旗聚衆，爭爲應援。」又北盟會編卷二三七記李寶敗金人於陳家島事說：「先是有劉邕彪、溫皐、趙開、李幾四人，聚衆于京東，與王世隆合，共攻成陽軍。」「修」字疑爲「隆」字之訛。

〔三〕太原清源人　「清源」原作「清河」。李幼武四朝名臣言行錄別集下卷一二趙密條作「清源」。按清河屬河北路恩州，清源屬河東路太原府，見本書卷八六地理志。據改。

〔四〕三年正月　按本書卷二七高宗紀載，金人陷金州、入興元以至去興元，都繫在紹興三年，此處失書「紹興」紀元。

〔五〕距營十數里　朱熹朱文公文集卷八八劉子羽神道碑作「營數十里間」；中興戰功錄作「距我師數十里」。

〔六〕白州安置　「白州」原作「泉州」，據本書卷二七高宗紀、琬琰集下編卷二三劉子羽墓誌銘改。

〔七〕全軍　原作「金軍」，據本書卷三六〇趙鼎傳、繫年要錄卷一一三注改。

宋史卷三百七十一

列傳第一百三十

白時中 徐處仁 馮澥 王倫 宇文虛中 湯思退

白時中字蒙亨，壽春人。登進士第，累官爲吏部侍郎。坐事，降秩知鄆州，已而復召用。政和六年，拜尙書右丞、中書門下侍郎。宣和六年，除特進、太宰兼門下，封崇國公，進慶國。

始，時中嘗爲春官，詔令編類天下所奏祥瑞，其有非文字所能盡者，圖繪以進。時中進政和瑞應記及贊。及爲太宰，表賀翔鶴、霞光等事。圜丘禮成，上言休氣充應，前所未有，乞宣付祕書省。時燕山日告危急，而時中恬不爲慮。金人入攻，京城修守備，時中謂宇文粹中曰：「萬事須是涉歷，非公嘗目擊守城之事，吾輩豈知首尾邪？」

欽宗卽位，召大臣決策守京師，問誰可將者。李綱言：「朝廷高爵厚祿畜養大臣，蓋將用之有事之日。時中輩雖書生，然撫將士以抗敵鋒，乃其職也。」時中勃然曰：「李綱莫能將兵出戰乎？」綱曰：「陛下儻使臣，當以死報。」於是以綱爲右丞，充守禦使。時中尋罷爲觀文殿學士、中太一宮使。御史劾時中孱懦不才，詔落職。未幾，卒。

徐處仁字擇之，應天府穀熟縣人。中進士甲科，爲永州東安縣令。蠻人叛，處仁入峒，開示恩信，蠻感泣，誓不復反。知濟州金鄉縣。以薦者召見，徽宗問京東歲事，處仁以旱蝗對。問：「邑有盜賊乎？」曰：「有之。」上謂處仁不欺，除宗正寺丞、太常博士。

時初置算學，議所祖，或以孔子贊易知數。處仁言：「仲尼之道無所不備，非專門比。黃帝迎日推策，數之始也，祖黃帝爲宜。」擢監察御史，遷殿中、右正言、給事中。攝開封府，裁決如流，囚繫常空。進戶部尚書，繼拜中大夫、尚書右丞。丁母憂，免喪，以資政殿學士知青州，徙知永興軍。

童貫使陝西，欲平物價，處仁議不合，曰：「此令一傳，則商賈弗行，而積藏者弗出，名爲平價，適以增之。」轉運使阿貫意，劾其格德音，倡異論，侵辱使者。詔處仁赴闕。尋改知河陽，落職知蘄州。久之，以顯謨閣直學士知潁昌府。民有得罪宮掖者，雖赦不原，處仁爲奏上童貫乘是擠之，奪職，提舉鴻慶宮。復延康殿學士、知汝州，再奉鴻慶祠、知徐州，召爲醴泉觀使。

徽宗訪以天下事，處仁對曰：「天下大勢在兵與民，今水旱之餘，賦役繁重，公私凋弊，兵民皆困，不及今謀之，後將有不勝圖者。」上曰：「非卿不聞此言。」明日，除侍讀。進讀罷，理前語，處仁言：「昔周以冢宰制國用，於歲之杪，宜會朝廷一歲財用之數，量入爲出，節浮費，罷横斂，百姓旣足，軍儲必豐。」上稱善，詔置裕民局討論振兵裕民之法。蔡京不悅，言者謂：「今設局曰『裕民』，豈平日爲不裕民哉？」乃罷局，出處仁知揚州。未幾，以疾奉祠歸南都。

方臘爲亂，處仁亟見留守薛昂，爲畫守戰之策。因語昂曰：「睢陽蔽遮江、淮，乃國家受命之地，脫有非常，吾助君死守。」語聞于朝，起爲應天尹。河北盜起，徙大名尹。前尹王革慘而怯，盜無輕重悉抵死，小有警，輒閉城以兵自衞。處仁至，卽大開城門，徹牙內甲兵，人情遂安。

徽宗賜手詔曰：「金人雖約和，然狼子野心，易扇以變，有當行事以聞。」處仁上備邊禦戎十策。進觀文殿學士，召爲寶籙宮使，特陞大學士。舊制，大觀文非宰相不除，前二府得除，自處仁始。

欽宗即位，金人犯京師，處仁儲糧列備，合鋭兵萬人勤王；奏乞下詔親征，以張國威。奏至，朝廷適下親征詔書，以李綱爲行營使。卽移書綱，言備禦方略。金人請和而歸，處仁奏宜伏兵濬、滑，擊其半濟，必可成功。召爲中書侍郎。入見，欽宗問割三鎭，處仁言：「國不競亦陵，且定武陛下之潛藩，不當棄。」與吳敏議合。敏薦處仁可相，拜太宰兼門下侍郎。

童貫部勝捷軍衞徽宗東巡，貫旣貶，軍士有惡言。徽宗將還，都人洶懼，或請爲備。處仁曰：「陛下仁孝，思奉晨昏，屬車西還，天下大慶，宜郊迎稱賀。軍士妄言，臣請身任之。」乃以處仁爲扈駕禮儀使，統禁旅從出郊，迄二聖還宮，部伍肅然。

初，處仁爲右丞，言：「六曹長貳，皆異時執政之選，而部中事一無所可否，悉稟命朝廷。夫人才力不容頓異，豈有前不能決一職而後可共政者乎？乞詔自今尙書、侍郎不得輒以事諉上，有條以條決之，有例以例決之，無條例者酌情裁決；不能決，乃申尙書省。」會處仁以憂去，不果行，及當國，卒奏行之。

聶山爲戶部尙書兼開封尹，庫有美珠，山密語寧德宮宦者，用特旨取之。處仁奏：「陛下鑒近患，事必由三省。今以珠爲道君太上皇后壽，誠細故，且美事；然此端一開，則前日應奉之徒復縱，臣爲陛下惜之。」乃抵主藏吏罪。

處仁言論，初與吳敏、李綱合，尋亦有異議。嘗與敏爭事，擲筆中敏面，鼻額爲黑。唐恪、耿南仲、聶山欲排去二人而代之位，諷言者論之，與敏俱罷，處仁以觀文殿大學士爲中太一宮使。尋知東平府，提舉崇福宮。高宗卽位，起爲大名尹、北道都總管，卒于郡。

處仁在宣和間，數請寬民力以弭盜賊。尹大名，以剛廉稱。及爲首相，無大建明，方進言以金人出境，社稷再安，皆由聖德儉勤，致有天人之助。种師道請合諸道兵屯河陽諸州，爲防秋計，處仁謂金人豈能復來，不宜先自擾以示弱。南都受圍時，處仁在圍城中，都人指爲姦細，殺其長子庚。幼子度，吏部侍郎。

馮澥字長源，普州安岳人。父山，熙寧末，爲秘書丞、通判梓州，鄧綰薦爲臺官，不就，退居二十年，范祖禹薦於朝，官終祠部郎中。澥登進士第，歷官入朝，以言事再謫。靖康元年，澥爲左諫議大夫。金人圍太原，朝廷命李綱宣撫兩河，澥奏罷之。金人要割三鎭，高宗自康邸出使，除澥知樞密院事，充副使，不果行，尋除尙書左丞。金人犯闕，詔宗室郡王爲報謝使，澥與曹輔以樞密爲副，留金營三日歸，詔暫權門下侍郎。欽宗詣金營，澥扈從。張邦昌僭位，與澥有舊，取之歸，以澥康邸舊臣，命爲奉迎使，爲總領迎駕儀物使。

建炎初，除資政殿學士、知潼川府。言者論澥嘗汙僞命，奪職，已而復官。紹興三年，以資政殿學士致仕，卒。

澥爲文師蘇軾，論西事與蔡京忤。郡人張庭堅以言事斥象州死，妻子流離，澥力振其家，及入諫省，奏官其一子。然議論主熙、豐、紹聖，而排鄒浩、李綱、楊時，君子少之。

王倫字正道，莘縣人，文正公旦弟勗玄孫也。家貧無行，爲任俠，往來京、洛間，數犯法，幸免。汴京失守，欽宗御宣德門，都人喧呼不已，倫乘勢徑造御前曰：「臣能彈壓之。」欽宗解所佩夏國寶劍以賜，倫曰：「臣未有官，豈能彈壓？」遂自薦其才。欽宗取片紙書曰：「王倫可除兵部侍郎。」倫下樓，挾惡少數人，傳旨撫定，都人乃息。宰相何㮚以倫小人無功，除命太峻，奏補修職郎，斥不用。

建炎元年，選能專對者使金，問兩宮起居，遷朝奉郎，假刑部侍郎，充大金通問使，閤門舍人朱弁副之，見金左副元帥宗維議事，金留不遣。

有商人陳忠，密告倫二帝在黃龍府，倫遂與弁及洪皓以金遺忠往黃龍府潛通意，由是兩宮始知高宗已卽位矣。久之，粘罕使烏陵思謀卽驛見倫，語及契丹時事。倫曰：「海上之盟，兩國約爲兄弟，萬世無變。雲中之役，我實饋師，贊成厥功。上國之臣，嘗欲稱兵南來，先大聖惠顧盟好，不許。厥後舉兵以禍吾國，果先大聖意乎？況亘古自分南北，主上恭勤，英俊并用，期必復古。盍思久遠之謀，歸我二帝、太母，復我土疆，使南北赤子無致塗炭，亦足以慰先大聖之靈，幸執事者贊之。」思謀沉思曰：「君言是也，歸當盡達之。」已而粘罕至，曰：「比上國遣使來，問其意指，多不能對。思謀傳侍郎語欲議和，決非江南情實，特侍郎自爲此言耳。」倫曰：「使事有指，不然來何爲哉？人定者勝天，天定亦能勝人，惟元帥察之。」粘罕不答。是後，宇文虛中、魏行可、洪皓、崔縱、張邵相繼入使，皆拘之。

紹興二年，粘罕忽自至館中與倫議和，縱之歸報。是秋，倫至臨安，入對，言金人情僞甚悉，帝優獎之。除右文殿修撰，主管萬壽觀，官其二弟一姪。時方用兵討劉豫，和議中格。三年，韓肖胄使金還，金遣李永壽、王詡繼至。二人驕倨，以倫充伴使，倫與道雲中舊故，驕倨少損，遂拜詔。訖事，倫復請祠。劉光世求倫參議軍事，辭。宰相趙鼎請召倫赴都堂稟議，倫陳進取之策，不合，復請祠。

七年春，徽宗及寧德后訃至，復以倫爲徽猷閣待制，假直學士，充迎奉梓宮使，以朝請郎高公繪副之。入辭，帝使倫謂金左副元帥昌曰：「河南地，上國既不有，與其付劉豫，曷若見歸？」倫奉詔以行，因附進太后、欽宗黃金各二百兩，仍以金帛賜宇文虛中、朱弁、孫傅、張叔夜家屬之在金國者。

倫至睢陽，劉豫館之，疑有他謀，移文取國書。倫報曰：「國書須見金主面納，若所銜命，則祈請梓宮也。」豫脅取不已。會迓者至，渡河見撻懶於涿州，具言豫邀索國書無狀，且謂：「豫忍背本朝，他日安保其不背大國。」是年冬，豫廢。倫及高公繪還，左副元帥昌送倫等曰：「好報江南，自今道塗無壅，和議可以平達。」倫入對，言金人許還梓宮及太后，又許歸河南地，且言廢豫之謀由己發之。帝大喜，賜予特異。

初，倫既見昌，昌遣使偕倫入燕見金主亶，首謝廢豫，次致使指。金主始密與羣臣定議許和，遂遣倫還，且命太原少尹烏陵思謀、太常少卿石慶〔一〕來議事。至行在，倫往來館中計事。八年秋，以端明殿學士再使金國，知閤門事藍公佐爲之副，申問諱日，期還梓宮。倫辭，引至都堂授使指二十餘事。既至金國，金主亶爲設宴三日，遣簽書宣徽院事蕭哲、左司郎中張通古爲江南詔諭使，偕倫來。

朝論以金使肆嫚，抗論甚喧，多歸罪倫。十一月，倫至行在，引疾請祠，不許，趣赴內殿奏事。時哲等驕倨，受書之禮未定。御史中丞勾龍如淵詣都堂與秦檜議，召倫責曰：「公爲使通兩國好，凡事當於彼中反覆論定，安有同使至而後議者？」倫泣曰：「倫涉萬死一生，往來虎口者數四，今日中丞乃責倫如此。」檜等共解之曰：「中丞無他，亦欲激公了此事耳。」倫曰：「此則不敢不勉。」倫見通古，以一二策動之。通古恐，遂議以檜見金使于其館，受書以歸。金許歸梓宮、太母及河南地。

九年春，賜倫同進士出身、端明殿學士、簽書樞密院事，充迎梓宮、奉還兩宮、交割地界使，既又以倫爲東京留守兼開封尹。倫至東京，見金右副元帥兀朮，交割地界，兀朮還燕。五月，倫自汴京赴金國議事。初，兀朮還，密言於金主曰：「河南地本撻懶、宗磐主謀割之與宋，二人必陰結彼國。今使已至汴，勿令踰境。」倫有雲中故吏隸兀朮者潛告倫，倫即遣介具言于朝，乞爲備。兀朮遂命中山府拘倫，殺宗磐及撻懶。

十月，倫始見金主于御子林，致使指。金主悉無所答，令其翰林待制耶律紹文爲宣勸官，問倫：「知撻懶罪否？」倫對：「不知。」又問：「無一言及歲幣，反來割地，汝但知有元帥，豈知有上國邪？」倫曰：「比蕭哲以國書來，許歸梓宮、太母及河南地，天下皆知上國尋海上之盟，與民休息，使人奉命通好兩國耳。」既就館，金主復遣紹文諭倫曰：「卿留雲中已無還期，及貸之還，曾無以報，反間貳我君臣耶？」乃遣藍公佐先歸，論歲貢、正朔、誓表、册命等事，拘倫以俟報；已而遷之河間，遂不復遣。

十年，金渝盟，兀朮等復取河南。倫居河間六載，至十四年，金欲以倫爲平灤三路都轉運使，倫曰：「奉命而來，非降也。」金益脅以威，遣使來趣，倫拒益力。金杖其使，俾縊殺之。倫厚賂使少緩，遂冠帶南鄉，再拜慟哭曰：「先臣文正公以直道輔相兩朝，天下所知。臣今將命被留，欲汙以僞職，臣敢愛一死以辱命！」遂就死，年六十一。於是河間地震，雨雹三日不止，人皆哀之。詔贈通議大夫，賜其家金千兩、帛千匹。子述與從兄遵間入金境，至河間，得倫骨以歸，官給葬事。後謚愍節。

宇文虛中字叔通，成都華陽人。登大觀三年進士第，歷官州縣，入爲起居舍人、國史編修官、同知貢舉，遷中書舍人。

宣和間，承平日久，兵將驕惰，蔡攸、童貫貪功開邊，將與燕雲之役，引女直夾攻契丹，以虛中爲參議官。虛中以廟謨失策，主帥非人，將有納侮自焚之禍，上書言：「用兵之策，必先計強弱，策虛實，知彼知己，當圖萬全。今邊圉無應敵之具，府庫無數月之儲，安危存亡，係茲一舉，豈可輕議？且中國與契丹講和，今踰百年，自遭女眞侵削以來，嚮慕本朝，一切恭順。今捨恭順之契丹，不羈縻封殖，爲我蕃籬，而遠踰海外，引強悍之女眞以爲鄰域。女眞藉百勝之勢，虛喝驕矜，不可以禮義服，不可以言說誘，持卞莊兩鬥之計，引兵踰境。以百年怠惰之兵，當新銳難抗之敵；以寡謀安逸之將，角逐於血肉之林。臣恐中國之禍未有寧息之期也。」王黼大怒，降集英殿修撰，督戰益急。虛中建十一策，上二十議，皆不報。

斡离不、粘罕分道入侵，童貫聞之，憂懣不知所爲，卽與虛中及范訥等謀，以赴闕稟議爲遁歸之計，以九月至汴京。是日，報粘罕迫太原，帝顧虛中曰：「王黼不用卿言，今金人兩路並進，事勢若此，奈何？」虛中奏：「今日宜先降詔罪己，更革弊端，俾人心悅，天意回，則備禦之事，將帥可以任之。」卽命虛中草詔，略曰：「言路壅蔽，面諛日聞，恩倖持權，貪饕得志，上天震怒而朕不悟，百姓怨懟而朕不知。」又言出宮人、罷應奉等事。帝覽詔曰：「今日不吝改過，可便施行。」虛中再拜泣下。

時守禦難其人，欲召熙河帥姚古與秦鳳帥种師道，令以本路兵會鄭、洛，外援河陽，內衞京城。帝顧謂虛中曰：「卿與姚古、師道如兄弟，宜以一使名護其軍。」遂以虛中爲資政殿大學士、軍前宣諭使。虛中檄趣姚古、師道兵馬，令直赴汴京應援。金騎至城下，放兵掠至鄭州，爲馬忠所敗，遂收斂爲一。西路稍通，師道、姚古及其他西兵並得達汴京。虛中亦馳歸，收合散卒，得東南兵二萬餘人。以便宜起致仕官李邈，令統領於汴河上從門外駐兵。

會姚平仲劫金營失利，西兵俱潰，金人復引兵逼城下，虛中縋而入。欽宗欲遣人奉使，辨劫營非朝廷意，乃姚平仲擅興兵，大臣皆不肯行。虛中承命卽往都亭驛，見金使王汭〔三〕，因持書復議和。渡濠橋，道逢甲騎如水，雲梯、鵝洞蔽地，冒鋒刃而進。既至敵營，露坐風埃，自巳至申，金人注矢露刃，周匝圍繞，久乃得見康王于軍中。次日，侍王至金幕，見二太子者語不遜，禮節倨傲。抵暮，遣人隨虛中入城，要越王、李邦彥、吳敏、李綱、曹晟及金銀、騾馬之類，又欲御筆書定三鎮界至，方退軍。

令虛中再往，必請康王歸。虛中再出，明日，從康王還，除簽書樞密院事。自是又三往，金人固要三鎮，虛中泣下不言，金帥變色，虛中曰：「太宗殿在太原，上皇祖陵在保州，詎忍割棄。」諸酋曰：「樞密不稍空，我亦不稍空。」如中國人稱「脫空」，遂解兵北去。言者劾以議和之罪，罷知青州，尋落職奉祠。建炎元年，竄韶州。

二年，詔求使絕域者，虛中應詔，復資政殿大學士，爲祈請使，楊可輔副之。尋又以劉誨爲通問使，王貺爲副。明年春，金人並遣歸，虛中曰：「奉命北來祈請二帝，二帝未還，虛中不可歸。」於是獨留。虛中有才藝，金人加以官爵，卽受之，與韓昉輩俱掌詞命。明年，洪皓至上京，見而甚鄙之。累官翰林學士、知制誥兼太常卿，封河內郡開國公，書金太祖睿德神功碑，進階金紫光祿大夫，金人號爲「國師」。然因是而知東北之士皆憤恨陷北，遂密以信義結約，金人不覺也。

金人每欲南侵，虛中以費財勞人，遠征江南荒僻，得之不足以富國。王倫歸，言：「虛中奉使日久，守節不屈。」遂詔福州存䘏其家，仍命其子師瑗添差本路轉運判官。檜慮虛中沮和議，悉遣其家往金國以牽制之。金皇統四年，轉承旨，加特進，遷禮部尚書，承旨如故。

虛中恃才輕肆，好譏訕，凡見女眞人，輒以「礦鹵」目之，貴人達官，往往積不平。虛中嘗撰宮殿牓署，本皆嘉美之名，惡之者擿其字以爲謗訕，由是媒蘖成其罪，遂告虛中謀反。鞫治無狀，乃羅織虛中家圖書爲反具。虛中曰：「死自吾分。至於圖籍，南來士大夫家家有之，高士談圖書尤多於我家，豈亦反邪？」有司承順風旨，幷殺士談。虛中與老幼百口同日受焚死，天爲之晝晦。淳熙間，贈開府儀同三司，謚肅愍，賜廟仁勇，且爲置後，是爲紹節，官至簽書樞密院事。開禧初，加贈少保，賜姓趙氏。有文集行于世。

湯思退字進之，處州人。紹興十五年，以右從政郎授建州政和縣令，試博學宏詞科，除祕書省正字。自是登郎曹，貳中祕，秉史筆。

二十五年，繇禮部侍郎除端明殿學士、簽書樞密院事，未幾參大政。先是，秦檜當國，惡直醜正，必不異和議，不擿己過，始久於用。時思退名位日進，檜病篤，招參知政事董德元及思退至臥內，屬以後事，各贈黃金千兩。德元慮其以我爲自外，不敢辭，思退慮其以我期其死，不敢受。高宗聞之，以思退不受金，非檜黨，信用之。二十六年，除知樞密院事。明年，拜尙書右僕射；又二年，進左僕射。明年，侍御史陳俊卿論其「挾巧詐之心，濟傾邪之術，觀其所爲，多效秦檜，蓋思退致身，皆檜父子恩也。」遂罷，以觀文殿大學士奉祠。

隆興元年，符離師潰，召思退復相。諫議大夫王大寶上章論之，不報。金帥紇石烈志寧遺書三省、樞密院，索海、泗、唐、鄧四郡。思退欲與和，遣淮西安撫司幹辦公事盧仲賢加樞密院計議、編修官，持報書以往。既行，上戒勿許四郡。仲賢至宿州，僕散忠義懼之以威，仲賢皇恐，言歸當稟命，遂以忠義爲三省、樞密院書來。上猶欲止割海、泗，思退遽奏以吏部侍郎王之望爲通問使，知閤門事龍大淵副之，將割棄四州。張浚在揚州聞之，遣其子栻入奏仲賢辱國無狀。上怒，會侍御周操論仲賢不應擅許四郡，下大理究問，召浚赴行在。十二月，拜思退左僕射，浚右僕射。

二年，浚以金未可與和，請上幸建康，圖進兵。上手批王之望等幷一行禮物並回，詔荆、襄、川、陝嚴邊備，竄仲賢郴州。思退恐，奏請以宗社大計，奏稟上皇而後從事。上批示三省曰：「金無禮如此，卿猶欲言和。今日敵勢，非秦檜時比，卿議論秦檜不若。」思退大駭，陰謀去浚，遂令之望、大淵疏兵少糧乏，樓櫓、器械未備，人言委四萬衆以守泗州，非計上頗惑之，乃命浚行邊，還兵罷招納。浚力乞罷政，許之。上命思退作書，許金四郡。既而金專事殺戮，上意中悔，思退復密令孫造諭敵以重兵脅和。上聞有敵兵，命建康都統王彥等禦之，仍命思退督江、淮軍，辭不行。僕散忠義自清河口渡淮，言者極論思退急和徹備之罪，遂罷相，尋責居永州。於是太學生張觀等七十二人上書，論思退、王之望、尹穡等姦邪誤國，招致敵人，請斬之。思退憂悸死。

思退始終與張浚不合，浚以雪恥復讎爲志，思退每借保境息民爲口實，更勝迭負，思退之計迄行，然終以不免。敵既得海、泗、唐、鄧，又索商、秦，皆思退力也。

論曰：以白時中之孱佞，徐處仁之姦細，馮澥之邪枉，湯思退之巧詐，而排楊時，誤李綱，巽張浚，其識趣可見矣，雖有小善，何足算哉。王倫雖以無行應使，往來虎口，屢被拘留，及金人脅之以官，竟不受，見迫而死，悲夫！較之虛中卽受其命，爲之定官制、草赦文、享富貴者，大有間矣。卒以輕肆譏誣，覆其家族，眞不知義命者哉。雖云寃死，亦自取焉。律以遜讓之言，益可愧哉。

校勘記

〔一〕石慶　按本書卷二九高宗紀、卷三七三朱弁傳作「石慶充」，樓鑰攻媿集卷九五王倫神道碑、熊克中興小紀卷二四作「石慶元」，繫年要錄卷一二〇作「石慶克」。

〔二〕王汭　原作「王芮」，據本書卷二三欽宗紀、靖康要錄卷二改。

宋史卷三百七十二

列傳第一百三十一

朱倬　王綸　尹穡　王之望　徐俯　沈與求　翟汝文

王庶　辛炳

朱倬字漢章，唐宰相敬則之後，七世祖避地閩中，爲閩縣人。世學易，入太學。宣和五年〔一〕，登進士第，調常州宜興簿。金將犯邊，居民求避地，倬爲具舟給食，衆賴以濟。未幾，民告滂于郡，郡檄倬考實，乃除田租什九，守怒，不能奪。張浚薦倬，召對，除福建、廣東西財用所屬官。宣諭使明槖再薦于朝，時方以劉豫爲憂，倬因賜對，策其必敗。高宗大喜，詔改合入官。與丞相秦檜忤，出教授越州。用張守薦，除諸王府教授。檜惡言兵，倬論掩骼事，又忤之。

梁汝嘉制置浙東，表攝參謀。有羣寇就擒，屬倬鞫問，獨竄二人，餘釋不問。曰：「吾大父尉崇安日，獲寇二百，坐死者七十餘人。大父謂此饑民剽食爾，烏可盡繩以法？悉除其罪，不以徼賞。吾其可愧大父乎？」通判南劍。建寇阿魏衆數千，劍鄰於建，兵懦不可用，倬重賞募卒擒獲，境內迄平。

除知惠州。陛辭，因言嘗策劉豫必敗，高宗記其言，問：「卿久淹何所？」倬曰：「厄於檜。」上愀然慰諭，目送之。旬日間，除國子監丞，尋除浙西提舉，且命自今在內除提舉官，令朝辭上殿，蓋爲倬設也。既對，上曰：「卿以朕親擢出爲部使者，使咸知內外任均。」又曰：「人不知卿，朕獨知卿。」除右正言，累遷中丞。嘗言：「人主任以耳目，非報怨任氣之地，必上合天心。」每上疏，輒夙興露告，若上帝鑒臨。奏疏凡數十，如發倉廩，減米價，減私鹽，覈軍食，率焚稿不傳。知貢舉，遷參知政事。

紹興三十一年，拜尙書右僕射。金兵犯江，倬陳戰、備、應三策，且謂兵應者勝，上深然之。又策敵三事：上焉者爲耕築計，中焉者守備，下則妄意絕江，金必出下策。果如所料。史浩、虞允文、王淮、陳俊卿、劉珙之進用，皆倬所薦也。

高宗自建康回鑾，有內禪意。倬密奏曰：「靖康之事正以傳位太遽，盍姑徐之。」心不自安，屢求去。詔以觀文殿學士〔三〕提舉江州太平興國宮。孝宗卽位，諫臣以爲言，降資政殿學士。明年致仕，卒。復元職，恤典如宰相，贈特進。孫著，淳熙十四年登第，仕至吏部尙書。

王綸字德言，建康人。幼穎悟，十歲能屬文。登紹興五年進士第，授平江府崑山縣主簿，歷鎭江府、婺州、臨安府教授，權國子正。

時初建太學，亡舊規，憑吏省記，吏緣爲姦。綸釐正之，其弊稍革。遷敕令所删定官、諸王宮大小學教授兼權兵部郎官。言：「孔門弟子與後世諸儒有功斯文者，皆得從祀先聖，今闕庠序，修禮樂，宜以其式頒諸郡縣。」

二十四年，以御史中丞魏師遜薦，爲監察御史，與秦檜論事，忤其意，師遜遂劾綸，且言：「智識淺昧，不能知綸。」由此罷去。踰年，知興國軍。檜死，召爲起居舍人兼崇政殿說書，尋兼權禮部侍郎。

二十六年，試中書舍人。高宗躬親政事，收攬威柄，召諸賢於散地，詔命塡委，多綸所草。綸奏守臣裕民事，乞毋拘五條，從之。兼侍講。上喜讀春秋左氏傳，綸進講，與上意合。嘗同講讀官薦興化軍鄭樵學行，召對命官，且給筆札，錄其所著史。兼直學士院，遷工部侍郎，仍兼直院。撰吳玠神道碑，稱上旨，賜宸翰褒寵。

二十八年，除同知樞密院事。金將渝盟，邊報沓至，宰相沈該未敢以聞。綸率參知政事陳康伯、同知樞密院事陳誠之共白其事，乞備禦。已而綸病肺喝，告請祠，上遣御醫診視，且賜白金五百兩。

二十九年六月，朝論欲遣大臣爲泛使覘敵，且堅盟好。綸請行，乃以爲稱謝使，曹勛副之。至金，館禮甚隆。一日，急召使人，金主御便殿，惟一執政在焉，連發數問，綸條對，金主不能屈。九月，還朝入見，言：「隣國恭順和好，皆陛下威德所致。」宰臣湯思退等皆賀。然當時金已謀犯江，特以善意紿綸爾。

綸舊疾作，力丐外，除資政殿大學士知福州，上解所御犀帶賜之。明年，知建康府兼行宮留守。敵犯江，綸每以守禦利害驛聞，上多從之。三十一年八月，卒。贈左光祿大夫，謚章敏。無子，以兄綽之子爲後。

尹穡字少稷。建炎中興，自北歸南。紹興三十二年，與陸游同爲樞密院編修官。權知院史浩、同知王祖舜薦其博學有文，召對稱旨，二人並賜進士出身。孝宗獎用西北之士，隆興元年，除穡監察御史，尋除右正言。二年五月，除殿中侍御史。歷遷諫議大夫，未幾而罷。

初，符離師潰，湯思退復相，金帥移書索地，詔侍從臺諫集議。穡時爲監察御史，以爲國家事力未備，宜與敵和，惟增歲幣，勿棄四州，勿請陵寢，則和議可成。旣而盧仲賢出使，爲金所脅，又將遣王之望，張浚極言其不可。穡爲右正言，懼和議弗就，因劾浚跋扈，未幾罷政。後將割四郡，再易國書，歲幣如所索之數，而敵分兵入寇。上意中悔。穡爲侍御史，乞置獄，取不肯撤備及棄地者劾其罪，牽引凡二十餘人。

時方以和爲急，擢穡爲諫議大夫。敵勢浸張，遠近震動，都督、同都督相繼辭行。上書者攻和議之失，且言：「穡專附大臣爲鷹犬，如張浚忠誠爲國，天下共知，穡不顧公議，安肆詆誹；凡大臣不悅者皆逐之，相與表裏，以成姦謀，皆可斬。」上雖怒言者，而一時主議之臣與穡，皆相繼廢黜。先是，胡銓力言主和非是，大臣不悅，命銓與穡分往浙東西措置海道。二人挈家以行，爲言者所劾，遂皆罷，語在陳康伯傳。

王之望字瞻叔，襄陽穀城人，後寓居台州。父綱，登元符進士第，至通判徽州而卒。之望初以蔭補，紹興八年，登進士第。教授處州，入爲太學錄，遷博士。久之，出知荆門軍，提舉湖南茶鹽，改潼川府路轉運判官，尋改成都府路計度轉運副使、提舉四川茶馬。

朝臣薦其才，召赴行在，除太府少卿，總領四川財賦。金人渝盟，軍書旁午，調度百出，之望區畫無遺事。第括民質劑未稅者，搜抉隱匿，得錢爲緡四百六十八萬，衆咸怨之。後陞太府卿。

孝宗卽位，除戶部侍郎，充川、陝宣諭使。先是，敵帥合喜寇鳳州之黃牛堡，吳璘擊走之，遂取秦州，連復商、陝、原、環等十七郡。敵以璘精兵皆在德順，力攻之。時陳康伯秉政，方議罷德順戍，虞允文爲宣諭使，力爭不從，上以手札命璘退師。之望旣代允文宣諭使，贊璘命諸將棄德順，倉卒引退。敵乘其後，正兵三萬，還者僅七千人，將校所存無幾，連營慟哭，聲震原野。上聞而悔之。

隆興初，右諫議大夫王大寶疏之望罪，除集英殿修撰、提舉江州太平興國宮。未幾，權戶部侍郎、江淮都督府參贊軍事。之望雅不欲戰，請朝，因奏：「人主論兵與臣下不同，惟奉承天意而已。竊觀天意，南北之形已成，未易相兼，我之不可絕淮而北，猶敵之不可越江而南也。移攻戰之力以自守，自守旣固，然後隨機制變，擇利而應之。」有旨留中。俄兼直學士院。

湯思退力主息兵，奏除之望吏部侍郎、通問使。尋議先遣小使覘敵，召之望還。之望首以守備不足恃爲告，上亟罷都督府，以之望爲淮西宣諭使，甫拜命，又擢右諫議大夫。之望因上章極言廷臣執偏見爲身謀，乞明詔在庭，平其心於議論之際。時思退主和議，浚主恢復，之望言似善，實陰爲思退地也。

既而視師江上。金復犯邊，遂上和、戰二策，且言措置守禦之備，疏奏未達，拜參知政事。既入，俄兼同知樞密院事。敵兵交至，濠、楚守將或棄城遁，上命湯思退督江、淮師；未行，復令之望督視，改同都督。力辭不行。會太學諸生上書，上怒，欲加罪，之望救解之。遂以參知政事勞師江、淮。

之望先嘗貽書敵帥。至是，王抃使敵軍，幷割商、秦地；許歸被俘人，惟叛亡不預；世爲叔姪之國。敵皆聽許，講解而罷。上聞敵師退，令督府擇利擊之，之望下令諸將不得妄進。朝廷趣行，之望言：「王抃既還，不可冒小利，害大計。」言者論罷爲端明殿學士、提舉江州太平興國宮，居天台。乾道元年，起知福州、福建路安撫使。捕海賊王大老，捷聞，加資政殿大學士，移知溫州，尋復罷。六年冬，卒。

之望有文藝幹略，當秦檜時，落落不合，或謂其有守。紹興末年，力附和議，與思退相表裏，專以割地啖敵爲得計，地割而敵勢益張，之望迄以此廢焉。

徐俯字師川，洪州分寧人。以父禧死國事，授通直郎，累官至司門郎。靖康中，張邦昌僭位，俯遂致仕。時工部侍郎何昌言與其弟昌辰避邦昌，皆改名。俯買婢名昌奴，遇客至，即呼前驅使之。建炎初，落致仕，奉祠。

內侍鄭諶識俯於江西，重其詩，薦于高宗。胡直孺在經筵，汪藻在翰苑，迭薦之，遂以俯爲右諫議大夫。中書舍人程俱言：「俯以前任省郎遽除諫議，自元豐更制以來未之有。考之古今，非陽城、种放，則未嘗不循序而進，願姑以所應者命之。昔元稹在長慶間，擢知制誥，眞不忝矣。緣其爲荆南判司，命從中出，召爲省郎，便知制誥，遂喧朝論，時謂荆南監軍崔潭峻實引之。近亦傳俯與宦寺倡酬，稱其警策，恐或者不知陛下得俯之由。」不報，俱遂罷。

紹興二年，賜進士出身，兼侍讀。三年，遷翰林學士，俄擢端明殿學士、簽書樞密院事。四年，兼權參知政事。宰相朱勝非言：「襄陽上流，所當先取。」帝曰：「盍就委岳飛？」參政趙鼎曰：「知上流利害，無如飛者。」俯獨持不可，帝不聽。會劉光世乞入奏，鼎言：「方議出師，大將不宜離軍。」俯欲許之，鼎固爭，俯乃求去，提舉洞霄宮。

九年，知信州。中丞王次翁論其不理郡事，予祠。明年，卒。俯才俊，與曾幾、呂本中游，有詩集六卷。

沈與求字必先，湖州德清人。登政和五年進士第，累遷至明州通判。以御史張守薦，召對，除監察御史。上疏論執政，遷兵部員外郎，自劾以爲言苟不當，不應得遷。上乃行其言，除殿中侍御史。

上在會稽，或勸幸饒、信，有急則入閩。與求以爲今日根本正在江、浙，宜進都建康，以圖恢復。論范宗尹年少爲相，恐誤國事。上不悅，以直龍圖閣知台州。宗尹罷，召還，再除侍御史。

時軍儲窘乏，措置諸鎭屯田，與求取古今屯田利害，爲集議二卷上之，詔付戶部看詳。江西安撫、知江州朱勝非未至，而馬進寇江州陷之，與求論九江之陷，由勝非赴鎭太緩，勝非罷去。時方多事，百司稽違，與求援元豐舊制，請許臺諫官彈奏，上從之。與求再居言路，或疑凡范宗尹所引用者，將悉論出之。與求曰：「近世朋黨成風，人才不問賢否，皆視宰相出處爲進退。今當別人才邪正而言之，豈可謂一時所用皆不賢哉？」人服其言。

呂頤浩再相，御營統制辛永宗、樞密富直柔、右司諫韓璜屢言其短。與求劾直柔附會永宗兄弟，爲致身之資。上遂出永宗，而璜、直柔亦相繼罷黜。

遷御史中丞。時禁衞寡弱，諸將各擁重兵，與求言：「漢有南北軍，唐用府兵，彼此相維，使無偏重之勢。今兵權不在朝廷，雖有樞密院及三省兵房、尚書兵部，但行文字而已。願詔大臣益修兵政，助成中興之勢。」浙西安撫劉光世來朝，以繒帛、方物爲獻，上已分乞六宮，與求奏：「今爲何時而有此。」時已暮，疏入，上命追取斥還。內侍馮益請別置御馬院，自領其事，又擅穿皇城便門。與求劾益專恣，請治其罪。

諜報劉豫在淮陽造舟，議者多欲於明州向頭設備。與求言：「使賊舟至此，則入吾腹心之地。臣聞海舟自京東入浙，必由泰州石港、通州料角崇明鎭等處，次至平江南北洋，次至秀州金山，次至向頭。又聞料角水勢湍險，必得沙上水手方能轉運。宜於石港、料角等處拘收水手，優給錢糧而存養之，以備緩急。」

兩浙轉運副使徐康國自温州進發宣和間所製間金、銷金屛障什物，與求奏曰：「陛下儉侔大禹，今康國欲以微物累盛德，乞斥而焚之，仍顯黜康國。」從之。與求歷御史三院，知無不言，前後幾四百奏，其言切直，自敵己已下有不能堪者。上時有所訓敕，每曰：「汝不識沈中丞邪？」移吏部尚書兼權翰林學士兼侍讀，遂出爲荆湖南路安撫使、知潭州。引疾丐祠，許之。

四年〔三〕，出知鎭江府兼兩浙西路安撫使。復以吏部尚書召，除參知政事。金人將入寇，上諭輔臣曰：「朕當親總六軍。」與求贊之曰：「今日親征，皆由聖斷。」上意決親征，書車攻詩以賜。上曰：「朕以二聖在遠，屈己通和。今豫逆亂如此，安可復忍？」與求曰：「和親乃金人屢試之策，不足信也。」因奏：「諸將分屯江岸，而敵人往來淮甸，當遣岳飛自上流取間道乘虛擊之，彼必有反顧之憂。」上曰：「當如此措置。」

五年，兼權知樞密院事。時張浚視師江上，以行府爲名，言知泰州邵彪及具營田利害事，乞送尙書省。有旨從之。與求不能平，曰：「三省、樞密院乃奉行行府文書邪？」六年，張浚復欲出視師，不告之同列。及得旨，乃退而歎曰：「此大事也，吾不與聞，何以居位？」遂丐祠，罷，出知明州。

七年，上在平江，召見，除同知樞密院事；從至建康，遷知樞密院事。薨，贈左銀靑光祿大夫，謚忠敏。

翟汝文字公巽，潤州丹陽人。登進士第，以親老不調者十年。擢議禮局編修官，召對，徽宗嘉之，除祕書郎。三館士建議東封，汝文曰：「治道貴淸淨。今不啓上述三代禮樂，而師秦、漢之侈心，非所願也。」責監宿州稅。久之，召除著作郎，遷起居郎。

皇太子就傅，命汝文勸講，除中書舍人。言者謂汝文從蘇軾、黃庭堅游，不可當贊書之任，出知襄州，移知濟州，復知唐州，以謝章自辨罷。未幾，起知陳州。召拜中書舍人，外制典雅，一時稱之。命同修哲宗國史，遷給事中。高麗使入貢，詔班侍從之上，汝文言：「春秋之法，王人雖微，序諸侯上。不可卑近列而尊陪臣。」上遂命如舊制。內侍梁師成强市百姓墓田，廣其園圃。汝文言於上，師成諷宰相黜汝文，出守宣州。

召爲吏部侍郎，出知廬州，徙密州。密負海産鹽，蔡京屢變鹽法，盜販者衆，有司窮治黨與。汝文曰：「祖宗法度，獲私商不詰所由，欲靖民也。今繫而虐之，將爲厲矣。」悉縱之。密歲貢牛黄，汝文曰：「牛失黄輒死，非所以惠農，宜輸財市之，則其害不私於密。」上從之。欽宗即位，召爲翰林學士，改顯謨閣學士、知越州兼浙東安撫使。

建炎改元，上疏言：「陛下即位赦書，上供常數，後爲獻利之臣所增者，當議裁損。如浙東和預買絹歲九十七萬六千匹，而越州乃二十萬五百匹，以一路計之，當十之三。如杭州歲起之額蓋與越州等，杭州去年已減十二萬匹，獨越州尚如舊，今乞視戶等第減罷。」楊應誠請使高麗，圖迎二帝，汝文奏：「應誠欺罔君父，若高麗辭以大國假道以至燕雲，金人却請問津以窺吳越，將何辭以對？」後高麗果如汝文言。上將幸武昌，汝文疏請幸荆南，不從。

紹興元年，召爲翰林學士兼侍講，除參知政事、同提舉修政局。時秦檜相，四方奏請塡委未決，吏緣爲姦。汝文語檜，宜責都司程考吏牘，稽違者懲之。汝文嘗受辭牒，書字用印，直送省部；入對，乞治堂吏受賂者。檜怒，面劾汝文專擅。右司諫方孟卿因奏汝文與長官立異，豈能共濟國事？罷去以卒。

先是，汝文在密，檜爲郡文學，汝文薦其才，故檜引用之。然汝文性剛不爲檜屈，對案相詬，至目檜爲「濁氣」。汝文風度翹楚，好古博雅，精於篆籀，有文集行于世。

王庶字子尙，慶陽人。崇寧五年，舉進士第，改秩，知涇州保定縣。以种師道薦，通判懷德軍。契丹爲金人所破，舉燕雲地求援，詔師道受降。庶謂師道曰：「國家與遼人百年之好，今坐視其敗亡不能救，乃利其土地，無乃基女直之禍乎？」不聽。宣和七年，金果入寇。太宰李邦彥夜召庶問計，庶曰：「宿將無如种師道，且夷虜畏服，宜付以西兵，使之入援。」邦彥以語蔡攸，攸不然。以庶爲陝西運判兼制置解鹽事。疆事益棘，欽宗欲幸襄、鄧，先命席益爲京西安撫使，益求庶自副。高宗卽位，除直龍圖閣、鄜延經略使兼知延安府。累立戰功，進集英殿修撰，陞龍圖閣待制，節制陝西六路軍馬。

先是，河東經制使王𤩽既遁歸，東京留守宗澤承制以庶權陝西制置使。會宣諭使謝亮入關，庶移書曰：「夏人之患小而緩，金人之患大而迫，秋高必大舉，盍杖節率兵舉義，驅逐渡河，徐圖恢復。」亮不能從。金人大入，庶調兵自沿河至馮翊，據險以守。金人先已乘冰渡河犯晉寧，侵丹州，又渡清水河，破潼關，秦、隴皆震。庶傳檄諸路，會期討賊。涇原統制曲端雅不欲屬庶，以未受命辭；居數日，告身至，又辭。金人知端與庶不協，併兵寇鄜延。庶在坊州聞之，夜趨鄜延以遏其衝。金人詭道陷丹州，州界鄜、延之間，庶乃自當延安路。時端盡統涇原勁兵，庶屢督其進，端訖不行，遂陷延安。語在端傳。

初，庶聞圍急，自收散亡往援。觀察使王𤩽亦將所部發興元。庶至甘泉而延安已不守，既無所歸，遂以軍付𤩽，而自將百騎馳至襄樂勞軍，尚倚端爲助。庶至，端令每門減從騎之半，比至帳下，僅數騎。端厲聲問庶延安失守狀，且曰：「節制固知愛身，不知爲天子愛城乎？」庶曰：「吾數令不從，誰其愛身者！」端怒，謀即軍中誅庶而奪其兵，乃夜走寧州，見謝亮曰：「延安，五路襟喉，今既失矣。春秋大夫出疆之義得以專之，請誅庶。」亮曰：「使事有指，今以人臣而擅誅于外，是跋扈也，公則自爲之。」端沮而歸，乃奪庶節制使印，又拘縻其官屬。會詔庶守京兆，庶先以失律自劾得罷。丁內艱。

時張浚自富平敗歸，始思庶及端之言可用，乃並召之。庶地近先至，力陳撫秦保蜀之策，勸浚收熙河、秦鳳之兵，扼關、隴以爲後圖。浚不納。求終制，不許，乃版授參議官。浚念端與庶必不相容，端未至，但復其官，移恭州。庶因謂浚曰：「端有反心。」浚亦畏端得士，始有殺端意矣。語在端傳。

紹興五年，起復知興元府、利夔路制置使。庶以士卒單寡，籍興、洋諸邑及三泉縣强壯，兩丁取一，三丁取二，號「義士」，日閱於縣，月閱於州，厚犒之，不半年，有兵數萬。浚言于朝，陞徽猷閣直學士。有譖於浚者，徙庶知成都，改嘉州。明年，浚劾庶輕率傾險，落職奉祠。尋起知遂寧，固避得請。

六年，除湖北安撫使、知鄂州。趨闕，上因燕見，庶言：「陛下欲保江南，無所事；如曰紹復大業，都荆爲可。荆州左吳右蜀，利盡南海，前臨江、漢，出三川，涉大河，以圖中原，曹操所以畏關羽者也。」上大異之。復顯謨閣待制、知荆南府、湖北經略安撫使，又復直學士。

七年十月，以兵部侍郎召。明年春，入對，上曰：「召卿之日，張浚已去，趙鼎未來，此朕親擢，非有左右之助。」庶頓首謝，因奏：「恢復之功十年未立，其失在偏聽，在欲速，在輕爵賞，是非邪正混淆。誠能賞功罰罪，其誰不服？昔漢光武以兵取天下，不以不急奪其費，不知兵者不可使言兵。」又口陳手畫秦、蜀利害。上大喜，即日遷本部尚書。閱月，拜樞密副使。

議者乞遣重臣行邊，遂命庶措置江、淮邊防。京、湖宣撫使岳飛聞庶行邊，遺書曰：「今歲若不出師，當納節請閒。」庶壯之。庶還朝，論金人變詐，自渝海上之盟，因及飛納節之語。當是時，秦檜再相，以和戎爲事。金使烏陵思謀至，詔趣庶還。庶力詆和議，乞誅金使，其言甚切。金又遣張通古〔四〕來許割地，還梓宮，歸太后。庶曰：「和議之事，臣所不知。」凡七疏乞免官，乃以資政殿學士知潭州。

御史中丞勾龍如淵劾庶本趙鼎所薦，欺君罔上。庶罷歸，至九江，被命奪職，徙家居焉。十三年，御史胡汝明論庶譏訕朝政，責嚮德軍節度副使，道州安置。至貶所卒。孝宗思庶言，追復其官，謚敏節。子六人，之奇，乾道中，知樞密院事。

辛炳字如晦，福州侯官縣人。登元符三年進士第，累官至監察御史兼權殿中侍御史。先是，蔡京廢發運司轉般倉爲直達綱，舟入，率侵盜，沈舟而遁，戶部受虛數，人畏京莫敢言。炳極疏其弊，且以變法後兩歲所得之數，較常歲虧欠一百三十有二萬，支益廣而入寖微，乞下有司計度。徽宗以問京，京怒，以炳爲沮撓，責監南劍州新豐場，尋提舉洞霄宮，起知袁州，移無爲軍。靖康初，召爲兵部員外郎。

高宗即位，除左司員外郎，辭；未幾，起直龍圖閣、知潭州。明年，張浚調兵潭州，以炳懦怯不能，罷之，尋以起居舍人召，辭。紹興二年，復以侍御史召。首言今日公道壅塞，風俗頹薄，連疏三省所行乖失數十事，請諭大臣勿廢都堂公見之禮。時福建八州添差至百八十餘員，炳言：「艱危多事之時，冗食之官無益，當罷。」從之。

蘇、湖地震，下詔求言。炳言：「大臣無畏天之心，何事不可爲？」其言甚峻，由是宰執呂頤浩居家待罪，炳劾罷頤浩。知樞密院事張浚召赴行在，炳論其敗事誤國，浚坐落職。

除御史中丞。時方遣使議和，炳方言：「金人無信，和議不可恃，宜講求守禦攻戰之策。」以疾請外，除顯謨閣直學士、知潭州，未赴而卒。詔：炳任中執法，操行淸修，今其云亡，貧無以葬，賜銀帛賻其家，贈通議大夫。

論曰：秦檜晚薦士以收人望，然一時知名之士，亦豈盡可籠絡者哉！朱倬論事輒不合，王綸代言辭合體要，若尹穡、王之望人品雖不同，其附和議則一爾。徐俯末與趙鼎爭辨，沮抑岳飛，異哉。沈與求止和親之議，翟汝文善料事，而檜以爲異己。王庶論都荊州，當時諸臣之慮皆不及此。考夫祈寬之事，庶蓋忠義人也。辛炳雅志淸修，又豈多見也歟。

校勘記

〔一〕宣和五年　鶴山先生大全文集卷七四朱倬神道碑同本傳。查本書卷二二徽宗紀是年無貢舉；其賜進士及第出身八百五人，繫於宣和六年，通考卷三二選舉考引載宋登科記總目同。通考並載六年榜狀元爲沈晦；而陳騤南宋館閣錄卷七載，朱倬正是沈晦榜進士。可見朱倬登進士第當在宣和六年，此誤。

〔二〕觀文殿學士　「學士」上原衍「大」字，據本書卷二一三宰輔表、鶴山先生大全文集卷七四朱倬神道碑刪。

〔三〕四年　據本書卷二七高宗紀、卷二一三宰輔表，「四年」上失書「紹興」紀元。

〔四〕張通古　原作「蕭通古」。按本書卷二九高宗紀、繫年要錄卷一二二都作「張通古」；金史卷八三有張通古傳，據改。

宋史卷三百七十三

列傳第一百三十二

朱弁　鄭望之　張邵　洪皓子适　遵　邁

朱弁字少章，徽州婺源人。少穎悟，讀書日數千言。既冠，入太學，晁說之見其詩，奇之，與歸新鄭，妻以兄女。新鄭介汴、洛間，多故家遺俗，弁遊其中，聞見日廣。靖康之亂，家碎于賊，弁南歸。

建炎初，議遣使問安兩宮，弁奮身自獻，詔補修武郎，借吉州團練使，爲通問副使。至雲中，見粘罕，邀說甚切。粘罕不聽，使就館，守之以兵。弁復與書，言用兵講和利害甚悉。

紹興二年，金人忽遣宇文虛中來，言和議可成，當遣一人詣元帥府受書還。虛中欲弁與正使王倫探策決去留，弁曰：「吾來，固自分必死，豈應今日覬倖先歸。願正使受書歸報天子，成兩國之好，蚤申四海之養於兩宮，則吾雖暴骨外國，猶生之年也。」倫將歸，弁請曰：「古之使者有節以爲信，今無節有印，印亦信也。願留印，使弁得抱以死，死不腐矣。」倫解以授弁，弁受而懷之，臥起與俱。

金人迫弁仕劉豫，且訹之曰：「此南歸之漸。」弁曰：「豫乃國賊，吾嘗恨不食其肉，又忍北面臣之，吾有死耳。」金人怒，絕其餼遺以困之。弁固拒驛門，忍饑待盡，誓不爲屈。金人亦感動，致禮如初。久之，復欲易其官，弁曰：「自古兵交，使在其間，言可從從之，不可從則囚之、殺之，何必易其官？吾官受之本朝，有死而已，誓不易以辱吾君也。」且移書耶律紹文等曰：「上國之威命朝以至，則使人夕以死，夕以至則朝以死。」又以書訣後使洪皓曰：「殺行人非細事，吾曹遭之，命也，要當舍生以全義爾。」乃具酒食，召被掠士夫飲，半酣，語之曰：「吾已得近郊某寺地，一旦畢命報國，諸公幸瘞我其處，題其上曰『有宋通問副使朱公之墓』，於我幸矣。」衆皆泣下，莫能仰視。弁談笑自若，曰：「此臣子之常，諸君何悲也？」金人知其終不可屈，遂不復強。

王倫還朝，言弁守節不屈，帝爲官其子林，賜其家銀帛。會粘罕等相繼死滅，弁密疏其事及金國虛實，曰：「此不可失之時也。」遣李發等間行歸報。其後，倫復歸，又以弁奉送徽宗大行之文爲獻，其辭有曰：「歎馬角之未生，魂消雪窖；攀龍髯而莫逮，淚灑冰天。」帝讀之感泣，官其親屬五人，賜吳興田五頃。帝謂丞相張浚曰：「歸日，當以禁林處之。」八年，金使烏陵思謀、石慶充至，稱弁忠節，詔附黃金三十兩以賜。

十三年，和議成，弁得歸。入見便殿，弁謝且曰：「人之所難得者時，而時之運無已；事之不可失者幾，而幾之藏無形。惟無已也，故來遲而難遇；惟無形也，故動微而難見。陛下與金人講和，上返梓宮，次迎太母，又其次則憐赤子之無辜，此皆知時知幾之明驗。然時運而往，或難固執；幾動有變，宜鑑未兆。盟可守，而詭詐之心宜嘿以待之；兵可息，而銷弭之術宜詳以講之。金人以黷武爲至德，以苟安爲太平，虐民而不恤民，廣地而不廣德，此皆天助中興之勢。若時與幾，陛下既知於始，願圖厥終。」帝納其言，賜金帛甚厚。弁又以金國所得六朝御容及宣和御書畫爲獻。秦檜惡其言敵情，奏以初補官易宣教郎、直祕閣。有司校其考十七年，應遷數官，檜沮之，僅轉奉議郎。十四年，卒。

弁爲文慕陸宣公，援據精博，曲盡事理。詩學李義山，詞氣雍容，不蹈其險怪奇澀之弊。金國名王貴人多遣子弟就學，弁因文字往來說以和好之利。及歸，述北方所見聞忠臣義士朱昭、史抗〔二〕、張忠輔、高景平、孫益、孫谷、傅偉文、李舟、五臺僧寶眞、婦人丁氏、晏氏、小校閻進、朱勣等死節事狀，請加褒錄以勸來者。有聘遊集四十二卷、書解十卷、曲洧舊聞三卷、續骫骳說一卷、雜書一卷、風月堂詩話三卷、新鄭舊詩一卷、南歸詩文一卷。

鄭望之字顧道，彭城人，顯謨閣直學士僅之子也。望之少有文名，山東皆推重。登崇寧五年進士第，自陳留簿累遷樞密院編修官，歷開封府儀、工、戶曹，以治辦稱。臨事勁正，不受請託。宦寺有強占民田者，奏歸之。蔡京子欲奪人妾，使人諭意，望之拒不受。除駕部員外郎兼金部。

靖康元年，金人攻汴京，假尚書工部侍郎，俾爲軍前計議使。既還，金人遣吳孝民與望之同入見。望之言金人意在金幣，且要大臣同議，迺命同知樞密院事李棁與望之再使。斡离不以朝廷受歸朝官及賜平州張覺手詔爲辭，遣蕭三寶奴偕棁等還，以書求割三鎭，欲得宰相交地，親王送大軍過河。

時高宗在康邸，慷慨請行，遂與張邦昌乘筏渡濠，自午至夜分，始達金砦。又除望之戶部侍郎，同棁再至金營，仍以珠玉遺金人。金人拘留望之踰旬。會姚平仲夜劫砦不克，斡离不以用兵詰責諸使者，邦昌恐懼涕泣，王不爲動。金人遂不欲留王，更請肅王，乃以兵送望之詣國王砦詰問。會再遣宇文虛中持割地詔至，望之得還，因盛言敵勢強大，我兵削弱，不可不和。既而金兵退，朝廷以議和非策，罷望之提舉亳州明道宮。

建炎初，李綱以望之張皇敵勢，沮損國威，以致禍敗，責海州團練副使，連州居住。綱罷，詔望之爲戶部侍郎，尋轉吏部侍郎。論王雲之寃，帝爲感動，復雲元官，與七子恩澤。尋兼主管御營司參贊軍事。論航海不便，忤旨，以集英殿修撰再領亳州明道宮。起知宣州，踰年，以言章罷。

紹興二年，會赦，復徽猷閣待制致仕。七年，落致仕，召赴行在。望之以衰老辭，帝謂大臣曰：「望之，朕故人也。」於是升徽猷閣直學士，復致仕。三十一年，卒，年八十四。贈中大夫。

張邵字才彥，烏江人。登宣和三年上舍第。建炎元年，爲衢州司刑曹事。會詔求直言，邵上疏曰：「有中原之形勢，有東南之形勢。今縱未能遽爭中原，宜進都金陵，因江、淮、蜀、漢、閩、廣之資，以圖恢復，不應退自削弱。」

三年，金人南侵，詔求可至軍前者，邵慨然請行，轉五官，直龍圖閣，假禮部尙書，充通問使，武臣楊憲副之，卽日就道。至濰州，接伴使置酒張樂，邵曰：「二帝北遷，邵爲臣子，所不忍聽，請止樂。」至于三四，聞者泣下。翌日，見左監軍撻攬〔三〕，命邵拜，邵曰：「監軍與邵爲南北朝從臣，無相拜禮。」且以書抵之曰：「兵不在強弱，在曲直。宣和以來，我非無兵也，帥臣初開邊隙，謀臣復啓兵端，是以大國能勝之。厥後僞楚僭立，羣盜蠭起，曾幾何時，電掃無餘，是天意人心未厭宋德也。今大國復裂地以封劉豫，窮兵不已，曲有在矣。」撻攬怒，取國書去，執邵送密州，囚于祚山砦〔三〕。

明年，又送邵于劉豫，使用之。邵見劉豫，長揖而已，又呼爲「殿院」，責以君臣大義，詞氣俱厲。豫怒，械置于獄，楊憲遂降。豫知邵不屈，久之，復送于金，拘之燕山僧寺，從者皆莫知所之。後又作書，爲金言「劉豫挾大國之勢，日夜南侵，不勝則首鼠兩端，勝則如養鷹，飽則颺去，終非大國之利」，守者密以告，金取其書去，益北徙之會寧府，距燕三千里。金嘗大赦，許宋使者自便還鄉，人人多占籍淮北，冀幸稍南。惟邵與洪皓、朱弁言家在江南。

十三年，和議成，及皓、弁南歸。八月，入見，奏前後使者如陳過庭、司馬朴、滕茂實、崔縱、魏行可皆歿異域未襃贈者，乞早頒恤典。邵併擕崔縱柩歸其家。升祕閣修撰，主管佑神觀。左司諫詹大方論其奉使無成，改台州崇道觀。移書時相，勸其迎請欽宗與諸王后妃。十九年，以敷文閣待制提舉江州太平興國宮。知池州，再奉祠卒，年六十一。累贈少師。

邵負氣，遇事慷慨，常以功名自許，出使囚徙，屢瀕於死。其在會寧，金人多從之學。喜誦佛書，雖異域不廢。初，使金時，遇秦檜於濰州。及歸，上書言檜忠節，議者以是少之。後弟祁下大理獄，將株連邵，會檜死得免。有文集十卷。

子孝覽、孝曾、孝忠。孝曾後亦以出使歿于金，金人知爲邵子，尙憐之。

洪皓字光弼，番易人。少有奇節，慷慨有經略四方志。登政和五年進士第。王黼、朱勔皆欲婚之，力辭。宣和中，爲秀州司錄。大水，民多失業，皓白郡守以拯荒自任，發廩損直以糶。民坌集，皓恐其紛競，乃別以青白幟，涅其手以識之，令嚴而惠徧。浙東綱米過城下，皓白守邀留之，守不可，皓曰：「願以一身易十萬人命。」人感之切骨，號「洪佛子」。其後秀軍叛，縱掠郡民，無一得脫，惟過皓門曰：「此洪佛子家也。」不敢犯。

建炎三年五月，帝將如金陵，皓上書言：「內患甫平，外敵方熾，若輕至建康，恐金人乘虛侵軼。宜先遣近臣往經營，俟告辦，回鑾未晚。」時朝議已定，不從，既而悔之。他日，帝問宰輔近諫移蹕者謂誰，張浚以皓對。時議遣使金國，浚又薦皓於呂頤浩，召與語，大悅。皓方居父喪，頤浩解衣巾，俾易墨衰絰入對。帝以國步艱難、兩宮遠播爲憂。皓極言：「天道好還，金人安能久陵中夏！此正春秋邲、郢之役，天其或者警晉訓楚也。」帝悅，遷皓五官，擢徽猷閣待制，假禮部尚書，爲大金通問使，龔璹副之。令與執政議國書，皓欲有所易，頤浩不樂，遂抑遷官之命。

時淮南盜賊踵起，李成甫就招，即命知泗州羈縻之。乃命皓兼淮南、京東等路撫諭使，俾成以所部衞皓至南京。比過淮南，成方與耿堅共圍楚州，責權州事賈敦詩以降敵，實持叛心。皓先以書抵成，成以汴涸，虹有紅巾賊，軍食絕，不可往。皓聞堅起義兵，可撼以義，遣人密諭之曰：「君數千里赴國家急，山陽縱有罪，當稟命于朝；今擅攻圍，名勤王，實作賊爾。」堅意動，遂強成斂兵。

皓至泗境，迎騎介而來，龔璹曰：「虎口不可入。」皓遂還。上疏言：「成以朝廷餽餉不繼，有『引衆建康』之語。今靳賽據揚州，薛慶據高郵，萬一三叛連衡，何以待之？此含垢之時，宜使人諭意，優進官秩，畀之以京口綱運，如晉明帝待王敦可也。」疏奏，帝即遣使撫成，給米伍萬石。頤浩惡其直達而不先白堂，奏皓託事稽留，貶二秩。皓遂請出滁陽路，自壽春由東京以行。至順昌，聞羣盜李閻羅、小張俊者梗潁上道。皓與其黨遇，譬曉之曰：「自古無白頭賊。」其黨悔悟，皓使持書至賊巢，二渠魁聽命，領兵入宿衞。

皓至太原，留幾一年，金遇使人禮日薄。及至雲中，粘罕迫二使仕劉豫，皓曰：「萬里銜命，不得奉兩宮南歸，恨力不能磔逆豫，忍事之邪！留亦死，不即豫亦死，不願偷生鼠狗間，願就鼎鑊無悔。」粘罕怒，將殺之。旁一酋喈曰：「此眞忠臣也。」目止劍士，爲之跪請，得流遞冷山。流遞，猶編竄也。惟疇至汴受豫官。

雲中至冷山行六十日，距金主所都僅百里，地苦寒，四月草生，八月已雪，穴居百家，陳王悟室聚落也。悟室敬皓，使教其八子。或二年不給食，盛夏衣麤布，嘗大雪薪盡，以馬矢然火煨麪食之。或獻取蜀策，悟室持問皓，皓力折之。悟室銳欲南侵，曰：「孰謂海大，我力可乾，但不能使天地相拍爾。」皓曰：「兵猶火也，弗戢將自焚，自古無四十年用兵不止者。」又數爲言所以來爲兩國事，既不受使，乃令深入教小兒，非古者待使之禮也。悟室或答或默，忽發怒曰：「汝作和事官，而口硬如許，謂我不能殺汝耶？」皓曰：「自分當死，顧大國無受殺行人之名，願投之水，以墜淵爲名可也。」悟室義之而止。

和議將成，悟室問所議十事，皓條析甚至。大略謂封册乃虛名，年號本朝自有；金三千兩景德所無，東南不宜蠶，絹不可增也；至於取淮北人，景德載書猶可覆視。悟室曰：「誅投附人何爲不可？」皓曰：「昔魏侯景歸梁，梁武帝欲以易其姪蕭明於魏，景遂叛，陷臺城，中國決不蹈其覆轍。」悟室悟曰：「汝性直不誑我，吾與汝如燕，遣汝歸議。」遂行。會莫將北來，議不合，事復中止。留燕甫一月，兀朮殺悟室，黨類株連者數千人，獨皓與異論幾死，故得免。

方二帝遷居五國城，皓在雲中密遣人奏書，以桃、梨、粟、麪獻，二帝始知帝卽位。皓聞祐陵訃，北嚮泣血，旦夕臨，諱日操文以祭，其辭激烈，舊臣讀之皆揮涕。紹興十年，因諜者趙德，書機事數萬言，藏故絮中，歸達于帝。言：「順昌之役，金人震懼奪魄，燕山珍寶盡徙以北，意欲捐燕以南棄之。王師亟還，自失機會，今再舉尚可。」十一年，又求得太后書，遣李微持歸，帝大喜曰：「朕不知太后寧否幾二十年，雖遣使百輩，不如此一書。」是冬，又密奏書曰：「金已厭兵，勢不能久，異時以婦女隨軍，今不敢也。若和議未決，不若乘勢進擊，再造反掌爾。」又言：「胡銓封事此或有之，金人知中國有人，益懼。張丞相名動異域，惜置之散地。」又問李綱、趙鼎安否，獻六朝御容、徽宗御書。其後梓宮及太后歸音，皓皆先報。

初，皓至燕，宇文虛中已受金官，因薦皓。金主聞其名，欲以爲翰林直學士，力辭之。皓有逃歸意，乃請于參政韓昉，乞於眞定或大名以自養。昉怒，始易皓官爲中京副留守，再降爲留司判官。趣行屢矣，皓乞不就職，昉竟不能屈。金法，雖未易官而曾經任使者，永不可歸，昉遂令皓校雲中進士試，蓋欲以計墮皓也。皓復以疾辭。未幾，金主以生子大赦，許使人還鄉，皓與張邵、朱弁三人在遣中。金人懼爲患，猶遣人追之，七騎及淮，而皓已登舟。

十二年七月〔四〕，見于內殿，力求郡養母。帝曰：「卿忠貫日月，志不忘君，雖蘇武不能過，豈可捨朕去邪！」請見慈寧宮，帟人設簾，太后曰：「吾故識尚書。」命撤之。皓自建炎己酉出使，至是還，留北中凡十五年。同時使者十三人，惟皓、邵、弁得生還，而忠義之聲聞于天下者，獨皓而已。皓既對，退見秦檜，語連日不止，曰：「張和公金人所憚，乃不得用。錢塘暫居，而景靈宮、太廟皆極土木之華，豈非示無中原意乎？」檜不懌，謂皓子适曰：「尊公信有忠節，得上眷。但官職如讀書，速則易終而無味，須如黃鐘、大呂乃可。」八月，除徽猷閣直學士、提舉萬壽觀兼權直學士院。

金人來取趙彬等三十人家屬，詔歸之。皓曰：「昔韓起謁環于鄭，鄭，小國也，能引義不與。金既限淮，官屬皆吳人，宜留不遣，蓋慮知其虛實也。彼方困於蒙兀，姑示強以嘗中國，若遽從之，謂秦無人，益輕我矣。」檜變色曰：「公無謂秦無人。」既而復上疏曰：「恐以不與之故，或致渝盟，宜告之曰：『俟淵聖及皇族歸，乃遣。』」又言：「王倫、郭元邁以身徇國，棄之不取，緩急何以使人？」檜大怒，又因言室撚寄聲，檜怒益甚，語在檜傳。翌日，侍御史李文會劾皓不省母，出知饒州。

明年，大水，中官白鍔宣言：「燮理乖盭，洪尚書名聞天下，胡不用？」檜聞之愈怒，繫鍔大理獄，尋流嶺表。諫官詹大方遂論皓與鍔爲刎頸交，更相稱譽，罷皓提舉江州太平觀。鍔初不識皓，特以從太后北歸，在金國素知皓名爾。

尋居母喪，他言者猶謂皓睥睨鈞衡。終喪，除饒州通判。李勤又附檜誣皓作欺世飛語，責濠州團練副使，安置英州。居九年，始復朝奉郎，徙袁州，至南雄州卒，年六十八。死後一日，檜亦死。帝聞皓卒，嗟惜之，復敷文閣直學士〔五〕，贈四官。久之，復徽猷閣直學士〔六〕，謚忠宣。

皓雖久在北廷，不堪其苦，然爲金人所敬，所著詩文，爭鈔誦求鋟梓。既歸，後使者至，必問皓爲何官、居何地。性急義，當艱危中不少變。懿節后之戚趙伯璘隸悟室戲下，貧甚，皓賙之。范鎮之孫祖平爲傭奴，皓言於金人而釋之。劉光世庶女爲人豢豕，贖而嫁之。他貴族流落賤微者，皆力拔以出。惟爲檜所嫉，不死於敵國，乃死於讒慝。

皓博學強記，有文集五十卷及帝王通要、姓氏指南、松漠紀聞、金國文具錄等書。子适、遵、邁。

适字景伯，皓長子也。幼敏悟，日誦三千言。皓使朔方，适年甫十三，能任家事。以皓出使恩，補修職郎。紹興十二年，與弟遵同中博學宏詞科。高宗曰：「父在遠方，子能自立，此忠義報也，宜升擢。」遂除敕令所刪定官。後三年，弟邁亦中是選，由是三洪文名滿天下。改祕書省正字。

甫數月，皓歸，忤秦檜，出知饒州，适亦出爲台州通判。垂滿，皓謫英州，适復論罷，往來嶺南省侍者九載。檜死皓還，道卒，服闋，起知荊門軍。應詔上寬恤四事：輕茶額錢，它州代貢禮物，闢試闈以復舊額，蠲官田令不種者輸租。改知徽州，尋提舉江東路常平茶鹽，首言役法不均之弊。

會完顏亮來侵，上親征，适覲金陵，言：「本路旱，百姓逐食于淮，復遭金兵，今各懷歸而田產爲官鬻，請聽其估贖之。」及亮斃，适上疏曰：「大定僭號，諸國未必服從，宜多遣密詔傳諭中原義士，各取州縣，因以畀之。王師但留屯淮、泗，募兵積粟，以爲聲援。俟蜀、漢、山東之兵數道皆集，見可而進，庶幾兵力不頓，可以萬全。」升尚書戶部郎中，總領淮東軍馬錢糧。孝宗卽位，海州解圍，符離用兵，饋餉繁夥，适究心調度，供億無闕。遷司農少卿。

隆興二年二月，召貳太常兼權直學士院。上欲除諸將環衞官，詔討論其制。适具唐及本朝沿革十一條上之，且言：「太祖、太宗朝，常以處諸將及降王之君臣，自後多以皇族爲之，故國史以爲官存而事廢。陛下修飭戎備，不必遠取唐制，祖宗故事蓋可法則。今徑行換授，恐有減奉之患，乞如閤職兼帶節度，至刺史帶上將軍，橫行遙郡帶大將軍，正使帶將軍，副使帶中郎將〔七〕，又以下則帶左右郎將，其官府人吏，令有司相度以聞。」除中書舍人。

時金人再犯淮，羽檄沓至，書詔塡委，咨訪醻答率稱上旨，自此有大用意。金既尋盟，首爲賀生辰使。金遣同簽書樞密院事高嗣先接伴，自言其父司空有德於皓，相與甚驩，得其要領以歸。

乾道元年五月，遷翰林學士，仍兼中書舍人。秦塤久廢，忽予祠，适奏曰：「李林甫死後，諸子皆流配嶺南。秦檜稔惡自斃，不肖之孫官職仍舊，可謂幸矣。宮觀雖小，塤得之，則人以除用之漸，恐檜黨牽連而進。」其命遂寢。時巫伋復召，莫汲〔八〕擢樞密院編修官，余堯弼復龍圖閣學士，适謂其皆檜黨也，隨命繳之。

六月，除端明殿學士、簽書樞密院事。上諭參政錢端禮、虞允文曰：「三省事與洪适商量。」東西府始同班奏事。八月，拜參知政事。諫議大夫林安宅以銅錢多入北境，請禁之，即蜀中取鐵錢行之淮上。事既行，适言其不可。上問之，适曰：「今每州不得千緡，一州以萬戶計之，每家才得數百，恐民間無以貿易。且客旅無回貨，鹽場有大利害。」上以爲然，乃寢前命，但於蜀中取十五萬緡，行之廬、和二州而已。

十二月，拜尚書右僕射、同中書門下平章事兼樞密使。未幾，春霖，适引咎乞退，林安宅抗疏論适，既而臺臣復合奏。三月，除觀文殿學士、提舉江州太平興國宮。尋起知紹興府、浙東安撫使。再奉祠。淳熙十一年薨，年六十八，謚文惠。

适以文學聞望，遭時遇主，自兩制一月入政府，又四閱月居相位，又三月罷政，然無大建明以究其學。家居十有六年，兄弟鼎立，子孫森然，以著述吟詠自樂，近世備福鮮有及之。或謂适黨湯思退，又謂适來自淮東，言張浚妄費，浚以此罷相。子九人：槻、柲、槢、橉、櫍、桴、榅、槺、梠。

遵字景嚴，皓仲子也。自兒時端重如成人，從師業文，不以歲時寒暑輟。父留沙漠，母亡，遵孺慕攀號。既葬，兄弟即僧舍肄詞業，夜枕不解衣。以父蔭補承務郎，與兄适同試博學宏詞科，中魁選，賜進士出身。高宗以皓遠使，擢爲祕書省正字。中興以來，詞科中選即入館，自遵始。宰相秦檜子熺爲官長，謦欬爲人輕重，遵恬然不附麗。二年弗遷。

皓南還，與朝論異，出守。遵遂乞外，通判常、婺、越三州。紹興二十五年，湯思退薦之，復入爲正字。八月，兼權直學士院。湯鵬舉副臺端，密薦爲御史。方賜對而父訃聞。二十八年，免喪，召對，極陳父冤，曰：「先臣與龔璹同出疆，璹仕於劉豫，以妄殺兵官爲豫所誅，而秦檜贈以節旄，擢用其子。先臣拒金人之命，留十五歲乃得歸，顧南竄嶺外，臣兄弟屏跡在外。檜不分忠逆如此。」高宗悉爲道謗語所起，且曰：「卿再登三館，嘗典書命，今以修注處卿。」遂拜起居舍人。

奏乞以經筵官除罷及封章進對、宴會錫予、講讀問答等事，萃爲一書，名之曰邇英記注。其後乾道間又有祥曦殿記注，實自遵始。又因面對，論鑄錢利害，帝嘉納之。遷起居郎兼權樞密院都承旨。舊制，修注官、經筵官許留身奏事，而近例無有。遵奏請復舊制，且言起居注未修者十五年，請除見修月進外，每月帶修，皆從之。

二十九年，拜中書舍人。殿前裨將輔逵轉防禦使，王綱〔九〕轉團練使，遵言：「近制管軍官十年始一遷，今兩人不滿歲，安得爾？」時勳臣子孫多躐居臺省，遵極言乞明有所止。高宗曰：「正立法，自今功臣子孫序遷至侍從，並令久任在京宮觀。」遵曰：「侍從，朝廷高選，非如磨勘階官，安有遷序之制？」退而上奏言：「今內外將家無慮二十人，若以序遷，不出十年，西清次對皆可坐致。太祖開國功臣子孫不過諸司，惟曹彬之子琮、瑋以功名自奮，遂爲節度，初不聞有遞遷侍從之例。今旨一出，使穆清之地類皆將種，非所以示天下。望收還前詔。」又言：「瑞昌、興國之間茶商失業，聚爲盜賊。望揭牓開諭，許其自新，願充軍者塡刺，願爲農者放還。」上皆可其奏。

論者欲復鄱陽永平、永豐兩監鼓鑄，詔給、舍議，遵曰：「唐有鼓鑄使，國朝或以漕臣兼領，或分道置使，蓋爲三司。自中興來，置都大提點，官屬太多，動爲州縣之害。間者亟行廢罷，又無一定之論，初委運使，又委提刑，又委郡守、貳，號令不一，鼓鑄益少。竊以爲復置便。」

三十年正月，試吏部侍郎。異時選人詣曹改秩，吏倚爲市，毫毛不中節，必巧生沮閡，須賂餉滿欲乃止。遵明與約，苟於大體無害，先行後審，薦員有定限，而舉者周遮重複，或同時一章而巧爲兩牘，或當薦五員而輒踰十數，或當舉職官而詭爲京狀，或身係常調而妄稱職司，或東西分曹而交錯攙補，或已予復奪而指云事故，件析枚數，請凡如是者得通劾之。舊制，致仕任子，隨所在審勑牒即請行。是時，從議者請，必令于元州判奏。遵言：「士大夫或遊宦粤、蜀，數千里外，不幸以死。臨終謝事，其家獲歸故里已爲至難，今復因此齟齬，反復稽延，是明與惡吏爲地也。」乃止仍舊貫。

平江、湖、秀三州水，無以輸秋苗，有司抑令輸麥。遵言：「麥價殊不在米下，民困如是，奈何指夏以爲秋，衍一以爲二，使擠溝壑乎？願量取其半，而被水害者悉免之。」金人來索絳陽郭小的、安化劉孝恭二百家，遵以蜀之李特可爲至戒，願以根集未足爲解，淹引日月報之。遷翰林學士兼吏部尚書。汪澈論湯思退罷相，遵行制無貶詞，澈以爲言。遂丐去，以徽猷閣直學士提舉太平興國宮。

三十一年，金主完顏亮命其尚書蘇保衡由海道窺二浙，朝廷以浙西副總管李寶禦之。寶駐兵平江，守臣朱翌素與寶異，朝議以遵嘗薦寶，乃命遵知平江。及寶以舟師擣膠西，凡資糧、器械、舟檝皆遵供億，寶成功而歸，遵之助爲多。車駕幸金陵，禁衛士丐索無藝，它郡隨與不厭。至吳，乃相告曰：「內翰在此，汝毋復然。」先是，朝廷慮商舶爲賊得，悉拘入官，既而不返，並海縣團萃巨艦及募水手、民兵，皆縶留未得去。遵因對論之，以船還商，而聽水手自便，吳人德之。

孝宗卽位，拜翰林學士承旨兼侍讀。詔問宰執、侍從、臺諫曰：「敵人來索舊禮，從之則不忍屈，不從則邊患未已。中原歸正人源源不絕，納之則東南力不能給，否則絕向化之心。宜指陳定論以聞。」遵與給事中金安節、中書舍人唐文若、起居郎周必大共爲一議，其略謂：「不宜直情徑行，亦未可遽爲之屈，謂宜遺金繒如前日之數，或許稍歸侵地如海、泗之類，則彼亦可藉口而來議矣。」

知隆興元年貢舉，拜同知樞密院事〔一〇〕。壽康殿產金芝十二，同列議表賀，遵引李文靖奏災異故事風止之。薦眉山李燾、永嘉鄭伯熊及林光朝，未及用，會湯思退爲左相，而次相張浚罷，御史周操策遵且超遷，上章致劾，上亟徙寘他官。遵不能安位，連章乞免，訖與御史俱去。是年七月，以端明殿學士提舉太平興國宮。

乾道六年，起知信州。徙知太平州。前守周操以嘗論遵，聞遵來，不俟合符馳去。遵追餞至十里，勞苦如平時，曰：「君當官而行，我何怨？」聞者以爲盛德。圩田壞，民失業，遵鳩民築圩凡萬數。方冬盛寒，遵躬履其間，載酒食親餉饁，恩意傾盡，人忘其勞。運使張松忌功，妄奏圩未嘗決，民未嘗轉徙，必責圩戶自闕築，且裁省募工錢米之半。遵連疏爭，至乞遣朝臣覆按。於是將作少監馬希言、監察御史陳舉善狎至，黜松言，圩遂成，合四百五十有五。松無所泄其忿，則別治溧水永豐圩，來調丁、米、木，數甚廣。遵曰：「郡當歲儉，方振恤流移，勸分乞糴，如自封其股以充喉，不暇食，況能飽他人腹哉。」執不從。

楚地旱，旁縣振贍者慮不早，施置失後先，或得米而亡以炊，或闔戶莩藉而廩不至。遵簡賓佐，隨遠近壯老以差賦給，蠲租至十九，又告糴于江西，得活者不啻萬計。戍兵乘時盜利，曹伍剽于野，盡執拘以歸其軍。故當大札瘥而邑落晏然。徙知建康府、江東安撫使兼行宮留守。孝宗諭當制舍人范成大，褒其治績，且許入覲。

時虞允文當國，有北征志。先調侍衞馬軍出屯，其在府者五軍，悉遂其孥，謀築營砦，無慮萬竈。張松用不能罷，特勑遵同宰執赴選德殿奏事。遵奏外臣不敢尾二府後，願需班退別引，上弗許。進資政殿學士以行。至則揭牓，民苗米唯輸正不輸耗，聽民自持斛槩，庾人不能輕重其手。偏行郊野卜砦地，求不妨民居、不夷冢墓者，踰年始得之。營卒醉，妄言搖衆，斬之，磔于市，三軍無敢譁。有晝入旗亭挺刃椎壚者，械付獄，驛上奏未下，統帥懼得譴，請自治之。孝宗怒，罷統帥，遵亦坐貶兩秩。未幾，五營成，復元官，仍拜資政殿學士。淳熙元年，提舉洞霄宮。十一月，薨，年五十有五，謚文安。

邁字景盧，皓季子也。幼讀書日數千言，一過目輒不忘，博極載籍，雖稗官虞初，釋老傍行，靡不涉獵。從二兄試博學宏詞科，邁獨被黜。紹興十五年始中第，授兩浙轉運司幹辦公事，入爲敕令所删定官。皓忤秦檜投閑，檜憾未已，御史汪勃論邁知其父不靖之謀，遂出添差教授福州。累遷吏部郎兼禮部。

上居顯仁皇后喪，當孟饗，禮官未知所從，邁請遣宰相分祭，奏可。除樞密檢詳文字。建議令民入粟贖罪，以紓國用，又請嚴法駕出入之儀。

三十一年，議欽宗謚，邁曰：「淵聖北狩不返，臣民悲痛，當如楚人立懷王之義，號懷宗，以係復讎之意。」不用。吳璘病篤，朝論欲徙吳拱代之。邁曰：「吳氏以功握蜀兵三十年，宜有以新民觀聽，毋使尾大不掉。」知樞密院事葉義問出視師，奏以邁參議軍事，至鎮江，聞瓜洲官軍與金人相持，遑遽失措。會建康走驛告急，義問遽欲還，邁力止之曰：「今退師，無益京口勝敗之數，而金陵聞返旆，人心動搖，不可。」遷左司員外郎。

三十二年春，金主褒遣左監軍高忠建來告登位，且議和，邁爲接伴使，知閤門張掄副之。上謂執政曰：「向日講和，本爲梓宮、太后，雖屈己卑辭，有所不憚。今兩國之盟已絕，名稱以何爲正，疆土以何爲準，朝見之儀，歲幣之數，所宜先定。」及邁、掄入辭，上又曰：

「朕料此事終歸於和，欲首議名分，而土地次之。」邁於是奏更接伴禮數，凡十有四事。自渡江以來，屈己含忍多過禮，至是一切殺之，用敵國體，凡遠迎及引接金銀等皆罷。既而高忠建有責臣禮及取新復州郡之議〔二〕，邁以聞，且奏言：「土疆實利不可與，禮際虛名不足惜。」禮部侍郎黃中聞之，亟奏曰：「名定實隨，百世不易，不可謂虛。土疆得失，一彼一此，不可謂實。」兵部侍郎陳俊卿亦謂：「先正名分，名分正則國威張，而歲幣亦可損矣。」

進起居舍人。時議遣使報金國聘，三月丁巳，詔侍從、臺諫各舉可備使命者一人。初，邁之接伴也，既持舊禮折伏金使，至是，慨然請行。於是假翰林學士，充賀登位使，欲令金稱兄弟敵國而歸河南地。夏四月戊子，邁辭行，書用敵國禮，高宗親札賜邁等曰：「祖宗陵寢，隔闊三十年，不得以時洒掃祭祀，心實痛之。若彼能以河南地見歸，必欲居尊如故，正復屈己，亦何所惜。」邁奏言：「山東之兵未解，則兩國之好不成。」至燕，金閤門見國書，呼曰：「不如式。」抑令使人於表中改陪臣二字，朝見之儀必欲用舊禮。邁初執不可，既而金鎖使館，自旦及暮水漿不通，三日乃得見。金人語極不遜，大都督懷忠議欲質留，左丞相張浩持不可，乃遣還。七月，邁回朝，則孝宗已即位矣。殿中侍御史張震以邁使金辱命，論罷之。明年，起知泉州。

乾道二年，復知吉州。入對，遂除起居舍人，直前言：「起居注皆據諸處關報，始加修纂，雖有日曆、時政記，亦莫得書。景祐故事，有邇英延義二閣注記〔二〕，凡經筵侍臣出處、封章進對、宴會賜予，皆用存記。十年間稍廢不續，陛下言動皆罔聞知，恐非命侍本意。乞令講讀官自今各以日得聖語關送修注官，令講筵所牒報，使謹錄之，因今所御殿名曰祥曦記注。」制可。

三年，遷起居郎，拜中書舍人兼侍讀、直學士院，仍參史事。父忠宣、兄适、遵皆歷此三職，邁又踵之。邁奏：「三省事無巨細，必先經中書書黃，宰執書押，當制舍人書行，然後過門下，給事中書讀，如給、舍有所建明，則封黃具奏，以聽上旨。惟樞密院既得旨，即書黃過門下，例不送中書，謂之『密白』，則封駁之職似有所偏，況今宰相兼樞密，因而釐正，不爲有嫌。望詔樞密院，凡已被制勑，並關左右省依三省書黃，以示重出命之意。」報可。

六年，除知贛州，起學宮，造浮梁，士民安之。郡兵素驕，小不如欲則跋扈，郡歲遣千人戍九江，是歲，或怵以至則留不復返，衆遂反戈。民訛言相驚，百姓恟懼。邁不爲動，但遣一校婉說之，俾歸營，衆皆聽，垂橐而入，徐詰什五長兩人，械送潯陽，斬于市。辛卯歲饑，贛適中熟，邁移粟濟鄰郡。僚屬有諫止者，邁笑曰：「秦、越瘠肥，臣子義耶？」尋知建寧府。富民有睚眦殺人衷刃篡獄者，久拒捕，邁正其罪，黥流嶺外。

十一年〔三〕，知婺州，奏：「金華田多沙，勢不受水，五日不雨則旱，故境內陂湖最當繕治。命耕者出力，田主出穀，凡爲公私塘堰及湖，總之爲八百三十七所。」婺軍素無律，春給衣，欲以緡易帛，吏不可，則羣呼嘯聚于郡將之治，郡將惴恐，姑息如其欲。邁至，衆狃前事，至以飛語牓譙門。邁以計逮捕四十有八人，置之理，黨衆相嗾，閧擁邁轎，邁曰：「彼罪人也，汝等何預？」衆逡巡散去。邁戮首惡二人，梟之市，餘黥撻有差，莫敢譁者。事聞，上語輔臣曰：「不謂書生能臨事達權。」特遷敷文閣待制。

明年，召對，首論淮東邊備六要地：曰海陵，曰喻泇，曰鹽城，曰寶應，曰清口，曰盱眙。謂宜修城池，嚴屯兵，立游樁，益戍卒。又言：「許浦宜開河三十六里，梅里鎮宜築二大堰，作斗門，遇行師，則決防送船。」又言：「馮湛創多槳船，底平檣浮，雖尺水可運。今十五六年，修葺數少，不足用。」謂宜募瀕海富商入船予爵，招善操舟者以補水軍，上嘉之。以提舉佑神觀兼侍講、同修國史。

邁初入史館，預修四朝帝紀，進敷文閣直學士、直學士院。講讀官宿直，上時召入，談論至夜分。十三年九月，拜翰林學士，遂上四朝史，一祖八宗百七十八年爲一書。紹熙〔四〕改元，進煥章閣學士、知紹興府。過闕奏事，言新政宜以十漸爲戒。上曰：「浙東民困於和市，卿往，爲朕正之。」邁再拜曰：「誓盡力。」邁至郡，覈實詭戶四萬八千三百有奇，所減絹以匹計者，略如其數。提舉玉隆萬壽宮。明年，再上章告老，進龍圖閣學士。尋以端明殿學士致仕，是歲卒，年八十。贈光祿大夫，謚文敏。

邁兄弟皆以文章取盛名，躋貴顯，邁尤以博洽受知孝宗，謂其文備衆體。邁考閱典故，漁獵經史，極鬼神事物之變，手書資治通鑑凡三。有容齋五筆、夷堅志行於世，其他著述尤多。所修欽宗紀多本之孫覿，附耿南仲，惡李綱，所紀多失實，故朱熹舉王允之論，言佞臣不可使執筆，以爲不當取覿所紀云。

論曰：孔子云：「使於四方，不辱君命，可謂士矣。」當建炎、紹興之際，凡使金者，如探虎口，能全節而歸，若朱弁、張邵、洪皓其庶幾乎，望之不足議也。皓留北十五年，忠節尤著，高宗謂蘇武不能過，誠哉。然竟以忤秦檜謫死，悲夫！其子适、遵、邁相繼登詞科，文名滿天下，适位極台輔，而邁文學尤高，立朝議論最多，所謂忠義之報，詎不信夫。

校勘記

〔一〕史抗　原作「史玩」，據本書卷四四六本傳、繫年要錄卷一四九改。

〔二〕撻攬　按北盟會編卷二二二張邵行實、周益國文忠公集卷六五張邵神道碑、金史卷七七都作

「撻懶」。

〔三〕祚山砦　北盟會編卷二二二張邵行實、周益國文忠公集卷六五張邵神道碑都作「柞山砦」，疑是。

〔四〕十二年七月　本書卷三〇高宗紀、繫年要錄卷一四九都繫此事於十三年八月，此誤。

〔五〕敷文閣直學士　「直」字原脫，據洪适盤洲文集卷七四先君述、繫年要錄卷一七九補。

〔六〕徽猷閣直學士　「直」字原脫，據盤洲文集卷七四先君述、宋會要職官七六之六九補。

〔七〕中郎將　「將」字原脫，據盤洲文集卷四三討論環衞官劄子、本書卷一六六職官志補。

〔八〕莫汲　原作「莫伋」，據盤洲文集卷四七繳莫汲編修官劄子、同書附錄周必大洪适神道碑改。莫汲見紹興十八年同年小錄。

〔九〕王綱　周益國文忠公集卷六九洪遵神道碑、繫年要錄卷一八二都作「王剛」，疑是。

〔一〇〕知隆興元年貢舉拜同知樞密院事　「元年」原作「二年」。按通考卷三二選舉考引宋登科記總目隆興元年有貢舉，二年無；本書卷三九五樓鑰傳，隆興元年試南宮，知貢舉洪遵；本書卷二一三宰輔表，洪遵同知樞密院事在隆興元年。「二」字爲「元」字之訛，據改。

〔一一〕責臣禮及取新復州郡之議　「責」原作「貴」，據繫年要錄卷一九八改。

〔一二〕邇英延義二閣注記　「義」原作「曦」，據本書卷二八五賈昌朝傳、宋會要職官二之二一改。

〔三〕十一年　承上文此當指乾道十一年，但乾道無十一年；下文明年提舉佑神觀兼侍講、同修國史，十三年遂上四朝史，宋會要職官一八之五九、六〇分別在淳熙十二、三年；邁於淳熙十三年拜翰林學士，也見何異宋中興學士院題名錄。此處當失書「淳熙」紀元。

〔四〕紹熙　原作「淳熙」。按上文已敍至淳熙十三年，此處不應又說「淳熙改元」。據嘉泰會稽志卷二，洪邁知紹興府在紹熙元年；洪邁夷堅志乙集序有「紹熙庚戌臘，予從會稽西歸」語。「淳」字爲「紹」字之訛，據改。

宋史卷三百七十四

列傳第一百三十三

張九成 胡銓 廖剛 李迨 趙開

張九成字子韶，其先開封人，徙居錢塘。游京師，從楊時學。權貴託人致幣曰：「肯從吾游，當薦之館閣。」九成笑曰：「王良尚羞與嬖奚乘，吾可爲貴游客耶？」

紹興二年，上將策進士，詔考官，直言者置高等。九成對策略曰：「禍亂之作，天所以開聖人也。願陛下以剛大爲心，無以憂驚自沮。臣觀金人有必亡之勢，中國有必興之理。夫好戰必亡，失其故俗必亡，人心不服必亡，金皆有焉。劉豫背叛君親，委身夷狄，黠雛經營，有同兒戲，何足慮哉。前世中興之主，大抵以剛德爲尚。去讒節慾，遠佞防姦，皆中興之本也。今閭巷之人皆知有父兄妻子之樂，陛下貴爲天子，冬不得溫，夏不得凊，昏無所定，晨無所省，感時遇物，悽惋于心，可不思所以還二聖之車乎？」又言：「閹寺聞名，國之不祥也，今此曹名字稍稍有聞，臣之所憂也。當使之安掃除之役，凡結交往來者有禁，干預政事者必誅。」擢置首選。楊時遺九成書曰：「廷對自中興以來未之有，非剛大之氣，不爲得喪回屈，不能爲也。」

授鎭東軍簽判，吏不能欺。民冒鹺禁，提刑張宗臣欲逮捕數十人，九成爭之。宗臣曰：「此事左相封來。」九成曰：「主上屢下恤刑之詔，公不體聖意而觀望宰相耶？」宗臣怒，九成即投檄歸。從學者日衆，出其門者多爲聞人。

趙鼎薦于朝，遂以太常博士召。既至，改著作佐郎，遷著作郎，言：「我宋家法，曰仁而已。仁之發見，尤在於刑。陛下以省刑爲急，而理官不以恤刑爲念。欲詔理官，活幾人者與減磨勘。」從之。除浙東提刑，力辭，乃與祠以歸。

未幾，召除宗正少卿、權禮部侍郎兼侍講，兼權刑部侍郎。法寺以大辟成案上，九成閱始末得其情，因請覆實，囚果誣服者。朝論欲以平反爲賞，九成曰：「職在詳刑，可邀賞乎？」辭之。

金人議和，九成謂趙鼎曰：「金實厭兵，而張虛聲以撼中國。」因言十事，彼誠能從吾所言，則與之和，使權在朝廷。鼎既罷，秦檜誘之曰：「且成檜此事。」九成曰：「九成胡爲異議，特不可輕易以苟安耳。」檜曰：「立朝須優游委曲。」九成曰：「未有枉己而能直人。」上問以和議，九成曰：「敵情多詐，不可不察。」

因在經筵言西漢災異事，檜甚惡之，謫守邵州。既至，倉庫虛乏，僚屬請督酒租宿負、苗絹未輸者，九成曰：「縱未能惠民，其敢困民耶？」是歲，賦入更先他時。中丞何鑄言其矯僞欺俗，傾附趙鼎，落職。

丁父憂，旣免喪，秦檜取旨，上曰：「自古朋黨畏人主知之，此人獨無所畏，可與宮觀。」先是，徑山僧宗杲善談禪理，從游者衆，九成時往來其間。檜恐其議己，令司諫詹大方論其與宗杲謗訕朝政，謫居南安軍。在南安十四年，每執書就明，倚立庭磚，歲久雙趺隱然。廣帥致籯金，九成曰：「吾何敢苟取。」悉歸之。檜死，起知温州。戶部遣吏督軍糧，民苦之，九成移書痛陳其弊，戶部持之，九成卽丐祠歸。數月，病卒。

九成研思經學，多有訓解，然早與學佛者游，故其議論多偏。寶慶初，特贈太師，封崇國公，謚文忠。

胡銓字邦衡，廬陵人。建炎二年，高宗策士淮海，銓因御題問「治道本天，天道本民」，答云：「湯、武聽民而興，桀、紂聽天而亡。今陛下起干戈鋒鏑間，外亂內訌，而策臣數十條，皆質之天，不聽於民。」又謂：「今宰相非晏殊，樞密、參政非韓琦、杜衍、范仲淹。」策萬餘言，高宗見而異之，將冠之多士，有忌其直者，移置第五。授撫州軍事判官，未上，會隆祐太后避兵贛州，金人躡之，銓以漕檄攝本州幕，募鄉丁助官軍捍禦，第賞轉承直郎。丁父憂，從鄉先生蕭楚學春秋。

紹興五年，張浚開督府，辟湖北倉屬，不赴。有詔赴都堂審察，兵部尙書呂祉以賢良方正薦，賜對，除樞密院編修官。

八年，宰臣秦檜決策主和，金使以「詔諭江南」爲名，中外洶洶。銓抗疏言曰：

臣謹案，王倫本一狎邪小人，市井無賴，頃緣宰相無識，遂舉以使虜。專務詐誕，欺罔天聽，驟得美官，天下之人切齒唾駡。今者無故誘致虜使，以「詔諭江南」爲名，是欲臣妾我也，是欲劉豫我也。劉豫臣事醜虜，南面稱王，自以爲子孫帝王萬世不拔之業，一旦豺狼改慮，捽而縛之，父子爲虜。商鑑不遠，而倫又欲陛下効之。夫天下者，祖宗之天下也，陛下所居之位，祖宗之位也。奈何以祖宗之天下爲金虜之天下，以祖宗之位爲金虜藩臣之位！陛下一屈膝，則祖宗廟社之靈盡汚夷狄，祖宗數百年之赤子盡爲左衽，朝廷宰執盡爲陪臣，天下士大夫皆當裂冠毁冕，變爲胡服。異時豺狼無厭之求，安知不加我以無禮如劉豫也哉？

夫三尺童子至無識也，指犬豕而使之拜，則怫然怒。今醜虜則犬豕也，堂堂大國，相率而拜犬豕，曾童孺之所羞，而陛下忍爲之耶？倫之議乃曰：「我一屈膝則梓宮可還，太后可復，淵聖可歸，中原可得。」嗚呼！自變故以來，主和議者誰不以此說啗陛下哉！然而卒無一驗，則虜之情僞已可知矣。而陛下尚不覺悟，竭民膏血而不恤，忘國大讎而不報，含垢忍恥，舉天下而臣之甘心焉。就令虜決可和，盡如倫議，天下後世謂陛下何如主？況醜虜變詐百出，而倫又以姦邪濟之，梓宮決不可還，太后決不可復，淵聖決不可歸，中原決不可得，而此膝一屈不可復伸，國勢陵夷不可復振，可爲痛哭流涕長太息矣！

向者陛下間關海道，危如累卵，當時尚不忍北面臣虜，況今國勢稍張，諸將盡銳，士卒思奮。只如頃者醜虜陸梁，僞豫入寇，固嘗敗之於襄陽，敗之於淮上，敗之於渦口，敗之於淮陰，校之往時蹈海之危，固已萬萬，儻不得已而至於用兵，則我豈遽出虜人下哉？今無故而反臣之，欲屈萬乘之尊，下穹廬之拜，三軍之士不戰而氣已索。此魯仲連所以義不帝秦，非惜夫帝秦之虛名，惜天下大勢有所不可也。今內而百官，外而軍民，萬口一談，皆欲食倫之肉。謗議洶洶，陛下不聞，正恐一旦變作，禍且不測。臣竊謂不斬王倫，國之存亡未可知也。

雖然，倫不足道也，秦檜以腹心大臣而亦爲之。陛下有堯、舜之資，檜不能致君如唐、虞，而欲導陛下爲石晉。近者禮部侍郎曾開等引古誼以折之，檜乃厲聲責曰：「侍郎知故事，我獨不知！」則檜之遂非愎諫，已自可見，而乃建白令臺諫、侍臣僉議可否，是蓋畏天下議己，而令臺諫、侍臣共分謗耳。有識之士皆以爲朝廷無人，吁，可惜哉！

孔子曰：「微管仲，吾其被髮左衽矣。」夫管仲，霸者之佐耳，尙能變左衽之區，而爲衣裳之會。秦檜，大國之相也，反驅衣冠之俗，而爲左衽之鄉。則檜也不唯陛下之罪人，實管仲之罪人矣。孫近傅會檜議，遂得參知政事，天下望治有如饑渴，而近伴食中書，漫不敢可否事。檜曰虜可和，近亦曰可和；檜曰天子當拜，近亦曰當拜。臣嘗至政事堂，三發問而近不答，但曰：「已令臺諫、侍從議矣。」嗚呼！參贊大政，徒取充位如此。有如虜騎長驅，尙能折衝禦侮耶？臣竊謂秦檜、孫近亦可斬也。

臣備員樞屬，義不與檜等共戴天，區區之心，願斷三人頭，竿之藁街，然後羈留虜使，責以無禮，徐興問罪之師，則三軍之士不戰而氣自倍。不然，臣有赴東海而死爾，寧能處小朝廷求活邪！

書既上，檜以銓狂妄凶悖，鼓衆劫持，詔除名，編管昭州，仍降詔播告中外。給、舍、臺諫及朝臣多救之者，檜迫於公論，乃以銓監廣州鹽倉。明年，改簽書威武軍判官。十二年，諫官羅汝檝劾銓飾非横議，詔除名，編管新州。十八年，新州守臣張棣訐銓與客唱酬，謗訕怨望，移謫吉陽軍。

二十六年，檜死，銓量移衡州。銓之初上書也，宜興進士吳師古鋟木傳之，金人募其書千金。其謫廣州也，朝士陳剛中以啓事爲賀。其謫新州也，同郡王廷珪以詩贈行。皆爲人所訐，師古流袁州，廷珪流辰州，剛中謫知虔州安遠縣，遂死焉。三十一年，銓得自便。

孝宗卽位，復奉議郎、知饒州。召對，言修德、結民、練兵、觀釁，上曰：「久聞卿直諒。」除吏部郎官。隆興元年，遷秘書少監，擢起居郎，論史官失職者四：一謂記注不必進呈，庶人主有不觀史之美；二謂唐制二史立螭頭之下，今在殿東南隅，言動未嘗得聞；三謂二史立後殿，而前殿不立，乞於前後殿皆分日侍立；四謂史官欲其直前，而閤門以未嘗預牒，以今日無班次爲辭。乞自今直前言事，不必預牒閤門，及以有無班次爲拘。詔從之。兼侍講、國史院編修官。因講禮記，曰：「君以禮爲重，禮以分爲重，分以名爲重，願陛下無以名器輕假人。」

又進言乞都建康，謂：「漢高入關中，光武守信都。大抵與人鬬，不搤其亢，拊其背，不能全勝。今日大勢，自淮以北，天下之亢與背也，建康則搤之拊之之地也。若進據建康，下臨中原，此高、光興王之計也。」

詔議行幸，言者請紓其期，遂以張浚視師圖恢復，侍御史王十朋贊之。克復宿州，大將李顯忠私其金帛，且與邵宏淵忿爭，軍大潰。十朋自劾。上怒甚，銓上疏願毋以小衄自沮。

時旱蝗、星變，詔問政事闕失，銓應詔上書數千言，始終以春秋書災異之法，言政令之闕有十，而上下之情不合亦有十，且言：「堯、舜明四目，達四聰，雖有共、鯀，不能塞也。秦二世以趙高爲腹心，劉、項橫行而不得聞；漢成帝殺王章，王氏移鼎而不得聞；靈帝殺竇武〔二〕陳蕃，天下橫潰而不得聞；梁武信朱异，侯景斬闕而不得聞；隋煬帝信虞世基，李密稱帝而不得聞；唐明皇逐張九齡，安、史胎禍而不得聞。陛下自卽位以來，號召逐客，與臣同召者張燾、辛次膺、王大寶、王十朋，今燾去矣，次膺去矣，十朋去矣，大寶又將去，惟臣在爾。以言爲諱，而欲塞災異之源，臣知其必不能也。」

銓又言：「昔周世宗爲劉旻所敗，斬敗將何徽等七十人，軍威大震，果敗旻，取淮南，定三關。夫一日戮七十將，豈復有將可用？而世宗終能恢復，非庸懦者去，則勇敢者出耶！近宿州之敗，士死于敵者滿野，而敗軍之將以所得之金賂權貴以自解，上天見變昭然，陛下非信賞必罰以應天不可。」其論納諫曰：「今廷臣以箝默爲賢，容悅爲忠。馴至興元之幸〔三〕，所謂『一言喪邦』。」上曰：「非卿不聞此。」

金人求成，銓曰：「金人知陛下銳意恢復，故以甘言款我，願絕口勿言『和』字。」上以邊事全倚張浚，而王之望、尹穡專主和排浚，銓廷責之。兼權中書舍人、同修國史。張浚之子栻賜金紫，銓繳奏之，謂不當如此待勳臣子。浚雅與銓厚，不顧也。

十一月，詔以和戎遣使，大詢于庭，侍從、臺諫預議者凡十有四人。主和者半，可否者半，言不可和者銓一人而已，乃獨上一議曰：「京師失守自耿南仲主和，二聖播遷自何㮚主和，維揚失守自汪伯彥、黃潛善主和，完顏亮之變自秦檜主和。議者乃曰：『外雖和而內不忘戰。』此向來權臣誤國之言也。一溺於和，不能自振，尚能戰乎？」除宗正少卿，乞補外，不許。

先是，金將蒲察徒穆、大周仁以泗州降，蕭琦以軍百人降，詔並爲節度使。銓言：「受降古所難，六朝七得河南之地，不旋踵而皆失；梁武時侯景以河南來奔，未幾而陷臺城；宣、政間郭藥師自燕雲來降，未幾爲中國患。今金之三大將內附，高其爵祿，優其部曲，以繫中原之心，善矣。然處之近地，萬一包藏禍心，或爲內應，後將噬臍，願勿任以兵柄，遷其衆於湖、廣以絕後患。」

二年，兼國子祭酒，尋除權兵部侍郞。八月，上以災異避殿減膳，詔廷臣言闕政急務。銓以振災爲急務，議和爲闕政，其議和之書曰：

自靖康迄今凡四十年，三遭大變，皆在和議，則醜虜之不可與和，彰彰然矣。肉食鄙夫，萬口一談，牢不可破。非不知和議之害，而爭言爲和者，是有三說焉：曰偷懦，曰苟安，曰附會。偷懦則不知立國，苟安則不戒酖毒，附會則覬得美官，小人之情狀具於此矣。

今日之議若成，則有可弔者十；若不成，則有可賀者亦十。請爲陛下極言之。何謂可弔者十？

眞宗皇帝時，宰相李沆謂王旦曰：「我死，公必爲相，切勿與虜講和。吾聞出則無敵國外患，如是者國常亡，若與虜和，自此中國必多事矣。」旦殊不以爲然。既而遂和，海內乾耗，旦始悔不用文靖之言。此可弔者一也。

中原謳吟思歸之人，日夜引領望陛下拯溺救焚，不啻赤子之望慈父母，一與虜和，則中原絕望，後悔何及。此可弔者二也。

海、泗今日之藩籬咽喉也，彼得海、泗，且決吾藩籬以瞰吾室，扼吾咽喉以制吾命，則兩淮決不可保。兩淮不保，則大江決不可守；大江不守，則江、浙決不可安。此可弔者三也。

紹興戊午，和議既成，檜建議遣二三大臣如路允迪等，分往南京等州交割歸地。

一旦叛盟，劫執允迪等，遂下親征之詔，虜復請和。其反覆變詐如此，檜猶不悟，奉之如初，事之愈謹，賂之愈厚，卒有逆亮之變，驚動輦轂。太上謀欲入海，行朝居民一空，覆轍不遠，忽而不戒，臣恐後車又將覆也。此可弔者四也。

紹興之和，首議決不與歸正人，口血未乾，盡變前議。凡歸正之人一切遣還，如程師回、趙良嗣等聚族數百，幾爲蕭牆憂。今必盡索歸正之人，與之則反側生變，不與則虜決不肯但已。夫反側則肘腋之變深，虜決不肯但已，則必別起釁端，猝有逆亮之謀，不知何以待之。此可弔者五也。

自檜當國二十年間，竭民膏血以餌犬羊，迄今府庫無旬月之儲，千村萬落生理蕭然，重以蝗蟲水潦。自此復和，則蠹國害民，殆有甚焉者矣。此可弔者六也。

今日之患，兵費已廣，養兵之外又增歲幣，且少以十年計之，其費無慮數千億。而歲幣之外，又有私覿之費；私覿之外，又有賀正、生辰之使；賀正、生辰之外，又有泛使。一使未去，一使復來，生民疲於奔命，帑廩涸於將迎，瘠中國以肥虜，陛下何憚而爲之。此其可弔者七也。

側聞虜人嫚書，欲書御名，欲去國號「大」字，欲用再拜。議者以爲繁文小節不必計較，臣切以爲議者可斬也。夫四郊多壘，卿大夫之辱；楚子問鼎，義士之所深恥；

「獻納」二字，富弼以死爭之。今醜虜橫行與多壘孰辱？國號大小與鼎輕重孰多？「獻納」二字與再拜孰重？臣子欲君父屈己以從之，則是多壘不足辱，問鼎不必恥，「獻納」不必爭。此其可弔者八也。

臣恐再拜不已必至稱臣，稱臣不已必至請降，請降不已必至納土，納土不已必至銜璧，銜璧不已必至輿櫬，輿櫬不已必至如晉帝青衣行酒然後爲快。此其可弔者九也。

事至於此，求爲匹夫尚可得乎？此其可弔者十也。

竊觀今日之勢，和決不成，儻乾剛獨斷，追回使者魏杞、康湑等，絕請和之議以鼓戰士，下哀痛之詔以收民心，天下庶乎其可爲矣。如此則有可賀者亦十：省數千億之歲幣，一也；專意武備，足食足兵，二也；無書名之恥，三也；無去「大」之辱，四也；無再拜之屈，五也；無稱臣之忿，六也；無請降之禍，七也；無納土之悲，八也；無銜璧、輿櫬之酷，九也；無青衣行酒之寃，十也。

去十弔而就十賀，利害較然，雖三尺童穉亦知之，而陛下不悟。春秋左氏謂無勇者爲婦人，今日舉朝之士皆婦人也。如以臣言爲不然，乞賜流放竄殛，以爲臣子出位犯分之戒。

自符離之敗，朝論急於和戎，棄唐、鄧、海、泗四州與虜矣。金又欲得商、秦地，邀歲幣，留使者魏杞，分兵攻淮。以本職措置浙西、淮東海道。

時金使僕散忠義、紇石烈志寧之兵號八十萬，劉寶棄楚州，王彥棄昭關，濠、滁皆陷。惟高郵守臣陳敏拒敵射陽湖，而大將李寶預求密詔爲自安計，擁兵不救。銓劾奏之，曰：「臣受詔令范榮備淮，李寶備江，緩急相援。今寶視敏弗救，若射陽失守，大事去矣。」寶懼，始出師掎角。時大雪，河冰皆合，銓先持鐵鎚鎚冰，士皆用命，金人遂退。久之，提舉太平興國宮。

乾道初，以集英殿修撰知漳州，改泉州。趣奏事，留爲工部侍郎。入對，言：「少康以一旅復禹績，今陛下富有四海，非特一旅，而即位九年，復禹之効尙未赫然。」又言：「四方多水旱，左右不以告，謀國者之過也，宜令有司速爲先備。」乞致仕。

七年，除寶文閣待制，留經筵。求去，以敷文閣直學士與外祠。陛辭，猶以歸陵寢、復故疆爲言，上曰：「朕志也。」且問今何歸，銓曰：「歸廬陵，臣向在嶺海嘗訓傳諸經，欲成此書。」特賜通天犀帶以寵之。

銓歸，上所著易、春秋、周禮、禮記解，詔藏秘書省。尋復元官，升龍圖閣學士、提舉太平興國宮，轉提舉玉隆萬壽宮〔三〕，進端明殿學士〔四〕。六年，召歸經筵，銓引疾力辭。七年，以資政殿學士致仕。薨，謚忠簡。有澹庵集一百卷行于世。孫槻、椝，皆至尚書。

廖剛字用中，南劍州順昌人。少從陳瓘、楊時學。登崇寧五年進士第。宣和初，自漳州司錄除國子錄，擢監察御史。時蔡京當國，剛論奏無所避。以親老求補外，出知興化軍。欽宗即位，以右正言召。丁父憂，服闋，除工部員外郎，以母疾辭。

紹興元年，盜起旁郡，官吏悉逃去，順昌民以剛爲命。剛諭從盜者使反業，既而他盜入順昌，部使者檄剛撫定。剛遣長子遲諭賊，賊知剛父子有信義，亦散去。除本路提點刑獄。

尋召爲吏部員外郎，言：「古者天子必有親兵自將，所以備不虞而強主威，漢北軍、唐神策之類也。祖宗軍制尤嚴。願稽舊制，選精銳爲親兵，居則以爲衞，動則以爲中軍，此強幹弱枝之道。」又言：「國家艱難已極，今方圖新，若會稽誠非久駐之地。請經營建康，親擁六師往爲固守計，以杜金人窺伺之意。」遷起居舍人、權吏部侍郎兼侍講，除給事中。

丁母憂，服闋，復拜給事中。剛言：「國不可一日無兵，兵不可一日無食。今諸將之兵備江、淮，不知幾萬，初無儲蓄，日待哺於東南之轉餉，浙民已困，欲救此患莫若屯田。」因獻三說，將校有能射耕，當加優賞，每耕田一頃，與轉一資；百姓願耕，假以糧種，復以租賦。上令都督府措置。

時朝廷推究章惇、蔡卞誤國之罪，追貶其身，仍詔子孫毋得官中朝。至是章傑自崇道觀知婺州，章僅自太府丞提舉江東茶鹽事。剛封還詔書，謂卽如此，何以示懲，乃並與祠。權戶部侍郎，尋遷刑部侍郎。求補外，除徽猷閣直學士、知漳州。

七年二月，日有食之，詔內外官言事。剛言：「陛下有建國之封，所以承天意、示大公於天下後世者也，然而未遂正名者，豈非有所待耶？有所待，則是應天之誠未至也。願陛下昭告藝祖在天之靈，正建國儲君之號，布告中外，不匿厥旨。異時雖百斯男，不復更易，天下孰敢不服。」上讀之聳然，卽召剛趣至闕，拜御史中丞。剛言：「臣職糾姦邪，當務大體，若捃摭細故，則非臣本心。」又奏經費不支，盜賊不息，事功不立，命令不孚，及兵驕官冗之弊。

時徽宗已崩，上遇朔望猶率羣臣遙拜淵聖，剛言：「禮有隆殺，兄爲君則君之，己爲君則兄之可也。望勉抑聖心，但歲時行家人禮於內庭。」從之。

殿前司強刺民爲兵，及大將恃功希恩，所請多廢法。剛知無不言，論列至於四五，驕橫者肅然。

鄭億年與秦檜有連而得美官，剛顯疏其惡，檜銜之。金人叛盟，剛乞起舊相之有德望者，處以近藩，檜聞之曰：「是欲置我何地耶？」改工部尚書，而以王次翁爲中丞。初，邊報至，從官會都堂，剛謂億年曰：「公以百口保金人，今已背約，有何面目尚在朝廷乎？」億年奉祠去。次翁與右諫議何鑄劾剛薦劉昉、陳淵，相爲朋比，以徽猷閣直學士提舉亳州明道宮。明年致仕。以紹興十三年卒。

子四人：遲、過、邃、遽，仕皆秉麾節，邦人號爲「萬石廖氏」。

李迨，東平人也。曾祖參，仕至尚書右丞。迨未冠入太學，因居開封。以蔭補官，初調渤海縣尉。

時州縣團結民兵，民起田畝中，不閑坐作進退之節，或譁不受令，迨立賞罰以整齊之，累月皆精練，部伍如法。部刺史按閱，無一人亂行伍者，遂薦之朝，改合入官。累遷通判濟州。

時高宗以大元帥過濟，郡守自以才不及，遜迨行州事，迨應辦軍須無闕。會大元帥府勸進，乘輿儀物皆未備，迨諳熟典故，裁定其制，不日而辦。上深嘆賞，即除隨軍輂運。

上卽位於南京，授山東輦運，改金部郎。從駕至維揚，敵犯行在所，卽取金部籍有關於國家經賦之大者載以行，及上于鎭江。時建炎三年二月也。宰相呂頤浩言于上，卽日召見。

未幾，丁父喪，詔起復，以中散大夫直龍圖閣，爲御營使司參議官兼措置軍前財用。苗傅、劉正彥叛，呂頤浩、張浚集勤王之師，迨流涕謂諸將曰：「君第行，無慮軍食。」師行所至，食皆先具。事平，同趙哲等入對，上慰勞之。詔轉三官，辭不拜，除權戶部侍郎。

四年，加顯謨閣待制，爲淮南、江、浙、荆湖等路制置發運使。尋以軍旅甫定，乞持餘服，詔許之。紹興二年，知筠州。明年，移信州，尋提舉江州太平觀。

五年十月，以舊職除兩浙路轉運使，言：「祖宗都大梁，歲漕東南六百餘萬斛，而六路之民無飛挽之擾，蓋所運者官舟，所役者兵卒故也。今駐蹕浙右，漕運地里不若中都之遠，而公私苦之，何也？以所用之舟太半取於民間，往往鑿井沉船以避其役。如溫、明、虔、吉州等處所置造船場，乞委逐州守臣措置，募兵卒牽挽，使臣管押，庶幾害不及民，可以漸復漕運舊制。」詔工部措置。尋加徽猷閣直學士，升龍圖閣直學士，爲四川都轉運使兼提舉成都等路茶事，并提舉陝西等路買馬。

自熙、豐以來，始卽熙、秦、戎、黎等州置場買馬，而川茶通於永興四路，故成都府、秦州皆行榷茶司。至是關陝既失，迨請合爲一司，名都大提舉茶馬司，以省冗費，從之。踰年，詔迨以每歲收支之數具旁通驛奏，迨乃考其本末，具奏曰：

紹興四年，所收錢物三千三百四十二萬餘緡，比所支闕五十一萬餘緡〔五〕。五年，收三千六十萬緡，比所支闕一千萬餘緡。六年，未見。七年，所收三千六百六十萬餘緡〔六〕，比所支闕一百六十一萬餘緡。自來遇歲計有闕，即添支錢引補助。紹興四年，添印五百七十六萬道。五年，添印二百萬道。六年，添印六百萬道。見今泛料太多，引價頓落，緣此未曾添印。兼歲收錢物內有上供、進奉等窠名一千五百九十九萬，係四川歲入舊額。其勸諭、激賞等項窠名錢物共二千六十八萬，係軍興後來歲入所增，比舊額已過倍，其取於民可謂重矣。

臣嘗考劉晏傳，是時天下歲入緡錢千二百萬，而管榷居其半。今四川榷鹽榷酒歲入一千九十一萬，過於晏所榷多矣。諸窠名錢已三倍劉晏歲入之數，彼以一千二百萬贍中原之軍而有餘，今以三千六百萬貫贍川、陝一軍而不足。又如折估及正色米一項，通計二百六十五萬石。止以紹興六年朝廷取會官兵數，計六萬八千四百四十九人，決無一年用二百六十五萬石米之理。數內官員一萬一千七員，軍兵五萬七百四十九人，官員之數比軍兵之數約計六分之一。軍兵請給錢比官員請給不及十分之一，即是冗濫在官員，不在軍兵也。計司雖知冗濫，力不能裁節之，雖是寬剩，亦未敢除減，此朝廷不可不知也。

蜀人所苦甚者，糴買、般運也。蓋糴買不科敷則不能集其事，苟科敷則不能無擾；般運事稍緩則船戶獨受其弊，急則稅戶皆被其害。欲省漕運莫如屯田，漢中之地約收二十五萬餘石，若將一半充不係水運去處歲計米，以一半對減川路糴買、般發歲計米〔七〕，亦可少寬民力。兼臣已委官於興元、洋州就糴夏麥五十萬石，岷州欲就糴二十萬石，兼用營田所收一半之數十二萬石，三項共計五十七萬石。每年水運應付閬、利州以東計米五十八萬石，若得此三項，可盡數免川路糴買、般運，此乃恤民之實惠，守邊之良策也。

降詔獎諭。以與吳玠不合，與祠。

九年，金人歸我三京，命迨爲京畿都轉運使。孟庾時爲權東京留守，潛通北使。迨察其隱微，庾不能平，訟于朝，且使人告迨曰：「北人以兵至矣。」迨曰：「吾家食國家祿二百年，荷陛下重任，萬死不足報。吾老矣，豈能下穹廬之拜乎？首可斷而膝不可屈也。如果然，吾將極駡以死。」告者悚然而去。降聖節，庾失於行禮，爲迨所持，庾自劾，迨因此求罷去，乃落職與祠歸，而庾以京師降於金人。

迨壽復龍圖閣待制、知洪州。十六年，以疾丐祠。十八年卒。

趙開字應祥，普州安居人。登元符三年進士第。大觀二年，權辟廱正。用舉者改秩，即盡室如京師，買田尉氏，與四方賢俊遊，因詗知天下利病所當罷行者。如是七年，慨然有通變救弊志。

宣和初，除禮制局校正檢閱官。數月局罷，出知鄢陵縣。七年，除講議司檢詳官。開善心計，自檢詳罷，除成都路轉運判官，遂奏罷宣和六年所增上供認額綱布十萬匹，減綿州下戶支移利州水脚錢十分之三，又減蒲江六井元符至宣和所增鹽額，列其次第，謂之「鼠尾帳」，揭示鄉戶歲時所當輸折科等實數，俾人人具曉，鄉胥不得隱匿竄寄。

嘗言：「財利之源當出於一，祖宗朝天下財計盡歸三司，諸道利源各歸漕計，故官省事理。併廢以還，漕司則利害可以參究，而無牽掣窒礙之患矣。」因指陳榷茶、買馬五害，大略謂：「黎州買馬，嘉祐歲額纔二千一百餘。自置司榷茶，歲額四千，且獲馬兵踰千人〔六〕，猶不足用，多費衣糧，爲一害。嘉祐以銀絹博馬，價皆有定。今長吏旁緣爲姦，不時歸貨，以空劵給夷人，使待資次，夷人怨恨，必生邊患，爲二害。初置司榷茶，借本錢於轉運司五十二萬緡，於常平司二十餘萬緡。自熙寧至今幾六十年，舊所借不償一文，而歲借乃準初數，爲三害。榷茶之初，預俵茶戶本錢，尋於數外更增和買，或遂抑預俵錢充和買，茶戶坐是破產，而官買歲增。茶日濫雜，官茶既不堪食，則私販公行，刑不能禁，爲四害。承平時，蜀茶之入秦者十幾八九，猶患積壓難售。今關、隴悉遭焚蕩，仍拘舊額，竟何所用？茶兵官吏坐縻衣糧，未免科配州縣，爲五害。請依嘉祐故事，盡罷榷茶，仍令轉運司買馬，卽五害並去，而邊患不生。如謂榷茶未可遽罷，亦宜併歸轉運司，痛減額以蘇茶戶，輕立價以惠茶商，如此則私販必衰，盜賊消弭，本錢既常在，而息錢自足。」

朝廷是其言，卽擢開都大提舉川、陝茶馬事，使推行之。時建炎二年也。於是大更茶馬之法，官買官賣茶並罷，參酌政和二年東京都茶務所創條約，印給茶引，使茶商執引與茶戶自相貿易。改成都舊買賣茶場爲合同場買引所，仍於合同場置茶市，交易者必由市，引與茶必相隨。茶戶十或十五共爲一保，并籍定茶鋪姓名，互察影帶販鬻者。凡買茶引，每一斤春爲錢七十，夏五十，舊所輸市例頭子錢並依舊。茶所過每一斤征一錢，住征一錢半。其合同場監官除驗引、秤茶、封記、發放外，無得干預茶商、茶戶交易事。

舊制買馬及三千匹者轉一官，比但以所買數推賞，往往有一任轉數官者。開奏：「請推賞必以馬到京實收數爲格，或死於道，黜降有差。」比及四年冬，茶引收息至一百七十餘萬緡，買馬乃踰二萬匹。

張浚以知樞密院宣撫川蜀，素知開善理財，卽承制以開兼宣撫處置使司隨軍轉運使，專一總領四川財賦。開見浚曰：「蜀之民力盡矣，錙銖不可加，獨榷貨稍存贏餘，而貪猾認爲己有，互相隱匿。惟不恤怨詈，斷而敢行，庶可救一時之急。」浚銳意興復，委任不疑，於是大變酒法，自成都始。先罷公使賣供給酒，卽舊撲買坊場所置隔槽，設官主之，麴與釀具官悉自買，聽釀戶各以米赴官場自釀，凡一石米輸三千，幷頭子雜用等二十二。其釀之多寡，惟錢是視，不限數也。明年，遂徧四路行其法。又法成都府法，於秦州置錢引務，興州鼓鑄銅錢，官賣銀絹，聽民以錢引或銅錢買之。凡民錢當入官者，並聽用引折納，官支出亦如之。民私用引爲市，於一千幷五百上許從便增高其直，惟不得減削。法既流通，民以爲便。

初，錢引兩料通行纔二百五十萬有奇，至是添印至四千一百九十餘萬，人亦不厭其多，價亦不削。

宣司獲僞引三十萬，盜五十人，浚欲從有司議當以死，開白浚曰：「相君誤矣。使引僞，加宣撫使印其上卽爲眞。黥其徒使治幣，是相君一日獲三十萬之錢，而起五十人之死也。」浚稱善，悉如開言。

最後又變鹽法，其法實視大觀東南、東北鹽鈔條約，置合同場鹽市，與茶法大抵相類。鹽引每一斤納錢二十五，土產稅及增添等共納九錢四分，所過每斤征錢七分，住征一錢五分，若以錢引折納，別輸稱提勘合錢共六十。初變榷法，怨詈四起，至是開復議更鹽法，言者遂奏其不便，乞罷之以安遠民，且曰：「如謂大臣建請，務全事體，必須更制，即乞箚與張浚照會。」詔以其章示浚，浚不爲變。

時浚荷重寄，治兵秦川，經營兩河，旬犒月賞，期得士死力，費用不貲，盡取辦於開。開悉知慮於食貨，算無遺策，雖支費不可計，而贏貲若有餘。

吳玠爲四川宣撫副使，專治戰守，於財計盈虛未嘗問，惟一切以軍期趣辦，與開異趣。玠數以餉饋不繼訴于朝，開亦自劾老憊，丐去。朝廷未許，乃特置四川安撫制置大使之名，命席益爲之。益前執政，詔位宣撫司上，朝論恐未安，仍詔張浚視師荆、襄、川、陝。

六年，罷綿州宣撫司，玠仍以宣撫治兵事，軍馬聽玠移撥，錢物則委開拘收。尋除開徽猷閣待制，加玠兩鎮節鉞。復降旨，都轉運使不當與四路漕臣同繫銜，成都、潼川兩路漕臣與都轉運使坐應副軍支錢物愆期，各貶二秩。朝廷故抑揚之，使之交解間隙、趣辦餉饋也。而開復與席益不和，抗疏乞將舊來宣撫司年計應副軍期，不許他司分擘支用。又指陳宣撫司截都漕運司錢，就果、閬糴米非是。又言應副吳玠軍須，紹興四年總爲錢一千九百五十五萬七千餘緡，五年視四年又增四百二十萬五千餘緡。蜀今公私俱困，四向無所取給，事屬危急，實甚可憂，乞許以茶馬司奏計詣闕下，盡所欲言。朝廷既知開與玠及席益有隙，乃詔開赴行在，以李迨代之。會疾作不行，提舉江州太平觀。七年，復右文殿修撰、都大主管川陝茶馬。開已病，累疏丐去，詔從所乞，提舉太平觀。十一年卒。

論曰：秦檜執國柄，其誤宋大計，固無以議爲也。張九成之策，胡銓之疏，忠義凜然。廖剛請復用德望之人，豈苟阿時好者哉？李迨、趙開所謂可使治其賦也歟？

校勘記

〔一〕竇武　原作「何武」。按何武爲西漢人，漢書卷八六有傳，此誤；應作「竇武」，竇武事見後漢書卷六九本傳，據改。

〔二〕馴至興元之幸　按楊萬里誠齋集卷一一八胡銓行狀、李幼武四朝名臣言行錄別集上卷一三胡銓條，此係指唐德宗所謂「賣直」事，句上當有脫文。

〔三〕玉隆萬壽宮　原作「玉龍萬壽宮」，據誠齋集卷一一八胡銓行狀、周益國文忠公集卷三〇胡銓神道碑改。

〔四〕進端明殿學士　此下原衍「提舉」二字，據誠齋集卷一一八胡銓行狀、周益國文忠公集卷三〇胡銓神道碑刪。

〔五〕比所支闕五十一萬餘緡　「比所支闕」，原作「此所支關」。繫年要錄卷一一一作「比所支計闕」，「此」爲「比」字之誤，「關」爲「闕」字之誤，據改。下五年、七年條同。

〔六〕三千六百六十萬餘緡　按繫年要錄卷一一一作「三千六百六十七萬餘緡」。

〔七〕若將一半充不係水運去處歲計米以一半對減川路糴買般發歲計米　「米以」二字原倒。按繫年要錄卷一一一作「若將一半樁充自來不係水運應副去處歲計米，一半對減川路糴買、般發歲計米」，據改。

〔八〕且獲馬兵踰千人　按琬琰集卷三三趙開墓誌銘作「別置牽馬兵又踰千人」。

宋史卷三百七十五

列傳第一百三十四

鄧肅 李邴 滕康 張守 富直柔 馮康國

鄧肅字志宏，南劍沙縣人。少警敏能文，美風儀，善談論。李綱見而奇之，相倡和，爲忘年交。居父喪，哀毁踰禮，芝產其廬。入太學，所與游皆天下名士。時東南貢花石綱，肅作詩十一章，言守令搜求擾民，用事者見之，屏出學。

欽宗嗣位，召對便殿，補承務郎，授鴻臚寺簿。金人犯闕，肅被命詣敵營，留五十日而還。張邦昌僭位，肅義不屈，奔赴南京，擢左正言。

先是，朝廷賜金國帛一千萬，肅在其營，密覘，均與將士之數，大約不過八萬人，至是爲上言之，且言：「金人不足畏，但其信賞必罰，不假文字，故人各用命。朝廷則不然，有同時立功而功又相等者，或已轉數官，或尙爲布衣，輕重上下，只在吏手。賞既不明，誰肯自勸？欲望專立功賞一司，使凡立功者得以自陳。若功狀已明而賞不行，或功同而賞有輕重先後者，並置之法。」上從之。

朝臣受僞命者衆，肅請分三等定罪。上以肅在圍城中，知其姓名，令具奏。肅言：「叛臣之上者，其惡有五：諸侍從而爲執政者，王時雍、徐秉哲、吳幵、呂好問、莫儔、李回是也；諸庶官及宮觀而起爲侍從者，胡思、朱宗、周懿文、盧襄、李擢、范宗尹是也；撰勸進文與赦書者，顏博文、王紹是也；朝臣之爲事務官者，私結十友講册立邦昌之儀者是也；因張邦昌改名者，何昌言改爲善言、其弟昌辰改爲知辰是也。乞置之嶺外。所謂叛臣之次者，其惡有三：諸執政、侍從、臺諫稱臣於僞庭，執政馮澥、曹輔是也，侍從者已行遣，獨李會尙爲中書舍人，臺諫中有爲金人根括而被杖，一以病得免者，其餘無不在僞楚之庭；以庶官而升擢者，不可勝數，乞委留守司按籍考之，則無有遺者；願爲奉使者，黎確、李健、陳戩是也，乞於遠小處編管。若夫庶官在位供職不廢者，但苟祿而已，乞赦其罪而錄其名，不復用爲臺諫、侍從。」上以爲然。

耿南仲得祠祿歸，其子延禧爲郡守，肅劾：「南仲父子同惡，沮渡河之戰，遏勤王之兵，今日割三鎭，明日截兩河。及陛下欲進援京城，又爲南仲父子所沮。誤國如此，乞正典刑。」南仲嘗薦肅於欽宗，肅言之不恤，上嘉其直，賜五品服。

范訥留守東京，肅言：「訥出師兩河，望風先遁，今語人曰：『留守之說有四，戰、守、降、走而已。戰無卒，守無糧，不降則走。』且漢得人傑，乃守關中，奔軍之將，豈宜與此。」訥遂罷。內侍陳良弼肩輿至橫門外，開封買入內女童，肅連章論之。時官吏多託故而去，肅建議削其仕版，而取其祿以給禁衞，若夫先假指揮徑徙江湖者，乞追付有司以正其罪。

因入對，言：「外夷之巧在文書簡，簡故速；中國之患在文書煩，煩故遲。」上曰：「正此討論，故併三省盡依祖宗法。」及建局討論祖宗官制，兩月不見施行，肅言：「太祖、太宗之時，法嚴而令速，事簡而官清，未嘗旁搜曲引以稽賞罰，故能以十萬精兵混一六合。自時厥後，羣臣無可議者，今日獻一策，明日獻一言，煩冗瑣碎，惟恐不備，此文書所以益煩，而政事所以益緩也。今兵戈未息，豈可揖遜進退，尙循無事之時？欲乞限以旬日，期於必至，庶幾法嚴事簡，賞罰之權不至濡滯。」肅在諫垣，遇事感激，不三月凡抗二十疏，言皆切至，上多採納。

會李綱罷，肅奏曰：「綱學雖正而術疏，謀雖深而機淺，固不足以副聖意。惟陛下嘗顧臣曰：『李綱眞以身徇國者。』今日罷之，而責詞甚嚴，此臣所以有疑也。且兩河百姓無所適從，綱措置不一月間，民兵稍集，今綱既去，兩河之民將如何哉？僞楚之臣紛紛在朝，李綱先乞逐逆臣邦昌，然後叛黨稍能正罪，今綱既去，叛臣將如何哉？叛臣在朝，政事乖矣，兩河無兵，外夷驕矣，李綱於此，亦不可謂無一日之長。」執政怒，送肅吏部，罷歸居家。紹興二年，避寇福唐，以疾卒。

李邴字漢老，濟州任城縣人。中崇寧五年進士第，累官爲起居舍人，試中書舍人。北方用兵，酬功第賞，日數十百，邴辭命無留難。除給事中、同修國史兼直學士院，遷翰林學士。嘗與禁中曲宴，徽宗命賦詩，高麗使入貢，邴爲館伴，徽宗遣中使持示，使者請傳錄以歸。未幾，坐言者罷，提舉南京鴻慶宮。

欽宗卽位，除徽猷閣待制、知越州。久之，再落職，提舉西京嵩山崇福宮。高宗卽位，復徽猷閣待制。踰歲，召爲兵部侍郎兼直學士院。

苗傅、劉正彥迫上遜位，上顧邴草詔，邴請得御札而後敢作。朱勝非請降詔赦，邴就都堂草之。除翰林學士。初，邴見苗傅，面諭以逆順禍福之理，且密勸殿帥王元俾以禁旅擊賊，元唯唯不能用，卽詣政事堂白朱勝非，適正彥及其黨王世修在焉，又以大義責之，人爲之危，邴不顧也。時御史中丞鄭瑴又抗疏言睿聖皇帝不當改號，於是邴、瑴爲端明殿學士、同簽書樞密院事。邴與張守分草百官章奏，三奏三答，及太后手詔與復辟赦文，一日而具。

四月，拜尚書右丞，未幾，改參知政事。上巡江寧，太后六宮往豫章，命邴爲資政殿學士、權知行臺三省樞密院事。以與呂頤浩論不合，乞罷，遂以本職提舉杭州洞霄宮。未閱月，起知平江府。會兄鄴失守越州，坐累落職。明年，卽引赦復之，又升資政殿學士。

紹興五年，詔問宰執方略，邴條上戰陣、守備、措畫、綏懷各五事。戰陣之利五，曰出輕兵、務遠略、儲將帥、責成功、重賞格，大略謂：「關陝爲進取之地，淮南爲保固之地。關陝雖利於進取，然不用師於京東以牽制其勢，則彼得一力以拒我。今大將統兵者數人，皆所恃以爲根本，萬一失利，將不可復用。偏裨中如牛皐、王進、楊琟、史康民〔二〕皆京東士人，知地險易，可各配以部曲三五千人，或出淮陽，或出徐、泗，彼將奔命之不暇，此不動而分陝西重兵之一端也。關陝今雖有二宣撫，其體尙輕，非遣大臣不可。呂頤浩氣節高亮，李綱識量宏遠，威名素著，願擇其一而用之，必有以報陛下。」又言：「陛下卽位之初，韓世忠、劉光世、張俊威名隱然爲大將，今又有吳玠、岳飛者出矣。願詔大將，於所部舉智謀忠勇可以馭衆統師各兩三人，朝廷籍記。遇有事宜，使當一隊，毋隸大將，則諸人競奮才智，皆飛、玠之儔矣。大將爵位已崇，難相統一，自今用兵，第可授以成算，使自爲戰而已，愼勿遣重臣臨之，以輕其權而分其功。今却敵退師之後，必論功行賞，願因此詔有司預定賞格，謂如得城邑及近上首領之類，自一命至節度使，皆差次使足相當。」

所謂守備之宜有五，曰固根本、習舟師、防他道、講遺策、列長戍，大略謂：「江、浙爲今日根本，欲保守則失進取之利，欲進取則慮根本之傷。古之名將，內必屯田以自足，外必因糧於敵。誠能得以功名自任如祖逖者，舉淮南而付之，使自爲進取，而不至虛內以事外。臣聞朝廷下福建造海船七百隻，必如期而辦，乞倣古制，建伏波、下瀨、樓船之官，以教習水戰，俾近上將佐領之，自成一軍，而專隸於朝廷。無事則散之緣江州郡，緩急則聚而用之。臣度敵人他年入寇，懲創今日之敗，必先以一軍來自淮甸，爲築室反耕之計，以綴我師。然後由登、萊泛海窺吳、越，以出吾左，由武昌渡江窺江、池，以出吾右，一處不支則大事去矣。願預講左支右吾之策。夫兵之形無窮，願詔臨江守臣，凡可設奇以誤敵者，如吳人疑城之類，皆預爲措畫。今長江之險，綿數千里，守備非一，苟制得其要，則用力少而見功多。願差次其最緊處，屯軍若干人，一將領之，聽其郡守節制，次緊稍緩處差降焉，有事則以大將兼統之。既久則諳熟風土，緩急可用，與旋發之師不侔矣。」

所謂措畫之方有五，曰親大閱、補禁衞、講軍制、訂使事、降勑榜，大略謂：「因秋冬之交，闢廣場，會諸將，取士卒才藝絕特者而爵賞之。建炎以來，禁衞單寡，乃藉五軍以爲重，臣常寒心。願擇忠實嚴重之將以爲殿帥，稍補禁衞之闕，使隱然自成一軍，則其馭諸將也若臂之使指矣。今諸郡廂禁冗占私役者，大郡二三千人，小郡亦數百人。臣願講求，除郡守兵將官自禁軍給事外，餘傔從衣糧使自僦人以役。大抵殺廂軍三分之二，而以其衣糧之數盡募禁軍。金人自用兵以來，未嘗不以和好爲言，此決不可恃。然二聖在彼，不可遂已，姑以餘力行之耳。臣謂宜專命一官，如古所謂行人者，或止左右司領之，當遣使人，舉成法而授之，庶免臨時斟酌之勞，而朝廷得以專意治兵矣。劉豫僭叛，理必滅之，謂宜降敕榜，明著豫僭逆之罪，曉諭江北士民，此亦兵家所謂伐謀伐交者。」

所謂綏懷之略有五，曰宣德意、先振恤、通關津、選材能〔三〕、務寬貸，大略謂：「山東大姓結爲山砦以自保，今雖累年，勢必有未下者。願募有心力之人，密往詔諭。應淮北遺民來歸者，令淮南州郡給以行由，差船津濟，量差地分人護送，毋得邀阻。有官人先次注授差遣，無官而貧乏者，令沿江州郡以官舍居之，仍量給錢米三兩月，其能自營爲生乃止。內有才智可用之人，隨宜任使，勿但縻以爵秩而已。凡諸將行師入境，敢抗拒者，固在勦戮。其有善良、老弱之人，皆從寬貸，使之有更生之望。」不報。

邴閑居十有七年，薨于泉州，年六十二，謚文敏。有草堂集一百卷。

滕康字子濟，應天府宋城人。登崇寧五年進士第，又中詞學兼茂科，除祕書省正字，遷著作佐郎、尚書工部禮部員外郎、國子司業。

靖康二年，元帥府聞康習憲章，召至濟州。康率羣臣勸進，除太常少卿，使定登極禮儀。凡告天及肆赦之文，皆康爲之，辭意激切，聞者感動。除起居舍人、權給事中，進起居郎兼討論祖宗法度檢討官，試中書舍人。

會顯謨閣學士孟忠厚乞用父任減年遷官〔三〕，康言：「忠厚，隆祐太后之姪也，太宗以來，凡母后兄弟之子無爲侍從者。」武義大夫康義用登極恩，遷遙郡刺史，康又封還詞頭，言：「恩例遷官一等，謂於階官上進一階。今康義得特旨轉一官，自武義大夫躐上遙郡刺史，名爲遷一官，實升五等，紊法之甚也。自古召亂之源，非外戚撓法，則內侍干政，漢、唐可鑑。」凡再降旨，竟不肯行。

後軍統制韓世忠以不能戢所部，坐贖金。康言：「世忠無赫赫功，祗緣捕盜微勞，遂亞節鉞。今其所部卒伍至奪御器，逼諫臣於死地，乃止罰金，何以懲後？」詔降世忠一官。

知江州陳彥文用劉光世奏，錄其守城功，遷龍圖閣待制。康以光世所上彥文功狀前後牴牾，閣而未下。宰相力主彥文，趣康行詞，康論不已，宰相銜之。會布衣省試卷子不合式，康以其文取之，諫官李處遯論奏，遂以集英殿修撰提舉杭州洞霄宮。

未幾，移蹕錢塘，再除中書舍人，奏曰：「去歲郊禮前日食，而日官不以聞，廷臣不以告，使陛下所以應天者未至，故逆臣敢萌不軌者，無先事之戒也。陛下卽位，行再歲矣，惻怛愛民之政徒爲空言，而百姓不被其恩；哀痛責躬之詔不著事實，四方不以爲信。忠佞並馳，而多士解體；刑賞失當，而三軍沮氣。臣願陛下取建炎初元以來所下詔書，所舉政事，熟思審度，得無一二不類臣言者乎？望參稽得失而罷行之。」上再三褒諭，稱其有諫臣風。除左諫議大夫。旬日間，封章屢上，遂擢翰林學士。翌日，除端明殿學士、同簽書樞密院事。

建炎三年，宰相呂頤浩議幸武昌爲趨陝之計，既移蹕建康，又議欲盡棄中原，徙居民於東南。康力持不可，上悟而止。未幾，上請太后奉神主如江西，以參知政事李邴權知三省樞密院事，康爲資政殿學士，同從衞以行。邴辭疾，又命康權知，以劉珏爲貳。賜康褒詔，許綴宰執班奏事。

康從衞至洪州，劉光世護江不密，金人絕而渡，康等倉卒奉太后趨虔州。殿中侍御史張延壽論康與珏無憂國之心，至使太后涉險，爲敵人追迫，責授康秘書少監，分司南京，永州居住。未幾，許自便，復左朝請大夫，提舉明道宮。

紹興二年九月卒，年四十八。八年，追復龍圖閣學士。有文集二十卷。

張守字子固，常州晉陵人。家貧無書，從人假借，過目輒不忘。登崇寧元年進士第，中詞學兼茂科。除詳定九域圖志編修官。以省員罷，改宣德郎，擢爲監察御史。丁內艱去。建炎元年冬，召還，改官，賜五品服。上在維揚，粘罕將自東平歷泗、淮以窺行在，宰臣汪伯彥、黃潛善以爲李成餘黨不足畏，上召百官各言所見。葉夢得請上南巡，阻江爲守，張俊亦奏敵勢方張，宜且南渡。守獨抗疏，上防淮渡江利害六事，又別疏言金人犯淮甸之路有四，宜擇四路帥守繕兵儲粟以捍禦之。疏再上，又請詔大臣惟以選將治兵爲急，凡不急之務，付之都司、六曹。二相滋不悅，遂建議遣守撫諭京城，守聞命即就道。

三年正月，還，奏金人必來，願早爲之圖，上惻然。除起居郎兼直學士院。金人果渡淮，上幸臨安。遷御史中丞。

苗、劉既平，詔赦百官，表奏皆守與李邴分爲之。守論宰相朱勝非不能思患預防，致賊猖獗，乞罷政，疏留中不出，既而勝非竟罷政。

呂頤浩初相，舉行司馬光之言，欲併合三省，詔侍從、臺諫集議。守言光之所奏，較然可行，若更集衆，徒爲紛紜。既而悉無異論，竟合三省爲一。

上幸建康，呂頤浩、張浚叶議將奉上幸武昌爲趨陝之計。時方拜浚爲宣撫處置使，身任陝、蜀，守與諫議大夫滕康皆持不可，曰：「東南今日根本也，陛下遠適，則姦雄生窺伺之心。況將士多陝西人，以蜀近關陝，可圖西歸，自爲計耳，非爲陛下與國家計也。」守又陳十害，至殿廬謂康曰：「幸蜀之事，吾曹當以死爭之。」上曰：「朕固以爲難行。」議遂寢。

六月，久雨恆陰，呂頤浩、張浚皆謝罪求去，詔郎官以上言闕政。初，守爲副端時嘗上疏曰：「陛下處宮室之安，則思二帝、母后穹廬毳幕之居；享膳羞之奉，則思二帝、母后羶肉酪漿之味；服細煖之衣，則思二帝、母后窮邊絕塞之寒苦；操與奪之柄，則思二帝、母后語言動作受制於人；享嬪御之適，則思二帝、母后誰爲之使令；對臣下之朝，則思二帝、母后誰爲之尊禮。思之又思，兢兢栗栗，聖心不倦，而天不爲之助順者，萬無是理也。」至是復申前說，曰：「今罪己之詔數下，而天未悔禍，實有所未至耳。」且曰：「天時人事至此極矣，陛下觀今日之勢與去年孰愈？而朝廷之措置施設，與前日未始異也。俟其如維揚之變而後言之，則雖斥逐大臣，無救於禍。漢制災異策免三公，今任宰相者，雖有勳勞，然其器識不足以斡旋機務。願更擇文武全材、海內所共推者，親擢而並用之。上書論事，或有切直，宜加褒擢以來言路。」

先是，守嘗論呂頤浩不可獨任，張浚不可西去，與上意異，乞補外。除禮部侍郎，不拜，上命呂頤浩至政事堂，諭以正人端士不宜輕去，守始受命。殿中侍御史趙鼎入對，論守無故下遷，上曰：「以其資淺。」鼎曰：「言事官無他過，願陛下毋沮其氣。」於是遷翰林學士、知制誥。九月，拜端明殿學士、同簽書樞密院事。扈從由海道至永嘉，回至會稽。

四年五月，除參知政事，守嘗薦汪伯彥，沈與求劾其短，以資政殿學士提舉洞霄宮。未幾，知紹興府。尋以內祠兼侍讀，守力辭，改知福州。時右司員外郎張宗臣請令福建築城，守奏：「福州城於晉太康三年，僞閩增廣至六千七百餘步，國初削平已久，公私困弊，請俟他年。」遂止。尋以變易度牒錢百萬餘緡輸之行在，助國用。

時劉豫導金人寇淮，上次平江，諸將獻俘者相踵，守聞之，上疏曰：「今以獻俘誠皆金人，或借諸國，則戮之可也。至如兩河、山東之民，皆陛下赤子，驅迫以來，豈得已哉？且諭以恩信，貸之使歸，願留者亦聽，則賊兵可不戰而潰。」金人旣遁，詔諸將渡江追擊，守復上疏，以敵情難測，願留劉光世控禦諸渡。

上旣還臨安，又詔問守以攻戰之利、守備之宜、綏懷之略、措置之方，守言：

明詔四事，臣以爲莫急於措置，措置苟當，則餘不足爲陛下道矣。臣請言措置之大略，其一措置軍旅，其二措置糧食。

神武中軍當專衞行在，而以餘軍分戍三路，一軍駐于淮東，一軍駐于淮西，一軍駐鄂、岳或荆南，擇要害之處以處之。使北至關輔，西抵川、陝，血脈相通，號令相聞，有脣齒輔車之勢，則自江而南可奠枕而臥也。然今之大將皆握重兵，貴極富溢，前無祿利之望，退無誅罰之憂，故朝廷之勢日削，兵將之權日重。而又爲大將者，萬一有稱病而賜罷，或卒然不諱，則所統之衆將安屬耶？臣謂宜拔擢麾下之將，使爲統制，每將不過五千人，棋布四路，朝廷號令徑達其軍，分合使令悉由朝廷，可以有爲也。

何謂措置軍食？諸軍既分屯諸路，則所患者財穀轉輸也。祖宗以來，每歲上供六百餘萬，出於東南轉輸，未嘗以爲病也。今宜舉兩浙之粟以餉淮東，江西之粟以餉淮西，荆湖之粟以餉鄂、岳、荆南。量所用之數，責漕臣將輸，而歸其餘於行在，錢帛亦然，恐未至於不足也。錢糧無乏絕之患，然後戒飭諸將，不得侵擾州縣，以復業之民戶口多寡，爲諸將殿最〔四〕，歲覈實而黜陟之。如是措置既定，俟至防秋，復遣大臣爲之統督，使諸路之兵首尾相應，綏懷之略亦在是矣。究其本原，則在陛下內修德而外修政耳。

閩自范汝爲之擾，公私赤立，守在鎮四年，撫綏彫瘵，且請于朝，蠲除福州所貸常平緡錢十五萬。累請去郡，以提舉萬壽觀兼侍讀召還，甫兩月，復引病丐去，知平江府，力丐祠以歸。

六年十二月，召見，卽日除參知政事，明日兼權樞密院事。七年，張浚罷劉光世兵柄，而欲以呂祉往淮西撫諭諸軍，守以爲不可，浚不從，守曰：「必曰改圖，亦須得聞望素高、能服諸將之心者乃可。」浚不聽，遂有酈瓊之變。及臺諫交章論浚，御批安置嶺表，趙鼎不即行，守力解上曰：「浚爲陛下捍兩淮，罷劉光世，正以其衆烏合不爲用，今其驗矣，羣臣從而媒蘗其短，臣恐後之繼者，必以浚爲鑒，誰肯爲陛下任事乎？」浚謫永州，守亦引咎請去，弗許。

八年正月，上自建康將還臨安，守言：「建康自六朝爲帝王都，江流險闊，氣象雄偉，且據都會以經理中原，依險阻以捍禦彊敵，可爲別都以圖恢復。」鼎持不可，守力求去，以資政殿大學士知婺州，尋改洪州，兼江南西路安撫使。入對，時江西盜賊未息，上問以弭盜之策，守曰：「莫先德政，伺其不悛，然後加之以兵。」因請出師屯要害。既至部，揭榜郡邑，開諭禍福，約以期限，許之自新，不數月盜平。

後徙知紹興府。會朝廷遣三使者括諸路財賦，所至以鞭撻立威，韓球在會稽，所斂五十餘萬緡。守既視事，即求入覲，爲上言之，詔追還三使。時秦檜當國，不悅，守亦不自安，復奉祠。

建康謀帥，上曰：「建康重地，用大臣有德望者，惟張守可。」至鎭數月薨。

守嘗薦秦檜於時宰張浚，及檜爲樞密使，同朝。一日，守在省閣執浚手曰：「守前者誤公矣。今同班列，與之朝夕相處，觀其趨向，有患失之心，公宜力陳於上。」守在江右，以郡縣供億科擾，上疏請蠲和買，罷和糴。上欲行之，時秦檜方損度支爲月進，且日憂四方財用之不至，見守疏，怒曰：「張帥何損國如是？」守聞之，嘆曰：「彼謂損國，乃益國也。」卒謚文靖。孫抑，戶部侍郎。

富直柔字季申，宰相弼之孫也。以父任補官。少敏悟，有才名。靖康初，晁說之奇其文，薦于朝，召賜同進士出身，除祕書省正字。

建炎二年，召近臣舉所知，禮部侍郎張浚以直柔應。詔授著作佐郎，尋除禮部員外郎、起居舍人，遷右諫議大夫。范致虛自謫籍中召入，直柔力言致虛不當復用，出知鼎州。遷給事中。醫官、團練使王繼先以覃恩轉防禦使，法當回授，得旨特與換武功大夫。直柔論：「繼先以計換授，既授之後，轉行官資，除授差遣，更無所礙。且武功大夫惟有戰功、歷邊任、負材武者乃遷，不可以輕授。」上謂宰相范宗尹曰：「此除出自朕意。今直柔抗論，朕屈意從之，以伸直言之氣。」

四年，遷御史中丞。直柔請罷右司侯延慶，而以蘇遲代之，上曰：「臺諫以拾遺補過爲職，不當薦某人爲某官。」於是延慶改禮部員外郎，而遲爲太常少卿。

十月，除端明殿學士、簽書樞密院事。故事，簽書有以員外郎爲之，而無三丞爲之者。中書言非舊典，時直柔爲奉議郎，乃特遷朝奉郎。自是寄祿官三丞除二府者，遷員外郎，自直柔始，遂爲例。

紹興元年，詔禮部太常寺討論隆祐太后册禮，范宗尹曰：「太母前後廢斥，實出章惇、蔡京，人皆知非二聖之過。」直柔曰：「陛下推崇隆祐，天下以爲當，然人亦不以爲非哲廟與上皇意，願陛下勿復致疑。」乃命禮官討論典禮。既而王居正言：「太后隆名定位，已正於元符，宜用欽聖詔，奏告天地宗廟，其典禮不須討論。」議遂定。

上虞縣丞婁寅亮上書言宗社大計，欲選太祖諸孫「伯」字行下有賢德者視秩親王，使牧九州，以待皇嗣之生，退處藩服。疏入，上大歎悟，直柔從而薦之，召赴行在，除監察御史。於是孝宗立爲普安郡王，以寅亮之言也。

除同知樞密院事。侍御史沈與求論直柔附會辛道宗、永宗兄弟得進，並論其所薦右司諫韓璜。先是，直柔嘗短呂頤浩於上前，頤浩與秦檜皆忌之，由是二人俱罷，璜責監潯州酒稅，而直柔以本官提舉洞霄宮。

六年，丁所生母憂。起復資政殿學士、知鎭江府，辭不赴。起知衢州。以失入死罪，落職奉祠。尋復端明殿學士。徜徉山澤，放意吟詠，與蘇遲、葉夢得諸人游，以壽終于家。

馮康國字元通，本名轓，遂寧府人。爲太學生，負氣節。建炎中，高宗次杭州，禮部侍郎張浚以御營參贊軍事留平江。苗、劉作亂，浚外倡帥諸將合兵致討，念傅等居中，欲得辯士往說之。時轓客浚所，慷慨請行，浚遣之至杭，說傅、正彥曰：「自古宦官亂政，根株相連，若誅鋤必受禍。今二公一旦爲國家去數十年之患，天下蒙福甚大。然主上春秋鼎盛，天下不聞其過，豈可遽傳位于襁褓之子？且前日名爲傳位，其實廢立，二公本心爲國，柰何以此負謗天下？」傅按劍大怒，轓辭氣不屈。正彥乃善諭之曰：「張侍郎欲復辟固善，然須用面議。」乃遣轓還，約浚至杭。

浚復遣轓移書傅等，告以禍福使改。既又復傅書，誦言其罪。轓至，傅黨馬柔吉訹之曰：「昨張侍郎書不委曲，二公大怒，已發兵出杭矣，君尙敢來耶？」轓曰：「畏則不來，來則不畏。」王世修欲拘留轓，會浚謬爲書遺轓云：「適有客自杭來，方知二公於社稷初無不利之心，甚悔前書之輕易也。」傅等見之喜，轓得免。

俄勤王之兵大集，傅等始懼，轓知其可動，乃說宰相朱勝非，以今日之事，當以淵聖皇帝爲主，睿聖皇帝宜復爲大元帥，少主爲皇太姪，太后垂簾。勝非令與傅、正彥議，皆許諾。輻又請褒傅、正彥如趙普故事，遂皆賜鐵券。詔補輻奉議郎、守兵部員外郎，賜五品服，更名康國。

高宗反正，以張浚宣撫川、陝，浚辟康國主管機宜文字。浚至蜀，遣康國入奏事，詔進兩官，爲荆湖宣諭使。康國之行也，上幸浙東，不暇降詔旨，康國以自意爲之，言者劾以擅造制書，坐貶秩二等。紹興三年，浚召還，與康國俱赴行在。浚既黜，御史常同因論康國，罷之。起知萬州、湖北轉運判官。

浚相，入爲都官員外郎。康國言：「四川稅色，祖宗以來，正稅重者科折輕，正稅輕者科折重，科折權衡與稅平准，故無偏重。近年監司總漕悉改舊法，取數務多，失業逃亡皆由於此。盍從舊法。」詔以其言下四川憲司察不如法者。又言：「蜀苦陸運，當論吳玠，非防秋月，分兵就糧；兼選守牧治梁、洋，招集流散，耕鑿就緒，則漕運可省。此保蜀之良策也。」

浚去相位，康國乞補外。趙鼎言於高宗曰：「自張浚罷，蜀士不自安，今留者十餘人，臣恐臺諫以浚故有論列，望陛下察之。」高宗曰：「朝廷用人，止當論其才與否耳。頃臺諫好以朋黨論士大夫，如罷一宰相，則凡所薦引，不問才否一時罷黜，乃朝廷使之爲朋黨，非所以愛人才、厚風俗也。」遷右司員外郎，除直顯謨閣、知夔州。丁母憂，起復，撫諭吳玠軍，除都大主管川陝茶馬，卒。

論曰：鄧肅、李邴、滕康當危急存亡之秋，皆侃侃正色，知無不言。張守論事明遠，富直柔阨於秦檜、呂頤浩，馮康國說折二凶，皆有用之才也。

校勘記

〔一〕史康民　原作「史康明」，據繫年要錄卷八七、北盟會編卷一三八改。

〔二〕選材能　「選」原作「遣」，據繫年要錄卷七改。

〔三〕乞用父任減年遷官　「任」字原脫，據汪藻浮溪集卷二六滕子濟墓誌銘補。

〔四〕爲諸將殿最　「諸將」原作「諸州」，據張守毘陵集卷一應詔論事箚子、李幼武四朝名臣言行錄別集下卷一張守條改。

宋史卷三百七十六

列傳第一百三十五

常同　張致遠　薛徽言　陳淵　魏矼　潘良貴　呂本中

常同字子正，邛州臨邛人，紹聖御史安民之子也。登政和八年進士第。靖康初，除大理司直，以敵難不赴，辟元帥府主管機宜文字，尋除太常博士。

高宗南渡，辟浙帥機幕。建炎四年，詔：「故監察御史常安民、左司諫江公望，抗節剛直，觸怒權臣，擯斥至死。今其子孫不能自振，朕甚憫之。」召同至行在，至則爲大宗丞。

紹興元年，乞郡，得柳州。三年，召還，首論朋黨之禍：「自元豐新法之行，始分黨與，邪正相攻五十餘年。章惇唱於紹聖之初，蔡京和於崇寧之後，元祐臣僚，竄逐貶死，上下蔽蒙，豢成夷虜之禍。今國步艱難，而分朋締交、背公死黨者，固自若也。恩歸私門，不知朝廷之尊；重報私怨，寧復公議之顧。臣以爲欲破朋黨，先明是非，欲明是非，先辨邪正，則公道開而奸邪息矣。」上曰：「朋黨亦難破。」同對：「朋黨之結，蓋緣邪正不分，但觀其言行之實，察其朋附之私，則邪正分而朋黨破矣。」上曰：「君子小人皆有黨。」同又對曰：「君子之黨，協心濟國；小人之黨，挾私害公。爲黨則同，而所以爲黨則異。且如元祐臣僚，中遭讒謗，竄殛流死，而後禍亂成。今在朝之士，猶謂元祐之政不可行，元祐子孫不可用。」上曰：「聞有此論。」同對以：「禍亂未成，元祐臣僚固不能以自明。今可謂是非定矣，尙猶如此，蓋今日士大夫猶宗京、黼等傾邪不正之論。朋黨如此，公論何自而出？願陛下始終主張善類，勿爲小人所惑。」

又奏：「自古禁旅所寄，必參錯相制。漢有南北軍，周勃用南軍入北軍以安劉氏，唐李晟亦用神策軍以復京師，是其效也。今國家所仗，惟劉光世、韓世忠、張俊三將之兵耳。陛下且無心腹禁旅，可備緩急，頃者苗、劉之變，亦可鑒矣。」除殿中侍御史。

時韓世忠屯鎭江，劉光世屯建康，以私忿欲交兵。同奏：「光世等不思待遇之恩，而驕狠尙氣，無所忌憚，一旦有急，其能相爲唇齒乎？望分是非，正國典。昔漢諸侯王有過，猶責師傅，今兩軍幕屬贊畫無狀，乞先黜責。」上以章示兩軍。

呂頤浩再相，同論其十事，且曰：「陛下未欲遽罷頤浩者，豈非以其有復辟之功乎？臣謂功出衆人，非一頤浩之力。縱使有功，宰相代天理物，張九齡所謂不以賞功者也。」頤浩罷相。論知樞密院宣撫川陝張浚喪師失地，遂詔浚福州居住。同與辛炳在臺同好惡，上皆重之。

金使李永壽等入見，同言：「先振國威，則和戰常在我；若一意議和，則和戰常在彼。」上因語及武備曰：「今養兵已二十萬。」同奏：「未聞二十萬兵而畏人者也。」

僞齊宿遷令張澤以二千人自拔來歸，泗州守徐宗誠納之，韓世忠以聞。朝論令世忠却澤等，而械宗誠赴行在。同奏：「敵雖議和，而兩界人往來未嘗有禁，僞齊尚能置歸受館，立賞以招吾民，今乃却澤，人心自此離矣。況宗誠起土豪，不用縣官財賦，募兵自養，爲國障捍，今因受澤而械之，以沮士氣，非策也。」詔處來歸者於淮南，釋宗誠罪。

四年，除起居郎、中書舍人、史館修撰。先是，同嘗上疏論神、哲二史曰：「章惇、蔡京、蔡卞之徒積惡造謗，痛加誣詆，是非顛倒，循致亂危。在紹聖時，則章惇取王安石日錄私書改修神宗實錄；在崇寧後，則蔡京盡焚毀時政記、日歷，以私意修定哲宗實錄。其間所載，悉出一時姦人之論，不可信於後世。恭惟宣仁保佑之德，豈容異辭，而蔡確貪天之功，以爲己力，厚誣聖后，收恩私門。陛下即位之初，嘗下詔明宣仁安社稷大功，令國史院摭實刊修，又復悠悠。望精擇史官，先修哲宗實錄，候書成，取神宗朱墨史考證修定，庶毀譽是非皆得其實。」上深嘉納。至是，命同修撰，且諭之曰：「是除以卿家世傳聞多得事實故也。」一日奏事，上愀然曰：「向昭慈嘗言，宣仁有保佑大功，哲宗自能言之，正爲宮中有不得志於宣仁者，因生誣謗。欲辨白其事，須重修實錄，具以保立勞效，昭示來世，此朕選卿意也。」同乞以所得聖語宣付史館，仍記于實錄卷末。

張俊乞復其田產稅役，令一卒持書瑞昌，而凌悖其令郭彥參，彥參繫之獄。俊訴于朝，命罷彥參，同併封還二命。俄除集英殿修撰、知衢州，以疾辭，除徽猷閣待制、提舉江州太平觀。

七年秋，以禮部侍郎召還。未數日，除御史中丞。車駕自建康回臨安，同奏：「旋蹕之初，去淮益遠，宜遣重臣出按兩淮，詢人情利病，察官吏侵擾，縱民耕墾，勿收租稅。數年之後，田野加闢，百姓足而國亦足矣。」乃遣樞密使王庶視師，同乞以此奏付庶，詢究罷行。又言：「江、浙困於月樁錢，民不聊生。」上爲減數千緡。又言：「吳玠屯師興、利，而西川人力已困。玠頃年嘗講屯田，願聞其積穀幾何，減饋運幾何，趙開、李迨相繼爲都漕，先後饋運各幾何，令制、漕、帥司條具以聞，然後按實講究，以紓民力。」又言：「國家養兵，不爲不多，患在於偏聚而不同力，自用而不同心。今韓世忠在楚，張俊在建康，岳飛在江州，吳玠在蜀，相去隔遠，情不相通。今陛下遣樞臣王庶措置邊防，宜令庶會集將帥，諭以國體，協心共議禦敵，常令諸軍相接以常山蛇勢，一意國家，無分彼此，緩急應援，皆有素定之術。」詔付王庶出示諸將。

同乞郡，除顯謨閣直學士、知湖州。復召，請祠，詔提舉江州太平觀。紹興二十年卒。

張致遠字子猷，南劍州沙縣人。宣和三年，中進士第。宰相范宗尹薦其才，召對，擢爲樞密院計議官。建寇范汝爲已降，猶懷反側，而招安官謝嚮、陸棠受賊賂，陰與之通。致遠謁告歸，知其情，還白執政，請鋤其根株，於是捕嚮、棠及制置司屬官施宜生付獄。詔參知政事孟庾爲福州宣撫使討賊，韓世忠副之，辟致遠爲隨軍機宜文字。賊平，除兩浙轉運判官，改廣東轉運判官。招撫劇盜曾袞等，賊衆悉降。

紹興四年，以監察御史召。未至，除殿中侍御史。時江西帥胡世將請增和買絹折納錢，致遠上疏言：「折納絹錢本欲少寬民力，而比舊增半，是欲乘民之急而厚其斂也。」從之。

金人與劉豫分道入寇，宰相趙鼎勸高宗親征，朝士尙以爲疑，白鼎審處。致遠入對，獨贊其決。遷侍御史。言：「聚財養兵，皆出民力，善理財者，宜固邦本。請罷權福建鹽，精擇三司使、副，以常平茶鹽合爲一官，令計經常，量入爲出，先務省節，次及經理。」詔戶部講究。

五年，除戶部侍郎，進吏部侍郎，尋復爲戶部侍郎。言：「陛下欲富國強兵，大有爲於天下，願詔大臣力務省節，明禁僭侈，自宮禁始，自朝廷始。額員可減者減之，司屬可併者併之。使州縣無妄用，歸其餘於監司；監司無妄用，歸其餘於朝廷；朝廷無橫費，日積月聚，惟軍須是慮，中興之業可致也。」除給事中。

尋以老母丐外，以顯謨閣待制知台州。朝廷以海寇鄭廣未平，改知福州。六年八月，廣等降，致遠選留四百人，置營城外，餘遣還業。復遣廣討他郡諸盜，數月悉平。

八年正月，再召爲給事中。出知廣州。尋以顯謨閣待制致仕。十七年卒，年五十八。

致遠鯁亮有學識，歷臺省、侍從，言論風旨皆卓然可觀。趙鼎嘗謂其客曰：「自鼎再相，除政府外，從官如張致遠、常同、胡寅、張九成、潘良貴、呂本忠、魏矼皆有士望，他日所守當不渝。」識者謂鼎爲知人云。

薛徽言字德老，溫州人。登進士第，爲樞密院計議官。紹興二年，遣使分行諸路，徽言在選中，以權監察御史宣諭湖南。時郴、道、桂陽旱飢，徽言請于朝，不待報卽諭漕臣發衡、永米以振，而以經制銀市米償之，所刺舉二十人。使還，他使皆進擢；宰相呂頤浩以徽言擅易守臣，而移用經制銀，出知興國軍。入爲郎，遷右司，擢起居舍人。

時秦檜與金人議和，徽言與吏部侍郎晏敦復等七人同拜疏爭之。一日，檜於上前論和，徽言直前引義固爭，反復數刻。中寒疾而卒。高宗念之，賻絹百匹，特與遺表恩。

陳淵字知默，南劍州沙縣人也。紹興五年，給事中廖剛、中書舍人胡寅朱震、權戶部侍郎張致遠言：「淵乃瓘之諸孫，有文有學，自瓘在時，器重特甚，垂老流落，負材未試。」充樞密院編修官。會李綱以前宰相爲江南西路安撫制置大使，辟爲制置司機宜文字。

七年，詔侍從舉直言極諫之士，胡安國以淵應。召對，改官，賜進士出身。九年，除監察御史，尋遷右正言。入對，論：「比年以來，恩惠太濫，賞給太厚，頒賚賜予之費太過。所用既衆，而所入實寡，此臣所甚懼也。周官『唯王及后、世子不會』，說者謂不得以有司之法治之，非周公作法開後世人主侈用之端也。臣謂冢宰以九式均節財用，有司雖不會，冢宰得以越式而論之。若事事以式，雖不會猶會也。臣願陛下凡有錫賚，法之所無而於例有疑者，三省得以共議，戶部得以執奏，則前日之弊息矣。」

淵面對，因論程頤、王安石學術同異，上曰：「楊時之學能宗孔、孟，其三經義辨甚當理。」淵曰：「楊時始宗安石，後得程顥師之，乃悟其非。」上曰：「以三經義解觀之，具見安石穿鑿。」淵曰：「穿鑿之過尚小，至於道之大原，安石無一不差。推行其學，遂爲大害。」上曰：「差者何謂？」淵曰：「聖學所傳止有論、孟、中庸，論語主仁，中庸主誠，孟子主性，安石皆暗其原。仁道至大，論語隨問隨答，惟樊遲問，始對曰：『愛人。』愛特仁之一端，而安石遂以愛爲仁。其言中庸，則謂中庸所以接人，高明所以處己。孟子七篇，專發明性善，而安石取揚雄善惡混之言，至於無善無惡，又溺於佛，其失性遠矣。」

鄭億年復資政殿學士、奉朝請，召見于內殿。淵言：「億年故相居中之子，雖爲從官，而有從賊之醜，乞寢其職名。」不報。億年，右僕射秦檜之親黨也，由是檜怒之。除秘書少監兼崇政殿說書，以祖名辭。改宗正少卿，以何鑄論罷。主管台州崇道觀。十五年，卒。

魏矼字邦達，和州歷陽人，唐丞相知古後也。少穎悟。時方尚王氏新說，矼獨守所學。宣和三年，上舍及第。建炎四年，召赴闕，詔改宣教郎，除詳定一司勑令所删定官。紹興元年，遷樞密院計議官，遷考功郎。會星變，矼因轉對，言：「治平間，彗出東方，英宗問輔臣所以消弭之道，韓琦以明賞罰爲對。比年以來，賞之所加，有未參選而官已升朝者，有未經任而輒爲正郎者，罰之所加，有未到任而例被衝替者，有罪犯同而罰有輕重者。」力言大臣黜陟不公，所以致異。上識其忠，擢監察御史，遷殿中侍御史。

臨安火，延燒數千家，獻諛者謂非災異。矼言：「春秋定、哀間數言火災，說者謂孔子有德而魯不能用，季孫有惡而不能去，故天降之咎。今朝廷之上有姦慝邪佞之人未逐乎？百執事之間有朋附奔競之徒未汰乎？搢紳有公忠宿望及抱道懷藝、有猷有守之士未用乎？在位之人，畏人軋己，方且蔽賢，未聞推誠盡公，旁招俊乂。宜鑒定、哀之失，甄別邪正，亟加進用。」

內侍李廙飲韓世忠家，刃傷弓匠，事下廷尉。矼言：「內侍出入宮禁，而狠戾發於盃酒，乃至如此，豈得不過爲之慮？建炎詔令禁內侍不得交通主兵官及預朝政，違者處以軍法。乞申嚴其禁，以謹履霜之戒。」於是廙杖脊配瓊州。遷侍御史，賜矼五品服。

時朱勝非獨相，矼論：「勝非無所建明，惟知今日進呈一二細故，明日啓擬一二故人，而機務不決，軍政不修，除授挾私，賢士解體。」又疏其五罪，詔令勝非持餘服。又言：「國家命令之出，必先錄黃。其過兩省，則給舍得以封駮；其下所屬，則臺諫得以論列。此萬世良法也。竊聞近時三省、樞密院，間有不用錄黃而直降指揮者，亦有雖畫黃而不下六部者，望並依舊制。」

劉豫挾金人入寇，宰相趙鼎決親征之議，砬請扈從，因命督江上諸軍。時劉光世、韓世忠、張俊三大將權均勢敵，又懷私隙，莫肯協心。砬首至光世軍中，諭之曰：「賊衆我寡，合力猶懼不支，况軍自爲心，將何以戰？爲諸公計，當思爲國雪恥，釋去私隙，不獨有利於國，亦將有利其身。」光世許之，遂勸其貽書二帥，示以無他，二帥復書交歡。光世以書聞，由此衆戰屢捷，軍聲大振。

上至平江，魏良臣、王繪〔一〕使金回，約再遣使，且有恐迫語。砬請罷「講和」二字，飭厲諸將，力圖攻取。會金屢敗遁去，使亦不遣。遷秘書少監。

砬在職七閱月，論事凡百二十餘章。尋乞補外，除直龍圖閣、知泉州，以親老辭，知建州。尋召還，丐祠，不允，除權吏部侍郎。

八年，金使入境，命砬充館伴使，砬言：「頃任御史，嘗論和議之非，今難以專論。」秦檜召砬至都堂，問其所以不主和之意，砬具陳敵情難保，檜諭之曰：「公以智料敵，檜以誠待敵。」砬曰：「相公固以誠待敵，第恐敵人不以誠待相公耳。」檜不能屈，乃改命吳表臣。

詔金使入境，欲屈己就和，令侍從、臺諫條奏來上。砬言：「臣素不熟敵情，不知使人所需者何禮，陛下所以屈己者何事。賊豫爲金人所立，爲之北面，陛下承祖宗基業，天命所歸，何藉於金國乎？傳聞奉使之歸，謂金人悉從我所欲，必無難行之禮，以重困我，陛下何過自取侮乎？如或不可從之事，儻輕許之，他時反爲所制，號令廢置將出其手，一有不從便生兵隙。予奪在彼，失信在我，非計之得也。雖使還我空地，如之何而可保？雖欲寢兵，如之何而可寢？雖欲息民，如之何而可息？非計之得也。陛下既欲爲親少屈，更願審思天下治亂之機，酌之羣情，擇其經久可行者行之，其不可從者，以國人之意拒之，庶無後悔。所謂國人者，不過萬民、三軍爾。搢紳與萬民一體，大將與三軍一體，今陛下詢于搢紳，民情大可見矣。欲望速召大將，各帶近上統制官數人同來，詳加訪問，以塞他日意外之憂。大將以爲不可，則其氣益堅，何憂此敵。」

未幾，丁父憂。免喪，除集英殿修撰、知宣州，不就。改提舉太平興國宮，自是奉祠，凡四任。丁內艱以卒。

潘良貴字子賤，婺州金華人。以上舍釋褐爲辟雍博士，遷秘書郎。時宰相蔡京與其子攸方以爵祿鈎知名士，良貴屹然特立，親故數爲京致願交意，良貴正色謝絕。除主客郎中，尋提舉淮南東路常平。

靖康元年，召還。賜對，欽宗問孰可秉鈞軸者，良貴極言：「何㮚、唐恪等四人不可用，他日必誤社稷。陛下若欲扶危持顚之相，非博詢於下僚，明揚於微陋，未見其可。」語徹于外，當國者指爲狂率，黜監信州汭口排岸。

高宗卽位，召爲左司諫。既見，請誅僞黨，使叛命者受刃國門，卽敵人不敢輕議宋鼎。又乞封宗室賢者於山東、河北，以壯國體，巡幸維揚，養兵威以圖恢復。黄潛善、汪伯彥惡其言，改除工部。良貴以不得其言，求去，主管明道宮。

越數年，除提點荊湖南路刑獄，主管江州太平觀，除考功郎，遷左司。宰相呂頤浩從容謂良貴曰：「旦夕相引入兩省。」良貴正色對曰：「親老方欲乞外，兩省官非良貴可爲也。」退語人曰：「宰相進退一世人才，以爲賢邪，自當擢用，何可握手密語，先示私恩。若士大夫受其牢籠，又何以立朝。」卽日乞補外，以直龍圖閣知嚴州。到官兩月，請祠，主管亳州明道宮。起爲中書舍人。

會戶部侍郎向子諲入見，語言煩褻，良貴故善子諲，是日攝起居，立殿上，徑至榻前厲聲曰：「子諲以無益之談久煩聖聽！」子諲欲退，高宗顧良貴曰：「是朕問之。」又諭子諲且款語。子諲復語，久不止，良貴叱之退者再。高宗色變，閤門併彈之，於是二人俱待罪。有旨良貴放罪，子諲無罪可待。

良貴求去，以集英殿修撰提舉江州太平觀。起知明州。期年，除徽猷閣待制、提舉亳州明道宮。既歸，不出者十年。李光得罪，良貴坐嘗與通書，降三官。卒，年五十七。

良貴剛介淸苦，壯老一節。爲博士時，王黼、張邦昌俱欲妻以女，拒之。晚家居貧甚，秦檜諷令求郡，良貴曰：「從臣除授合辭免，今求之於宰相，辭之於君父，良貴不敢爲也。」其諫疏多焚藁，僅存雜著十五卷，新安朱熹爲之序。

呂本中字居仁，元祐宰相公著之曾孫、好問之子。幼而敏悟，公著奇愛之。公著薨，宣仁太后及哲宗臨奠，諸童穉立庭下，宣仁獨進本中，摩其頭曰：「孝於親，忠於君，兒勉焉。」祖希哲師程頤，本中聞見習熟。少長，從楊時、游酢、尹焞遊，三家或有疑異，未嘗苟同。以公著遺表恩，授承務郎。紹聖間，黨事起，公著追貶，本中坐焉。元符中，主濟陰簿、秦州士曹掾〔三〕，辟大名府帥司幹官。宣和六年，除樞密院編修官。靖康改元，遷職方員外郎，以父嫌奉祠。丁父憂，服除，召爲祠部員外郎，以疾告去。再直秘閣，主管崇道觀。

紹興六年，召赴行在，特賜進士出身，擢起居舍人兼權中書舍人。內侍李琮失料曆，上以潛邸舊人，不用保任特給之。本中言：「若以異恩別給，非所謂『宮中府中當爲一體』者。」

上見繳還，甚悅，令宰臣諭之曰：「自今有所見，第言之。」

監階州草場苗亘以贓敗，有詔從黥，本中奏：「近歲官吏犯贓，多至黥籍，然四方之遠，或有枉濫，何由盡知。異時察其非辜，雖欲收拭，其可得乎？若祖宗以來此刑嘗用，則紹聖權臣當國之時，士大夫無遺類久矣。願酌處常罰，毋令姦臣得以藉口於後世。」從之。

七年，上幸建康，本中奏曰：「當今之計，必先爲恢復事業，求人才，卹民隱，講明法度，詳審刑政，開直言之路，俾人人得以盡情。然後練兵謀帥，增師上流，固守淮甸，使江南先有不可動之勢，伺彼有釁，一舉可克。若徒有恢復之志，而無其策，邦本未強，恐生他患。今江南、兩浙科須日繁，閭里告病，倘有水旱乏絕，姦宄竊發，未審朝廷何以待之？近者臣庶勸興師問罪者，不可勝數，觀其辭固甚順，考其實不可行。大抵獻言之人，與朝廷利害絕不相侔，言不酬，事不濟，則脫身而去。朝廷施設失當，誰任其咎？鷙鳥將擊，必匿其形，今朝廷於進取未有秋毫之實，所下詔命，已傳賊境，使之得以爲備，非策也。」又奏：「江左形勢如九江、鄂渚、荊南諸路，當宿重兵，臨以重臣。吳時謂西陵、建平，國之藩表，願精擇守帥，以待緩急，則江南自守之計備矣。」

內侍鄭諶落致仕，得兵官。本中言：「陛下進臨江滸，將以有爲，今賢士大夫未能顯用，巖穴幽隱未能招致，乃起諶以統兵之任，何邪？」命遂寢。引疾乞祠，直龍圖閣、知台州，不就，主管太平觀。召爲太常少卿。

八年二月，遷中書舍人。三月，兼侍講。六月，兼權直學士院。金使通和，有司議行人之供，本中言：「使人之來，正當示以儉約，客館芻粟若務充悅，適啓戎心。且成敗大計，初不在此，在吾治政得失，兵財強弱，願詔有司令無乏可也。」

初，本中與秦檜同爲郎，相得甚歡。檜既相，私有引用，本中封還除目，檜勉其書行，卒不從。趙鼎素主元祐之學，謂本中公著後，又范沖所薦，故深相知。會哲宗實錄成，鼎遷僕射，本中草制，有曰：「合晉、楚之成，不若尊王而賤霸；散牛、李之黨，未如明是以去非。」檜大怒，言于上曰：「本中受鼎風旨，伺和議不成，爲脫身之計。」風御史蕭振劾罷之。提舉太平觀，卒。學者稱爲東萊先生，賜謚文清。

有詩二十卷得黃庭堅陳師道句法，春秋解一十卷、童蒙訓三卷、師友淵源錄五卷，行于世。

論曰：傳有之：「不有君子，其何能國。」紹興之世，呂頤浩、秦檜在相位，雖有君子，豈得盡其志，宋之不能圖復中原，雖曰天命，豈非人事乎？若常同、張致遠、薛徽言、陳淵、魏矼、潘良貴、呂本中，其才猷皆可以經邦，其風節皆可以厲世，然皆論議不合，奉祠去國，可爲永嘅矣。

校勘記

〔一〕王繪　原作「王綸」，據本書卷二七高宗紀、繫年要錄卷八一改。

〔二〕元符中主濟陰簿秦州士曹掾　按李幼武四朝名臣言行錄別集下卷七呂本中條作：「元符中復官，政和五年調興仁濟陰簿，繼爲秦州士曹。」疑此處有脫誤。

宋史卷三百七十七

列傳第一百三十六

向子諲 陳規 季陵 盧知原 弟法原 陳桷 李璆 李朴 王庠 王衣

向子諲字伯恭，臨江人，敏中玄孫，欽聖憲肅皇后再從姪也。元符三年，以后復辟恩，補假承奉郎，三遷知開封府咸平縣。豪民席勢犯法，獄具上，尹盛章方以獄空覬賞，却不受，子諲以聞，詔許自論決。章大怒，劾以他事勒停。

宣和初，復官，除江、淮發運司主管文字。淮南仍歲旱，漕不通，有欲濬河與江、淮平者，內侍主其議，無敢可否，發運司檄子諲行。子諲言：「自江至淮數百里，河高江、淮數丈，而欲濬之使平，决不可。曩有司三日一啓閘，復作澳儲水，故水不乏。比年行直達之法，加以應奉往來，啓閉無節，堰閘率不存。今復故制，嚴禁約，則無患。」使者用其言，漕復通，進秩一等。召對，除淮南轉運判官。以戶部奏諸路起發上供不及數，降一官。

七年，入爲右司員外郎，不就，以直祕閣爲京畿轉運副使，尋兼發運副使。建炎元年，金人犯亳州，子諲自勤王所以書遺金人，言兵勢逆順，令退保河外。金人遽以亳、宋等州守禦所牒報之，約日索戰，語極不遜，諸道兵畏縮不進。時康王次濟州，子諲遣進士李植獻金帛及本司錢穀之在濟州者，以助軍費。張邦昌僭位，遣人持赦書往廬州問其家安否，子諲檄郡守馮詢、提舉范仲使拘之以俟王命。邦昌又使其甥劉達賚手書來，子諲不啓封焚之，械繫達于獄。遣子澹請康王率諸將渡河，出其不意以救二帝；遣將王儀統勤王兵至城下。

遷直龍圖閣、江淮發運副使。子諲言：「去歲劉順奉淵聖蠟詔，令監司帥守募兵勤王，臣卽鏤板偏檄所部，而六路之間漠無應者；間有團結起發者，類如兒戲，姑以避責而已。惟淮東一路，臣親率諸司，粗成紀律。然諸司猶有占吝錢物，莫肯供億，殊不念君父幽處圍城之中，臣當時恨無利刃以加其頸。今京城失守，二帝播遷，儻賞罰不行，恐金人再爲邊患，陛下復欲起天下之兵，而諸路翫習故常，恬不知畏，將何恃以濟艱難哉？願明詔大臣按劾諸路監司向承蠟詔廢格不勤王，及名爲勤王而稽緩者，悉加顯黜。」命諸路提刑司究實以聞。九月，子諲罷，以素爲李綱所善，故黃潛善斥之。

明年，知襲慶府，道梗不能赴。初，邦昌爲平章軍國事，子諲乞致仕避之，坐言者降三官，起復知潭州。禁卒爲亂，縱火掠市，出瀏陽縣，子諲遣通判孟彥卿等追及攸縣平之。

金人破江西，移兵湖南，子諲聞警報，率軍民以死守。宗室成忠郎聿之隸東壁，子諲巡城，顧謂曰：「君宗室，不可效此曹苟簡。」聿之感激流涕。金人圍八日，登城縱火，子諲率官吏奪南楚門遁，城陷。坐敵至失守落職罷。轉運副使賈收言子諲督兵巷戰，又收潰卒復入治事，帝亦以子諲與他守臣望風遁者殊科，詔復職。

紹興元年，移鄂州，主管荆湖東路安撫司。劇盜曹成據攸縣，子諲軍于安仁，遣使招之，成聽命。子諲又遣將西扼衡陽，南守宜章，成逡巡不敢南向者百餘日，諸郡遂得割穫。既而援兵不至，成忿子諲扼己，擁衆而南，子諲率親兵拒之。會官軍潰，度不可遏，單騎入賊中，諭以國家威靈。成不服，執子諲歸。會宣撫司都統制馬擴〔二〕遣人持吳敏檄諭成，成許受招，始釋子諲。

詔提舉江州太平觀。胡安國方避地湖南，以書抵秦檜，言：「子諲忠節，可以扶持三綱，願憐其無救而陷于賊，復加收用。」起知廣州。時恐賊度嶺，故就用子諲守之。又以言者罷，遂致仕。尋起知江州，改江東轉運使，進祕閣修撰。江東當餉劉光世軍，適劉豫入寇，光世軍合淝，以乏餉告，亟退師。子諲馳至合淝，具見糧以聞，光世由是得罪。進徽猷閣待制，徙兩浙路爲都轉運使，除戶部侍郎。

入見，論京都舊事，頗及珍玩。起居郎潘良貴故善子諲，聞其言甚怒。既而子諲奏金國報聘及龔朱震事，反復良久。良貴徑至榻前厲聲叱之曰：「子諲不宜以無益之談久煩聖聽。」子諲欲退，上謂良貴曰：「是朕問之也。」又諭子諲款語。子諲復語，久不止，良貴叱之退者再。上色變，欲抵良貴罪。中丞常同言：「良貴無罪，願許子諲補外。」上併怒同。張九成言：「士大夫所以嘉子諲者，以其能眷眷於善類。今以子諲故逐柱史，又逐中司，非所以愛子諲也。」上意稍解，批諭同，同言不已，於是三人俱罷。子諲以徽猷閣直學士知平江府。金使議和將入境，子諲不肯拜金詔，乃上章言：「自古人主屈己和戎，未聞甚於此時，宜却勿受。」忤秦檜意，乃致仕。

子諲相家子，能修飭自見於時。友愛諸弟，置義莊，贍宗族貧者。初，漕淮南時，張邦昌僞詔至，虹縣令已下迎拜宣讀如常式，獨武尉徐端益不拜而走。事定，子諲言於朝，易端益文資。退閑十五年，號所居曰「薌林」。卒，年六十八。

陳規字元則，密州安丘人。中明法科。靖康末，金人入侵，殺鎮海軍節度使劉延慶，其徒祝進、王在去爲盜，犯隨、郢、復等州。規爲安陸令，以勤王兵赴汴，至蔡州，道梗而還。

會祝進攻德安府，守棄城遁，父老請規攝守事。規遣射士張立率兵討進，却之。既而在復與進合，以砲石鵝車攻城東，規連戰敗之，二人懼，引衆去。

建炎元年，除直龍圖閣、知德安府。李孝義、張世以步騎數萬薄城，陽稱受詔招，規登城視其營壘，曰：「此詐也。」亟爲備。夜半，孝義兵圍城，遂大敗之。與羣盜楊進相持十八日，進技窮，以百人自衞，抵濠上求和。規出城與交臂語，進感之，折箭爲誓而去。董平引衆窺城，遣其黨李居正、黃進入城求犒，規斬進，授居正兵爲前鋒，大破之。升祕閣修撰。尋除德安府、復州、漢陽軍鎮撫使，賜三品服，俄升徽猷閣待制。

時桑仲剽略襄、漢間，其副霍明屯兵郢上，規請于朝，就以明守郢。張浚都督行蜀道，仲引兵窺之，爲王彥所敗。仲怒，從數百騎來譙明，明殺之，奔劉豫，以書招規，規械其使以聞。李橫圍城，造天橋，塡濠，鼓譟臨城。規帥軍民禦之，砲傷足，神色不變，圍急糧盡，出家財勞軍，士氣益振。橫遣人來，願得妓女罷軍，規不許。諸將曰：「圍城七十日矣，以一婦活一城，不亦可乎？」規竟不予。會濠橋陷，規以六十人持火槍自西門出，焚天橋，以火牛助之，須臾皆盡，橫拔砦去。

升徽猷閣直學士，詔赴行在，改顯謨閣直學士，徙知池州、沿江安撫使。入對，首言：「鎮撫使當罷，諸將跋扈，請用偏裨以分其勢。」上皆納之。遷龍圖閣直學士，改知廬州，尋又召赴行在，以疾辭，提舉江州太平觀。復起知德安府，坐失察吏職，鐫兩官。

金人歸河南地，改知順昌府，葺城壁，招流亡，立保伍。會劉錡領兵赴京留守過郡境，規出迎，坐未定，傳金人已入京城，卽告錡城中有粟數萬斛，勉同爲死守計。相與登城區畫，分命諸將守四門，且明斥候，募土人鄉導間諜。布設粗畢，金遊騎已薄城矣。旣至，金龍虎大王者提重兵踵至，規躬擐甲冑，與錡巡城督戰，用神臂弓射之，稍引退，復以步兵邀擊，溺于河者甚衆。規曰：「敵志屢挫，必思出奇困我，不若潛兵斫營，使彼晝夜不得休，可養吾銳也。」錡然之，果劫中其砦，殲其兵甚衆。金人告急於兀朮。規大饗將士，酒半問曰：「兀朮擁精兵且至，策將安出？」諸將或謂今已累捷，宜乘勢全師而歸。規曰：「朝廷養兵十五年，正欲爲緩急用，況屢挫其鋒，軍聲稍振。規已分一死，進亦死，退亦死，不如進爲忠也。」錡叱諸將曰：「府公文人猶誓死守，況汝曹耶！兼金營近三十里，兀朮來援，我軍一動，金人追及，老幼先亂，必至狼狽，不獨廢前功，致兩淮侵擾，江、浙震驚。平生報君，反成誤國，不如背城一戰，死中求生可也。」

已而兀朮至，親循城，責諸酋用兵之失，衆跪曰：「南兵非昔比。」兀朮下令晨飯府庭，且折箭爲誓，幷兵十餘萬攻城，自將鐵浮屠軍三千遊擊。規與錡行城，勉激諸將，流矢及衣無懼色，軍殊死鬥。時方劇暑，規謂錡毋多出軍，第更隊易器，以逸制勞，蔑不勝矣。每淸晨輒堅壁不出，伺金兵暴烈日中，至未申，氣力疲，則城中兵爭奮，斬獲無算，兀朮宵遁。錡奏功，詔褒諭之，遷樞密直學士。規至順昌，即廣糴粟麥實倉廩。會計議司移粟赴河上，規請以金帛代輸，至是得其用，成錡功者，食足故也。

移知廬州兼淮西安撫，既至，疾作。有旨修郡城，規在告，吏抱文書入臥內，規力疾起曰：「帥事，機宜董之；郡城，通判董之。」語畢而卒，年七十。贈右正議大夫。有攻守方略傳于世。

初，規守德安時，嘗條上營屯田事宜，欲倣古屯田之制，合射士民兵，分地耕墾。軍士所屯之田，皆相險隘立堡砦，寇至則堡聚捍禦，無事則乘時田作，射士皆分半以耕屯田。民戶所營之田，水田畝賦粳米一斗，陸田賦麥豆各五升。滿三年無逋輸，給爲永業。流民自歸者以田還之。凡屯田事，營田司兼行，營田事，府縣官兼行，皆不更置官吏，條列以聞，詔嘉獎之，仍下其法於諸鎮。自紹興以來，文臣鎮撫使有威聲者，惟規而已。

規端毅寡言笑，然待人和易。以忠義自許，尤好振施，家無贏財。嘗爲女求從婢，得一婦甚閑雅，怪而詢之，乃雲夢張貢士女也，亂離夫死無所託，鬻身求活，規即輟女奩嫁之，聞者感泣。規功名與諸將等，而位不酬勞，時共惜之。乾道八年，詔刻規德安守城錄頒天下爲諸守將法。立廟德安，賜額「賢守」，追封忠利侯，後加封智敏。

季陵字延仲，處之龍泉人。登政和二年上舍第，三遷太學博士。論學術邪正異同，長官怒，譖之執政，謫知舒城縣。未幾，除太常寺簿，遷比部員外郎。高宗卽位，從至揚州。建炎二年，守尚書右司員外郎、太常少卿。金人南侵，帝幸杭州，朝廷儀物皆委棄之，陵奉九廟神主負之以行，拜起居郎，遷中書舍人。

三年六月，淫雨，詔求直言。陵言：「金人累歲侵軼，生靈塗炭，怨氣所積，災異之來，固不足怪。惟先格王，正厥事，則在我者其可忽邪？臣觀廟堂無擅命之臣，惟將帥之權太盛；宮闈無女謁之私，惟宦寺之習未革。今將帥擁兵自衞，浸成跋扈，苗、劉竊發。勤王之師一至，凌轢官吏，莫敢誰何？此將帥之權太盛有以干陽也。宦寺縱橫，上下共憤，卒碎賊手，可爲戒矣。比聞復召藍珪，黨與相賀，聞者切齒，此宦寺之習未革有以干陽也。洪範休徵曰，肅時雨若；謀時寒若；咎徵曰，狂恆雨若，急恆寒若。自古天子之出，必載廟主行，示有尊也。前日倉卒迎奉，不能如禮。既至錢塘，置太廟於道宮，薦享有闕；留神御於河滸，安奉後時。不肅之咎，臣意宗廟當之。比年盜賊例許招安，未幾再叛，反墮其計。忠臣之憤不雪，赤子之寃莫報，不謀之咎，臣意盜賊當之。道路之言謂鑾輿不久居此，自臣瞻度，決無是事，假或有之，不幾於狂乎？軍興以來，既結保甲，又改巡社，既招弓手，又募民兵，民力竭矣，而猶誅求焉，不幾於急乎？此皆陰道太盛所致。」帝嘉納之。

時除梁揚祖爲發運使，給事中劉寧止言其不可，乃以起居郎綦崇禮權給事中，書讀，陵封還錄黄。又言：「防秋已迫，願陛下先定兵衞及扈從之臣，萬一敵勢猖獗，便當整駕親按營壘，召諸道兵以爲援，留將相大臣，相率死守，勿效前日百官跣足奔竄，以扈蹕爲名，棄城池以予敵，使生靈墮塗炭，財用塡溝壑。」

時張浚爲川、陝等路宣撫處置使，陵論其太專，忤旨，罷爲徽猷閣待制、知太平州，未行，落職與祠。數月，復職，除知温州，又改中書舍人，皆力辭。

范宗尹薦其才，命知臨安府，復爲中書舍人。入對，言：「事有可深慮者四，尚可恃者一：大駕未有駐蹕之地，賢人皆無經世之心，兵柄分而將不和，政權去而主益弱；所恃以僅存者，人心未厭而已。前年議渡江，人以爲可，朝廷以爲不可，故諱言南渡而降詔回鑾。去年議幸蜀，人以爲不可，朝廷以爲可，故弛備江、淮，經營關、陝。以今觀之，孰得孰失？惟揚之變，朝廷不及知而功歸宦寺；錢塘之變，朝廷不能救而功歸將帥，是致此曹有輕朝士之心。黄潛善好自用不能用人，呂頤浩知使能不知任賢。自張愨、許景衡飲恨而死，凡知幾自重者，往往卷懷退縮。今天下不可謂無兵，劉光世、韓世忠、張俊各招亡命以張軍勢，各効小勞以報主恩。然勝不相遜，敗不相救，大敵一至，人自爲謀耳。周望在浙西，人能言之；張浚在陝右，無敢言者。夫軍事恐失機會，便宜可也，乃若自降詔書，得無竊命之嫌邪？官吏責以辦事，便宜可也，乃若安置從臣，得無忌器之嫌邪？以至賜姓氏，改寺額，此皆傷於太專，臣恐自陝以西不知有陛下矣。惟祖宗德澤在人心未忘，所望以中興者此耳，陛下宜有以結之。今欲薄斂以裕民財，而用度方闕；輕徭以紓民力，而師旅方興。罪己之詔屢降，憂民之言屢聞，丁寧切至，終莫之信。臣謂動民以行不以言，陛下爵當賢，祿當功，刑當罪，施設注措無不當理，天下不心服者未之有也。」

朱勝非除江西帥，未行。陵言：「金人往年休士馬於燕山，次年移河北，又次年移京東，今寓淮甸，無復去意，患在朝夕，可謂急矣。若頤浩既去，勝非未至，敵人南向，兵不素練，糧不素積，又不設險，何以禦之？臣願陛下更擇賢副，預爲經畫以待。今日非論安危，實論存亡，朝謀夕行，當如拯溺，豈可不惜分陰。」詔劉洪道趣往池州，措置防江。除戶部侍郎。

范宗尹嘗仕僞楚，故凡受僞命者皆錄用。陵因上疏曰：「前日士大夫名節不立，論事者皆喜攻之，瑕疵既彰，不復可用，縱加拔拭，攻者踵來，雖君相制命，亦不能爲之地。臣試舉其罪大者言之，崇寧、大觀以來，黨助巨奸，由詭道以饕寵榮者不知幾何人？邦昌亂朝，不能死節者不知幾何人？苗、劉專殺，拱手受制不知幾何人？以義責之固不容誅，以情恕之亦不幸耳。弄筆墨者，文致其罪，既得惡名，誰敢引薦。臣願明詔宰執，於罪戾中選擇實能，量付以事，勿因一眚廢其終身，仍詔臺諫爲國愛人，勿復言。」詔牓其疏於朝堂。侍御史沈與求劾陵承望宰執風旨，罷官，提舉杭州洞霄宮。

紹興元年，復右文殿脩撰。二年，詔內外官言事。陵言：「軍興以來，朝廷誥牒，非彊以予民則莫售；師旅糧草，非彊取於民則莫給。舊例和買，無本可支者久矣，新行和糴，能償其直幾何？一遇軍興，事事責辦，有不足者，預借後年之賦。雖名曰『和』，實彊取之；雖名曰『借』，其實奪之。兵將衣食不取其飽煖，取其豐美；器械不取其堅利，取其華好。務末勝本，初無鬥心，賊至則僞言退保，賊去則盛言收復，遇敗以千爲一，遇勝以一爲千。今乘輿服御之費十去七八，百官有司之費十去五六，猶無益於國者，軍太冗也。張浚一軍以川、陝贍之，劉光世一軍以淮、浙贍之，李綱一軍以湖廣贍之，上供之物得至司農、太府者無幾。夫彊兵不在冗食，今統領家口隨行，一聞賊至，擇精銳者護送老小，其自隨者祇辦走耳，當議者一。虜掠婦女，軍中多有，養既不足，寧免作過，當議者二。所至州軍，邀求犒賞，守令憚生事，竭取民以奉之，當議者三。詭名虛券，隨在批請，枉費官物，當議者四。或假關節，或行賄賂，寄名軍籍，規冒功賞，當議者五。願詔有司專意講求，革因循以作士氣，則軍政立。」復徽猷閣待制，帥廣。

先是，惠州有狂男子聚衆數千，僭號作亂。陵入境，誘其徒曾衮，令以功贖罪，不旬日擒之。在官三年卒，年五十五，贈中大夫。有文集十卷。

陵善言事，奏疏可觀。然附范宗尹，則謂凡受僞命者皆當進用，臺諫不當復以爲言；攻張浚，則謂在蜀失於太專，自陝以西將不知有陛下。君子皆不謂然也。幸醫王繼先授榮州防禦使，陵草其制，時論亦以此少之。

盧知原字行之，湖州德淸人。以父任知歙縣，因近臣薦，赴都堂審察，累遷梓州路轉運副使。時承平旣久，戎備皆弛，知原招補兵籍，築城亙二十餘里。王黼當國，費出無藝，知原因疏言之，黼怒，罷去。久之，起提點京東刑獄，改江西轉運副使，過闕入奏，徽宗勉之曰：「卿在蜀道，功效甚休。」遂賜三品服。

先是，綱運阻於重江，吏卒並緣爲姦。知原悉意經理，故先諸道上京師，進一官，尋除直祕閣，爲江、淮、荆、浙等路發運使。升祕閣脩撰，提舉河北。以言者劾，褫職歸吏部。

高宗卽位，復龍圖閣、知溫州。時葉濃陷建州，揚勍陷處州，知原繕甲兵，增城浚隍，聲勢隱然。帝東幸，知原繇海道轉粟及金繒十餘萬至台州。召見，稱奬，擢右文殿脩撰、管內安撫使。在郡四年，民繪像祠之。

王師討范汝爲，召爲添差兩浙轉運使。罷，提舉太平觀。都督孟庾辟爲參謀，改徽猷閣待制、知臨安府。諫官唐煇言：「知原爲政乖謬。」詔復爲都督府參謀官。章再上，遂以舊職奉祠。紹興十一年十月卒。弟法原。

法原字立之。自知雍丘縣積官太府少卿，賜同上舍出身。使遼還，遷司農卿，賜三品服。爲吏部尚書，以官秩次第履歷總爲一書，功過殿最，開卷瞭然，吏不能欺。坐王黼累，罷爲顯謨閣待制。

紹興元年，提舉臨安洞霄宮。張浚承制起知夔州，尋爲龍圖閣學士、川陜等路宣撫處置副使，進端明殿學士、川陜宣撫副使。

金人攻闗輔，叛將史斌陷興州，諸郡多應者。法原命諸將堅壁，言戰者斬，衆以爲怯。未幾，河東經制使王𤫊以乏食班師，法原開闗納之，與𤫊同破斌，復興州。方巨盜充斥，秦、隴叛兵欲窺蜀，法原極意拊循，嚴爲備禦，傳檄諸路，人心稍安。視山川險阻分地置將：自洮、岷至階、成，闗師古主之，屯通川；文、龍至威、茂，劉錡主之，屯巴西。前後屢捷，上所倚重。

會兀朮攻關，爲吳玠所敗。法原素與玠不睦，玠因奏功訟法原不濟師，不餽糧，不銓錄立功將士。帝手詔詰問，法原自辯甚力，上頗不直之，憂恚，卒于軍。

始，法原爲川、陝宣撫使，上從容謂知原曰：「朕方以川、陝付法原。」蓋兄弟皆以材見稱於世，故並用之也。

陳桷字季壬，温州平陽人。以上舍貢辟雍。政和二年，廷對第三，授文林郎、冀州兵曹參軍，累遷尚書虞部員外郎。

宣和七年，提點福建路刑獄。福州調發防秋兵，資糧不滿望，殺帥臣，變生倉卒，吏民奔潰，闔城震駭。桷入亂兵中，諭以禍福，賊氣沮，邀桷奏帥臣自斃，桷詭從其請，間道馳奏，以前奏不實待罪，朝廷以桷知變，釋之。叛兵既調行，乃道追殺首惡二十餘人，一方以安。建炎四年五月，復除福建路提刑，尋以疾乞祠，主管江州太平觀。

紹興三年，召爲金部員外郎，升郎中。時言事者率毛舉細務，略大利害。桷抗言：「今當專講治道之本，脩政事以攘敵國，不當以細故勤聖慮如平時也。」又言：「刺史縣令滿天下，不能皆得人，乞選監司，重其權，久其任。除太常少卿。又陳攻守二策，在於得人心，脩軍政。

五年，除直龍圖閣、知泉州。明年，改兩浙西路提刑。乞置鄉縣三老以厚風俗，凡宮室、車馬、衣服、器械定爲差等，重侈靡之禁。八年，遷福建路轉運副使。

十年，復召爲太常少卿。適編類徽宗御書成，詔藏敷文閣，㮚以爲：「舊制自龍圖至徽猷皆設學士、待制，雜壓著令，龍圖在朝請大夫之上，至徽猷在承議郎之上，每閣相去稍遠，議者疑其不倫。直敷文閣者綴徽猷則與諸閣小異，降之則班列太卑，欲參酌取中，並爲一列，不必相遠，庶幾名位有倫，仰稱陛下嚴奉祖宗謨訓之意。」又言：「祫祭用太牢，此祀典之常。駐蹕之初，未能備禮，止用一羊，乞檢會紹興六年詔旨，復用太牢。」

十一年，除權禮部侍郎，賜三品服。普安郡王出閤，奉詔與吏部、太常寺討論典故。㮚等議以國本未立，宜厚其禮以繫天下望，乃以皇子出閤禮例上之，或以爲太重。詔以不詳具典故，專任己意，懷姦附麗，與吏部尚書吳表臣、禮部尚書蘇符、郎官方雲翼丁仲寧、太常屬王普蘇籍並罷。尋以㮚提舉江州太平觀。

十五年，知襄陽府，充京西南路安撫使。襄、漢兵火之餘，民物凋瘵，㮚請于朝，以今之戶數視承平時纔二十之一，而賦須尚多，乞重行蠲減。明年，金、房兵叛，㮚遣將平之而後以聞。漢水決溢，漂蕩廬舍，躬率兵民捍築隄岸，賴以無虞。以疾乞祠，除祕閣脩撰、提舉江州太平興國宮。二十四年，改知廣州，充廣南東路經略安撫使，未至而卒，年六十四。

桷寬洪醞籍，以誠接物，而恬於榮利。當秦檜用事，以永嘉爲寓里，士之夤緣攀附者，無不躐登顯要。桷以立螭之舊，爲人主所知，出入頓挫，晚由奉常少卿擢權小宗伯，復以議禮不阿忤意，遽罷，其節有足稱。自號「無相居士」。有文集十六卷。子汝楫、汝賢、汝諧。孫峴，以詞學擢第，官中書舍人、直學士院。

李璆字西美，汴人。登政和進士第，調陳州教授，入爲國子博士，出知房州。時旣榷官茶，復彊民輸舊額，貧無所出，被繫者數百人，璆至，卽日盡釋之。

宣和三年，廷議將取燕，璆聞之，曰：「百辟卿士，一倡共和，國家安危，其幾在是。」上疏切諫，大略謂：「太祖以聖武得天下，將士皆百戰之餘，以是而取燕雲，宜易爲力。然趙普輩無敢贊其決者，蓋識天下大勢，且重民命故也。今承太平之業，父老幸不識兵，雖不得燕雲地，何闕於漢。」疏奏不省。及燕旣平，責監英州淸溪鎭。

明年，赦還爲郎，尋試中書舍人。建言元祐名臣子孫，久被廢錮，宜少寬之。宦官譚稹出師河北，以無功廢，將復進用，璆不肯書行。會山東盜起，州縣不能制，至河北無見糧，軍士洶洶。璆條奏十事，忤大臣意，罷。紹興四年，以集英殿脩撰知吉州。江西兵素剽悍，璆始視事，有相挻爲亂者，亟捕誅首謀者，撫循其餘，大布恩信，境內遂安。

累遷徽猷閣直學士、四川安撫制置使。成都舊城多毀圮，璆至，首命修築。俄水大至，民賴以安。三江有堰，可以下灌眉田百萬頃，久廢弗修，田萊以荒。璆率部刺史合力修復，竟受其利，眉人感之，繪像祠于堰所。間遭歲饑，民徙，發倉振活，無慮百萬家，治蜀之政多可紀。有清溪集二十卷。

李朴字先之，虔之興國人。登紹聖元年進士第，調臨江軍司法參軍，移西京國子監敎授，程頤獨器許之。移虔州敎授。以嘗言隆祐太后不當廢處瑤華宮事，有詔推鞫。忌者欲擠之死，使人危言動之，朴泰然無懼色。旋追官勒停，會赦，注汀州司戶。

徽宗卽位，翰林承旨范純禮自言待罪四十六日，不聞玉音，謂朴曰：「某事豈便於國乎？某事豈便於民乎？」朴曰：「承旨知而不言，無父風也。」純禮泣下。

右司諫陳瓘薦朴，有旨召對，朴首言：「熙寧、元豐以來，政體屢變，始出一二大臣所學不同，後乃更執圓方，互相排擊，失今不治，必至不可勝救。」又言：「今士大夫之學不求諸己，而惟王氏之聽，敗壞心術，莫大於此。願詔勿以王氏爲拘，則英材輩出矣。」蔡京惡朴鯁直，他執政三擬官，皆持之不下，復以爲處州教授。又嗾言者論朴爲元祐學術，不當領師儒，罷爲肇慶府四會令。

有奸民言邑東地產金寶，立額買撲，破田疇，發墟墓，厚賂乃已，朴至，請罷之。改承事郎，知臨江軍清江縣、廣東路安撫司主管機宜文字。欽宗在東宮聞其名，及卽位，除著作郎，半歲凡五遷至國子祭酒，以疾不能至。高宗卽位，除祕書監，趣召，未至而卒，年六十五。贈寶文閣待制，官其子孫二人。

朴自爲小官，天下高其名。蔡京將彊致之，俾所厚道意，許以禁從，朴力拒不見，京怒形於色，然終不害也。中書侍郎馮熙載欲邂逅見朴，朴笑曰：「不能見蔡京，焉能邂逅馮熙載邪？」居官所至有聲。在廣南，止其帥孫竢以文具勤王，不若發常賦助邊。破漕使鄭良引眞臘取安南之計，以息邊患，人稱其智。朴嘗自誌其墓曰：「以天爲心，以道爲體，以時爲用，其可已矣。」蓋敍其平生云。有章貢集二十卷行于世。

王庠字周彥，榮州人。累世同居，號「義門王氏」。祖伯琪，以義聲著于鄉州。有鹽井籍民煎輸，多至破產，惟有祿之家得免。伯琪請於州，均之官戶，而仕者誣訴之，賫恨以歿。父夢易，登皇祐第，力成父志，言於州縣不聽，言於刺史，言於三司，三司以聞，還籍沒者三百五十五家，蠲歲額三十萬斤。嘗攝興州，改川茶運，置茶鋪免役民，歲課亦辦。部刺史恨其議不出己，以他事中之，鐫三秩，罷歸而卒。母向氏，欽聖憲肅后之姑也。

庠幼穎悟，七歲能屬文，儼如成人。年十三，居父喪，哀憤深切，謂弟序曰：「父以直道見擠，母撫柩誓言，期我兄弟成立贈復父官，乃許歸葬，相與勉之。且制科先君之遺意也，吾有志焉。」遂閉戶，窮經史百家書傳注之學，尋師千里，究其旨歸。蚤歲上范純仁、蘇轍、張商英書，皆持中立不倚之論，呂陶、蘇轍皆器重之。嘗以經說寄蘇軾，謂：「二帝三王之臣皆志於道，惟其自得之難，故守之至堅。自孔、孟作六經，斯道有一定之論，士之所養，反不逮古，乃知後世見六經之易，忽之不行也。」軾復曰：「經說一篇，誠哉是言。」

元祐中，呂陶以賢良方正直言極諫科薦之，庠以宋邦傑學成未有薦者，推使先就，陶聞而益加敬。未幾，當紹聖諸臣用事，遂罷制科，庠嘆曰：「命也，無愧先訓，以之行己足矣。」

崇寧壬午歲，應能書，爲首選。京師蝗，庠上書論時政得失，謂：「中外壅蔽，將生寇戎之患。」張舜民見之，歎其危言。下第徑歸，奉親養志，不應舉者八年。大觀庚寅，行舍法於天下，州復以庠應詔。庠曰：「昔以母年五十二求侍養，不復願仕，今母年六十，乃奉詔，豈本心乎？」時嚴元祐黨禁，庠自陳：「蘇軾、蘇轍、范純仁爲知己，呂陶、王吉嘗薦舉，黃庭堅、張舜民、王鞏、任伯雨爲交游，不可入舉求仕，願屏居田里。」以弟序升朝，贈父官，始克葬，葬而母卒。

終喪復舉八行，事下太學，大司成考定爲天下第一，詔旌其門。朝廷知其不可屈，賜號「處士」。尋改潼川府教授，賜出身及章服，一日四命俱至，竟力辭不受。雖處山林，唱酬賦詠，皆愛君憂國之言。太后念其姑，嘗欲官，庠以遜其弟、姪及甥，且以田均給庶兄及前母之姊。庠卒，孝宗謚曰賢節。

序，宣和間以恩倖至徽猷閣直學士。庠浮沉其間，各建大第，或者謂其晚節隱操少衰云。

王衣字子裳，濟南歷城人。以門蔭仕，中明法科，歷深、冀二州法曹掾，入爲大理評事，升寺正。林靈素得幸，將毀釋氏以逞其私。襄州僧杜德寶毀體然香，有司觀望靈素意，捕以聞。衣閱之曰：「律自傷者杖而已。」靈素求內批，坐以害風教竄流之，停衣官，尋予祠。爲陝西都轉運司主管文字、詳定一司敕令所删定官、通判襲慶府、知濠州，未行，召爲刑部員外郎。

建炎初，爲司勳郎中，遷大理少卿。三年，韓世忠執苗傅、劉正彥，獻俘，檻車幾百兩，先付大理獄，將盡尸諸市。衣奏曰：「此曹在律當誅，顧其中婦女有顧買及鹵掠以從者。」高宗矍然曰：「卿言極是，朕慮不及此也。」即詔自傅、正彥妻子外皆釋之。范瓊有罪下大理寺，衣奉詔鞫之。瓊不伏，衣責以靖康圍城中逼遷上皇，擅殺吳革，迎立張邦昌事，瓊稱死罪。衣顧吏曰：「四詞服矣。」遂賜死，釋其親屬將佐。

四年，升大理卿。初，帶御器械王球爲龍德宮都監，盡盜本宮寶玉器玩，事覺，帝大怒，欲誅之。衣曰：「球固可殺，然非其所隱匿，則盡爲敵有，何從復歸國家乎？」乃寬之。

先是，百司愆戾，付寺劾之，至三問取伏狀，被劾者懼對，莫敢辨。衣奏曰：「伏與辨二事也，若一切取伏，是以威迫之，不使自直，非法意也。乞三問未承者，聽辨。」從之。同詳定一司敕令，删雜犯死罪四十七條，書成，帝嘉其議法詳明。

紹興元年，權刑部侍郎。二年，除集英殿脩撰，奉祠。旣而趙令畤應詔薦之，復召爲刑部侍郎，爲言者所格。四年，卒于家。衣質直和易，持法不阿，議者賢之。

論曰：向子諲以相家之子克飭臣節，陳規以文儒之臣有聲鎮守，可謂拔乎流俗者焉。季陵言事不諱，二盧兄弟並用，以材見稱，陳桷守禮知變，李璆爲政有惠，咸足紀焉。李朴不訹權威，王庠志高而晚節頗衰，王衣明恕而用刑不刻，雖或器識不齊，亦皆不曠其職也歟！

校勘記

〔一〕馬擴　原作「馬廣」，據北盟會編卷一五〇、繫年要錄卷五一改。

宋史卷三百七十八

列傳第一百三十七

衞膚敏　劉珏　胡舜陟　沈晦　劉一止弟寧止　胡交修　綦崇禮

衞膚敏字商彥，華亭人。以上舍生登宣和元年進士第，授文林郎、南京宗子博士，尋改教授。

六年，召對，改宣教郎、祕書省校書郎，命假給事中賀金主生辰。膚敏奏曰：「彼生辰後天寧節五日，金人未聞入賀，而反先之以失國體，萬一金使不來，爲朝廷羞。請至燕山候之，彼若不來，則以幣置境上而已。」帝可其奏。既至燕，金賀使果不至，遂置幣而返。七年，復假給事中以行，及慶源府，逢許亢宗還，語金國事，曰：「彼且大入，其勢不可往。」膚敏至燕，報愈急，衆懼不敢進，膚敏叱曰：「吾將君命以行，其可止乎？」既至金國，知其兵已舉，殊不爲屈。及將還，金人所答國書，欲以押字代璽，膚敏力爭曰：「押字豈所以交鄰國。」論難往復，卒易以璽。及受書，欲令雙跪，膚敏曰：「雙跪乃北朝禮，安可令南朝人行之哉！」爭辨踰時，卒單跪以受。金人積不說，中道羈留且半年。

至涿州新城，與斡離不遇，遣人約相見，拒之不可，遂語之曰：「必欲相見，其禮當如何？」曰：「有例。」膚敏笑曰：「例謂趨伏羅拜，此禮焉可用？北朝止一君耳，皇子郎君雖貴，人臣也，一介之使雖賤，亦人臣也。兩國之臣相見，而用君臣之禮，是北朝一國有二君也。」金人氣折，始曰：「唯所欲。」膚敏長揖而入。旣坐，金人出誓書示之，膚敏却不視，曰：「遠使久不聞朝廷事，此書眞僞不可知。」因論用兵事，又以語折之，幾復爲所留。

靖康初，始還，進三官，遷吏部員外郎。會高麗遣使來賀，命假太常少卿往接之。朝論欲改稱宣問使，膚敏曰：「國家厚遇高麗久矣，今邊事方作，不可遽削其禮，失遠人心，願姑仍舊。」乃復稱接伴使。旣至明州，會京師多難，乃便宜稱詔厚賜使者，遣還。

建炎元年，復命，自劾矯制之罪，高宗嘉賞。遷衞尉少卿。建議「兩河諸郡宜降蠟書，許以世襲，使各堅守。陝西、山東、淮南諸路，並令增陴浚隍，徙民入城爲淸野計。命大臣留守汴京，車駕早幸江寧。」帝頗納之。

遷起居舍人，言：「前日金人憑陵，都邑失守，朝臣欲存趙氏者不過一二人而已，其他皆屈節受辱，不以爲恥，甚者爲敵人斂金帛，索妃嬪，無所不至，求其能詐楚如紀信者無有也。及金人僞立叛臣，僭竊位號，在廷之臣逃避不從及約寇退歸位趙氏者，不過一二人而已。其他皆委質求榮，不以爲愧，甚者爲叛臣稱功德，說符命，主推戴之議，草勸進之文，無所不爲，求其擊朱泚如段秀實者無有也。今陛下踐祚之初，苟無典刑，何以立國？凡前日屈節敵人，委質僞命者，宜差第其罪，大則族，次則誅，又其次竄殛，下則斥之遠方，終身不齒，豈可猶畀祠祿，使塵班列哉？」又言：「今二帝北遷，寰宇痛心，願陛下愈自貶損，不忘報雪，卑宮室，菲飲食，惡衣服，減嬪御，斥聲樂，以至歲時上壽，春秋錫宴，一切罷之，雖饗郊廟亦不用樂。必俟兩宮還闕，然後復常，庶幾精誠昭格天地，感動人心。」拜右諫議大夫兼侍讀，言：「行在頗興土木之役，非所以示四方，乞罷築承慶院、升暘宮〔一〕。」又奏：「凡黜陟自中出者，皆由三省乃得奉行，或戾祖宗成憲者，皆許執奏。」時內侍李志道以赦恩復保慶軍承宣使，添差入內都知，膚敏極論罷之。初，欽宗內侍昭慶軍承宣使容機，圍城中時乞致仕，高宗即位，命起之。膚敏言：「自古帝王未有求閹寺於閑退而用者。」遂寢。后父邢煥除徽猷閣待制，太后兄子孟忠厚顯謨閣直學士。膚敏言：「非祖宗法。」煥尋換武職，忠厚自若。

俄遷膚敏中書舍人，膚敏懇奏曰：「昔司馬光論張方平不當參知政事，自御史中丞遷翰林學士。光言：『以臣爲是，則方平當罷；以臣爲非，則臣當貶。今兩無所問而遷臣，臣所未論。』臣雖不肖，願附於司馬光。」又言：「事母后莫若孝，待戚屬莫若恩，勸臣下莫若賞。今陛下順太母以非法非所謂孝，處忠厚以非分非所謂恩，不用臣言而遷其官非所謂賞，一舉而三失矣。」帝命宰相諭膚敏曰：「朝廷以次遷官，非因論事也。」膚敏猶不拜，居家逾月，及忠厚改承宣使，詔后族勿除從官，膚敏始拜命。又言：「中書根本之地，舍人所掌，不特演綸而已。」凡命令不合公議者，率封還之。

會膚敏知貢舉，有進士何烈對省試策，謬稱「臣」，諫官李處遯乞正考官鹵莽之罪，以集英殿修撰提舉洞霄宮。或謂膚敏在後省論事，爲黃潛善、汪伯彥所惡，故因事斥之。

三年春，召赴行在。時帝次平江。膚敏入見，言及時事泣下，帝亦泣曰：「卿今宜知無不言，有請不以時對。」膚敏謝曰：「臣頃嘗三爲陛下言，揚州非駐蹕之地，乞早幸江寧。今錢塘亦非帝王之都，宜須事定亟還金陵。」因陳所以守長江之策，帝善其言。翌日，再對，歸得疾，然猶力疾扈蹕至臨安。俄除刑部侍郎，未拜，謁告歸華亭就醫，許之，遷禮部侍郎。

初，膚敏久疾臥舟中，不能朝，時苗、劉之變，帝未反正，宰相朱勝非言於隆祐太后，以「膚敏稱疾坐觀成敗，無人臣節」。及卒，始明其非僞云。年四十九，特贈大中大夫。子仲英、仲傑、仲循。

劉珏字希范，湖州長興人。登崇寧五年進士第。初游太學，以書遺中書舍人鄒浩曰：「公始爲博士論取士之失，免所居官，在諫省斥宮掖之非，遠遷嶺表，豈逆計禍福，邀後日報哉，固欲蹈古人行也。今庶政豈盡修明，百官豈盡忠實，從臣繼去，豈盡非才，言官屢逐，豈盡有罪！信任踰曩昔而拱默不言，天下之士竊有疑焉，願有以慰塞羣望。」浩得書愧謝之。宣和四年，擢監察御史，坐言事知舒州，留爲尚書主客員外郎。

靖康初，議皇帝朝謁上皇儀，欲以家人禮見於內庭，珏請皇帝設大小次，俟上皇御坐，宰臣導皇帝升自東階，拜於殿上，則有君之尊，有父之敬。又謂：「君於大臣或賜劍履上殿，或許子孫扶掖。皇帝朝謁，宜令環衞士卒侍立於殿西，宰執、三衙、侍從等官扶侍於殿上。如請帝坐，卽宰執等退立西隅。」遷太常少卿。討論皇帝受册寶故事，珏言：「唐太宗、明皇皆親受父命，未嘗再行册禮，肅宗卽位於靈武，故明皇遣韋見素就册之，宣政授傳國璽，羣臣上尊號，至德宗踵行之，後世以爲非。」議遂寢。

除中書舍人。陳十開端之戒曰：「陛下卽位罷御筆，止營繕，登俊乂，詘虛誕，戢內侍之權，開言者之路，命令既當，未嘗數改，任用既公，率皆稱職，賞必視功，政必核實，此天下所以指日而徯太平也。比者內降數出，三省罕有可否，此御筆之開端也。敎子弟既有其所，又徹而新之，長入祗候之班，勢若可緩，亟而成之，此營繕之開端也。河陽付之庸才，涇原委之貪吏，此任用失當之開端也。花石等濫賞，既治復止，馬忠統兵，累行累召，此命令數易之開端也。三省、密院議論各有所見，啓擬各舉所知，持不同不比之說，忘同寅協恭之議，此大臣不和之開端也。內路之帥擅作聖旨指揮，行郡之守稱爲外任監當，此臣下誕謾之開端也。董局務者廣辟官屬，侍帷幄者分爭殿廬，此內侍恣橫之開端也。兩省繳奏多命以次行下，或戒以不得再繳，臺諫言事失當，率責爲遠小監當，此言路壅塞之開端也。恤民之詔累下，未可行者多，是爲空文無實德，此政事失信之開端也。隨龍第賞，冠帶之工亦推恩，金兵扣闕，禮房之吏亦進秩，此爵賞僭濫之開端也。是十者雖未若前日之甚，其端已見，杜而止之，可以馴致治平，因而循之，雖有智者不能善其後矣。」

詹度都堂稟議，中書舍人安扶持不可，改命珏書行，珏言：「伐燕之役，度以書贊童貫大舉，去秋蔡靖屢以金人點集爲言，度獨謂不應有此，遂不設備，請竄度嶺表。」詔予宮祠。李綱以觀文殿學士知揚州，安扶又持不可，珏言：「韓琦好水之敗，韓絳西州之敗，皆不免黜責。綱勇於報國，銳於用兵，聽用不審，數有敗衄，宜降黜以示懲戒。」綱改宮祠。吏部侍郎馮澥言珏持兩端，爲綱游說，提舉亳州明道宮。

建炎元年，復召爲中書舍人，至泗州，上書言：「金人尚有屯河北者，萬一猖獗而南，六飛豈能無警，乞早賜行幸。西兵驍勇，宜留以爲衞。西京舟船，恐金人藉以爲用，並令東下。」時李綱已議營南陽，珏未知也。既至，極言南陽兵弱財單，乘輿無所取給，乞駐蹕金陵以待敵。汪伯彥、黃潛善皆主幸東南，帝遂如揚州。潛善兄潛厚除戶部尙書，珏言兄弟不可同居一省，帝遣張慤諭旨，珏論如初。詔潛厚提舉醴泉觀。

遷給事中，論內降、營繕二事曰：「陛下以前朝房院而建承慶院，議者以爲營造寖廣；以隆祐太后時有御筆，議者以爲內降數出。蓋除授不歸中書，工役領之內侍，此人言所以籍籍也。營繕悉歸有司，中旨皆許執奏，則衆論息矣。」孟忠厚除顯謨閣直學士，邢煥徽猷閣待制，珏封還，言舊制外戚未有爲兩禁官者，詔煥換武階。帝曰：「忠厚乃隆祐太后族，宜體朕優奉太后之意。」珏持益堅，忠厚尋亦換武階。

遷吏部侍郎，同修國史，言：「淮甸備敵，兵食爲先，今以降卒爲見兵，以糴本爲見糧，無一可恃，維揚城池未修，軍旅多闕，卒有不虞，何以待之？」已而金人果乘虛大入，帝亟如臨安，以珏爲龍圖閣直學士、知宣州。俄復爲吏部侍郎。

以久雨詔求言，珏疏論消天變、收人心數事，詞極激切，並陳荊、陝、江、淮守禦之略：「願申詔大臣，悉屏細務，唯謀守禦。自京及荊、淮之郡，置大帥，屯勁兵。命沿江之守，各上措畫之方，明斥堠，設險阻，節大府之出，廣大農之入，檢察戰艦而習之，則守禦詳盡，人心安，天意回，大業昌矣。」遷吏部尚書。

隆祐太后奉神主如江西，詔珏爲端明殿學士、權同知三省樞密院事從行。時詔元祐黨籍及上書廢錮人，追復故官，錄用子孫，施行未盡者，珏悉奏行之。又言常安民、張克公嘗論蔡京罪，乞厚加恩。至洪州，疏言修治巡幸道路之役，略曰：「陛下遭時艱難，躬履儉約，前冬幸淮甸，供帳弊舊，道路險狹，未嘗介意。今聞衢、信以來，除治道路，科率民丁，急如星火，廣市羊豕，備造服用，使農夫不得穫，齊民不得休，非陛下儉以避難之意也。乞降詔悉罷。」金人攻吉州，分兵追太后，舟至太和縣，衞兵皆潰，珏奉太后退保虔州。監察御史張延壽論珏罪，珏亦上書自劾，踰嶺俟命，落職，提舉江州太平觀。延壽論不已，責授祕書少監，貶衡州。紹興元年，許自便。明年，以朝散大夫分司西京。卒于梧州，年五十五。官其二子。八年，追復龍圖閣學士。有吳興集二十卷、集議五卷、兩漢蒙求十卷。

胡舜陟字汝明，徽州績溪人。登大觀三年進士第，歷州縣官，爲監察御史。奏：「御史以言爲職，故自唐至本朝皆論時事，擊官邪，與殿中侍御史同。崇寧間，大臣欲便己，遂變祖宗成憲，南臺御史始有不言事者。多事之時，以開言路爲急。乞下本臺，增入監察御史言事之文，以復祖宗之制。」以內艱去。

服闋，再爲監察御史。奏：「河北金兵已遁，備禦尤不可不講。」欽宗即位，又言：「今結成邊患，幾傾社稷，自歸明官趙良嗣始，請戮之以快天下。」遂誅良嗣。又奏：「今邊境備禦之計，兵可練，粟可積，獨將爲難得，請詔內外之臣，並舉文武官才堪將帥者。」又奏：「上殿班先臺後諫，祖宗法也，今臺臣在諫臣下，乞今後臺諫同日上殿，以臺諫雜壓爲先後。」

遷侍御史。奏：「向者晁說之乞皇太子講孝經，讀論語，間日讀爾雅而廢孟子。夫孔子之後深知聖人之道者，孟子而已。願詔東宮官遵舊制，先讀論語，次讀孟子。」又奏：「涪陵譙定受易於郭雍，究極象數，逆知人事，洞曉諸葛亮八陣法，宜厚禮招之。」

高宗卽位，舜陟論宰相李綱之罪，帝不聽。言者論其嘗事僞廷，除集英殿修撰、知廬州。時淮西盜賊充斥，廬人震恐，日具舟楫爲南渡計。舜陟至，修城治戰具，人心始安。

冀州雲騎卒孫琪聚兵爲盜，號「一海蝦」，至廬，舜陟乘城拒守。琪邀資糧，舜陟不與，衆請以粟遺之，舜陟曰：「吾非有所愛，顧賊心無厭，與之則示弱，彼無能爲也。」乃時出兵擊其抄掠者，琪宵遁，舜陟伏兵邀擊，得其輜重而歸。

濟南僧劉文舜聚黨萬餘，保舒州投子山縱剽，舜陟遣介使招降之。時丁進、李勝合兵爲盜蘄、壽間，舜陟遣文舜破之。

張遇自濠州奄至梁縣，舜陟使毁竹里橋，伏兵河西，伺其半渡擊敗之。又請以身守江北，以護行宮。帝壯其言，擢徽猷閣待制，充淮西制置使。范瓊自壽春渡淮，貽書責贍軍錢帛，舜陟諭以逆順，瓊乃去。

自軍興後，淮西八郡，羣盜攻蹂無全城，舜陟守廬二年，按堵如故，以徽猷閣待制知建康府，充沿江都制置使。踰年，改知臨安府，復爲徽猷閣待制，充京畿數路宣撫使。尋罷，遷廬、壽鎭撫使，改淮西安撫使。至廬州，潰兵王全與其徒來降，舜陟散財發粟，流民漸歸。改知靜江府，詔措置市戰馬。御史中丞常同奏舜陟兇暴傾險，罷之。

後十八年，復爲廣西經略。以知邕州俞儋有贓，爲運副呂源所按，事連舜陟，提舉太平觀。先是，舜陟與源有隙，舜陟因討郴賊，劾源沮軍事，源以書抵秦檜，訟舜陟受金盜馬，非訕朝政。檜素惡舜陟，入其說，奏遣大理寺官袁柟、燕仰之往推劾，居兩旬，辭不服，死獄中。

舜陟有惠愛，邦人聞其死，爲之哭。妻江氏訴于朝，詔通判德慶府洪元英究實。元英言：「舜陟受金盜馬，事涉曖昧，其得人心，雖古循吏無以過。」帝謂檜曰：「舜陟從官，又罪不至死，勘官不可不懲。」遂送柟、仰之吏部。

沈晦字元用，錢塘人，翰林學士沈遘孫。宣和間進士廷對第一，除校書郎，遷著作佐郎。金人攻汴京，借給事中從肅王樞出質斡離不軍。金人再攻也，與之俱南。京城陷，邦昌僞立，請金人歸馮澥等，晦因得還，眞爲給事中。

高宗卽位，言者論晦雖使金艱苦，而封駁之職不可以賞勞，除集英殿修撰、知信州。帝如揚州，將召爲中書舍人，侍御史張守論晦爲布衣時事，帝曰：「頃在金營見其慷慨，士人細行，豈足爲終身累邪？」不果召。知明州，移處州。

帝如會稽，移守婺州。賊成皋入寇，晦用教授孫邦策，率民兵數百出城與戰，大敗，晦欲斬邦〔三〕，已而釋之。時浙東防遏使傅崧卿在城中，單騎往說皋，皋遂降。進徽猷閣待制。以言者論晦妄用便宜指揮行事，降集英殿修撰、提舉臨安府洞霄宮。尋復徽猷閣待制、知宣州，移知建康府。甫踰月，以御史常同論罷。

紹興四年，起知鎭江府、兩浙西路安撫使，過行在面對，言：「藩帥之兵可用。今沿江千餘里，若令鎭江、建康、太平、池、鄂五郡各有兵一二萬，以本郡財賦易官田給之，敵至，五郡以舟師守江，步兵守隘，彼難自渡。假使能渡，五郡合擊，敵雖善戰，不能一日破諸城也。若圍五郡，則兵分勢弱，或以偏師綴我大軍南侵，則五郡尾而邀之，敵安敢遠去。此制稍定，三年後移江北，糧餉、器械悉自隨。」又自乞「分兵二千及召募敢戰士三千，參用昭義步兵法，期年後，京口便成強藩」。時方以韓世忠屯軍鎭江，不果用。

劉麟入寇，世忠拒于揚州，晦乞促張俊兵爲世忠援。趙鼎稱晦議論激昂，帝曰：「晦誠可嘉，然朕知其人言甚壯，膽志頗怯，更觀臨事，能副所言與否？」然晦不爲世忠所樂，尋提舉臨安府洞霄宮，起爲廣西經略兼知靜江府。

先是，南州蠻酋莫公晟歸朝，歲久，用爲本路鈐轄羈縻之，後遁去，旁結諸峒蠻，歲出爲邊患。晦選老將羅統戍邊，招誘諸酋，喩以威信，皆詣府請降，晦犒遺之，結誓而去。自是公晟孤立，不復犯邊。晦在郡，歲買馬三千匹，繼者皆不能及。進徽猷閣直學士，召赴行在，除知衢州，改潭州，提舉太平興國宮，卒。

晦膽氣過人，不能盡循法度，貧時尤甚，故累致人言。然其當官才具，亦不可掩云。

劉一止字行簡，湖州歸安人。七歲能屬文，試太學，有司欲舉八行，一止曰：「行者士之常。」不就。登進士第，爲越州教授。參知政事李邴薦爲詳定一司敕令所刪定官。

紹興初，召試館職，其略曰：「事不克濟者，患在不爲，不患其難，聖人不畏多難，以因難而圖事耳。如其不爲，俟天命自回，人事自正，敵國自屈，盜賊自平，有是哉？」高宗稱善，且諭近臣以所言剴切知治道，欲驟用，執政不樂，除祕書省校書郎。考兩浙類試，以科舉方變，欲得通時務者，同列皆患無其人，一止出一卷曰：「是宜爲首。」啓號乃張九成也，衆皆厭服。

遷監察御史。上疏謂：「天下之治，衆君子成之而不足，一小人敗之而有餘，君子雖衆道則孤，小人雖寡勢易蔓，不加察，則小人伺隙而入以敗政矣。」又言：「陛下憫宿蠹未除，頹綱未振，民困財竭，故置司講究，然未聞有所施行，得無有以疑似之說欺陛下，曰『如此將失人心』。夫所謂失人心者，必刑政之苛，賦役之多，好惡之不公，賞罰之不明；若皆無是，則所失者小人之心耳，何病焉。」

時庶事草創，有司以吏所省記爲法，吏並緣爲奸，一止曰：「法令具在，吏猶得舞文，矧一切聽其省記，所欲與則陳與例，欲奪則陳奪例，與奪在其牙頰，患可勝言哉！請以省記之文刊定頒行，庶幾絕姦吏弄法受賕之弊。」從之。踰年而書成。

秦檜請置修政局，一止言：「宣王內修政事，修其外攘之政而已。今之所修，特簿書獄訟，官吏遷降，土木營建之務，未見所當急也。」又謂：「人才進用太遽，仕者或不由銓選，朝士入而不出，外官雖有異能，不見召用，非軍事而起復，皆倖門不塞之故。請選近臣曉財利者，做劉晏法，瀕江置司以制國用，鄉村置義倉以備水旱，增重監司之選。」後多採用其言。

遷起居郎。奏事，帝迎語曰：「朕親擢也，繇六察遷二史，祖宗時有幾？」一止謝：「先朝惟張激、李棁耳。」因極陳堂吏宦官之蠹，執政植私黨，無憂國心。翌日罷，主管台州崇道觀。

召爲祠部郎、知袁州，改浙東路提點刑獄，爲祕書少監，復除起居郎，擢中書舍人兼侍講。莫將賜出身除起居郎，一止奏：「將以上書助和議，驟自太府丞綴從班，前此未有，臣乃與將同命，願併臣罷之。」不報。

遷給事中。徐偉達者，嘗事張邦昌爲郎，得知池州，一止言：「偉達既仕僞廷，今付以郡，無以示天下。」孟忠厚乞試郡，一止言：「后族業文如忠厚雖可爲郡，他日有援例者，何以却之？」汪伯彥知宣州入覲，詔以元帥府舊人，特依見任執政給奉，一止言：「伯彥誤國之罪，天下共知，以郡守而例執政，殆與異時非待制而視待制，非兩府而視兩府者類矣。」帝皆爲罷之。於凡貴近之請，雖小事亦論執不置。御史中丞廖剛謂其僚曰：「臺當有言者，皆爲劉君先矣。」

居瑣闥百餘日，繳奏不已，用事者始忌，奏：「一止同周葵薦呂廣問，迎合李光。」罷，提舉江州太平觀。進敷文閣待制。御史中丞何若奏：「一止朋附光，偃蹇慢上。」落職，罷祠。後八年，請老，復職，致仕。秦檜死，召至國門，以病不能拜，力辭，進直學士，致仕。卒年八十三。

一止沖澹寡欲，嘗誨其子曰：「吾平生通塞，聽於自然，唯機械不生，故方寸自有樂地。」博學無不通，爲文不事纖刻，制誥坦明有體，書詔一日數十輒辦，嘗言：「訓誥者，賞善罰惡詞也，豈過情溢美、怒鄰罵坐之爲哉。」其草顏魯公孫特命官制甚偉，帝歎賞，爲手書之。詩自成家，呂本中、陳與義讀之曰：「語不自人間來也。」有類藁五十卷。子巒、嶅，從弟寧止。

寧止字無虞，登宣和進士甲科，除太學錄、校書郎。建炎初，爲浙西安撫大使司參議，改兩浙轉運判官。苗傅、劉正彥之變，寧止自毗陵馳詣京口、金陵，見呂頤浩、劉光世，勉以忠義，退而具軍須以佐勤王。除左司郎官，辭。帝復位，除右司郎官、給事中。梁揚祖爲發運使，寧止再疏論駁。

以添差江、淮、荆湖制置發運副使扈從隆祐太后幸江西，尋爲兩浙轉運副使。錄勤王功，直龍圖閣，進祕閣修撰，主管崇道觀，提點江、淮等路坑冶鑄錢，知鎮江府兼沿江安撫，進右文殿修撰。寧止言：「京口控扼大江，爲浙西門戶，請分常州、江陰軍及崑山、常熟二縣隸本司，庶防秋時沿江號令歸一，可以固守。」權戶部侍郎，總領三宣撫司錢糧。張浚都督諸軍，以爲行府屬。除吏部侍郎，進徽猷閣直學士、知秀州，升顯謨閣，提舉太平觀，卒。

寧止有文名，慷慨喜論事。當艱難時，上疏言闕失，指切隱微，多人所難言。乞禁王安石日錄，復賢良方正科，用司馬光十科薦士法，倣唐制宰執論事以諫官侍立，皆其顯顯者。勤王之舉，呂頤浩紀其有輸忠贊謀之勞。寧止與一止、岑皆羣從昆弟，帝嘗稱寧止忠、一止清、岑敏云。有敎忠堂類藁十卷。

胡交修字已楙，常州晉陵人。登崇寧二年進士第，授泰州推官，試詞學兼茂科。給事中翟汝文同知貢舉，得其文曰：「非吾所能及也。」置之首選，除編類國朝會要所檢閱文字。政和六年，遷太常博士、都官郎，徙祠部，遷左司官，拜起居舍人、起居郎。昭慈太后垂簾聽政，除右文殿修撰、知湖州。

建炎初，以中書舍人召，辭不至，改徽猷閣待制、提舉杭州洞霄宮。三年，復以舍人召，詔守臣津發，尋進給事中、直學士院兼侍講。入對，首論天下大勢曰：「淮南當吾膺，將士遇敵先奔，無藩籬之衞。湖、廣帶吾脅，羣盜乘間竊發，有腹心之憂。江、浙肇吾基，根本久未立。秦、蜀張吾援，指臂不相救。宜詔二三大臣修政事，選將帥，蒐補卒乘，以張國勢，撫綏疲瘵，以固國本。」

帝又出手詔，訪以弭盜保民、豐財裕國、強兵禦戎之要，交修疏言：「昔人謂甑有麥飯，床有故絮，雖儀、秦說之不能使爲盜，惟其凍餓無聊，日與死迫，然後忍以其身棄之於盜賊。陛下下寬大之詔，開其自新之路，禁苛慝之暴，豐其衣食之源，則悔悟者更相告語歡呼而歸。其不變者，黨與攜落，亦爲吏士所係獲，而盜可弭，盜弭則可以保民矣。沃野千里，殘爲盜區，皆吾秔稻之地。操弓矢，帶刀劍，椎牛發冢，白晝爲盜，皆吾南畝之民。陛下撫而納之，反其田里，無急征暴斂，啓其不肖之心，耕桑以時，各安其業，穀帛不可勝用，而財可豐，財豐則可以裕國矣。日者翟興連西路，董平據南楚，什伍其人，爲農爲兵，不數年，積粟充牣，雄視一方。盜賊猶能爾，況以中興二百郡地，欲強兵以禦寇，不能爲翟興輩之所爲乎？」世以爲名言。

李成盜江、淮，廷議欲親征，交修謂：「羣盜猖狂，天子自將，勝之則不武，不勝則貽天下笑。此將帥之責，何足以辱王師？」議遂格，盜尋遁。

周杞守常州，坐殘虐免。會大旱，帝問交修致旱之由，對以殆杞佚罰之故，乃以杞屬吏。杞疑爲交修所譏，上書告其罪，遣大理寺丞胡蒙詣常按驗。交修無所絓，然羣從多抵罪。尋以徽猷閣待制提舉太平觀。

六年〔三〕，召爲給事中、刑部侍郎、翰林學士、知制誥兼侍讀。久之，遷刑部尚書。汀州寧化縣論大辟十人，獄已上，知州事鄭強驗問，無一人當死，交修乞治縣令冒賞殺無辜罪。江東留獄追逮者尙六百人，交修言：「若待六百人俱至，則瘐死者衆矣，請以罪狀明白者論如律，疑則從輕。」詔皆如其言。

朝論欲以四川交子行之諸路，交修力陳其害，謂：「崇寧大錢覆轍可鑒，當時大臣建議，人皆附和，未幾錢分兩等，市有二價，姦民盜鑄，死徙相屬。以今交子校之大錢，無銅炭之費，無鼓鑄之勞，一夫挾紙日作十數萬，眞贗莫辨，售之不疑，一觸憲網，破家壞產，以賞告捕，禍及無辜。歲月之後，公私之錢盡歸藏鏹之家，商賈不行，市井蕭條，比及悔悟，恐無及矣。」時議大舉，交修曰：「今妄言無行之徒，爲迎合可喜之論，吾無以考驗其實，遽信之以舉事，豈不誤國哉？」帝覽之矍然。翌日，出其奏示大臣曰：「交修眞一士之諤諤也。」

蜀帥席益旣去，帝問交修孰可守蜀者，對以臣從子世將可用，遂以世將爲樞密直學士、四川安撫制置使。世將在蜀五年，號爲名帥。

自重兵聚關外以守蜀，餉道險遠，漕舟自嘉陵江而上，春夏漲而多覆，秋冬涸而多膠。

紹興初，宣撫副使吳玠始行陸運，調成都、潼川、利州三路夫十萬，縣官部送，徵賞爭先，十斃三四。至是交修言：「養兵所以保蜀也，民不堪命則腹心先潰，何以保蜀？臣愚欲三月以後、九月以前，第存守關正兵，餘悉就糧他州，如此則守關者水運可給，分戍者陸運可免。」帝命學士院述交修意，詔玠行之。

議徽宗配享功臣，交修奏：「韓忠彥建中靖國初爲相，賢譽翕然，時號『小元祐』。」從之，人大允服。

八年夏，以親老，除寶文閣學士、知信州。入辭，上欲留侍經筵，力言母老，願奉祠里中以便養。帝曰：「卿去，行復召矣。」改提舉江州太平興國宮。九年六月召還，除兵部尚書、翰林學士兼侍講。時河南新復，交修奏：「京西、陝右取士之法，乞如祖宗時設諸科之目，以待西北之士；別爲號於南宮，以收五路之才。」詔令禮部討論。踰年，復請補外，除端明殿學士、知合州。却私請，免上供以萬計，領州數月卒。

交修簡重寡言，進止有度，爲文不事琢雕，坦然明白，在詞苑號爲稱職。自其從祖宿、從父宗愈至交修、世將，皆在禁林。中興以後，學士三入者自交修始。交修哀次爲書，號四世絲綸集，以侈一門之遇。至於事繼母以孝聞，撫二弟極其友愛，遇恩以次補官，若交修者，其文行之兼副者歟！

綦崇禮字叔厚，高密人，後徙濰之北海〔四〕。祖及父皆中明經進士科。崇禮幼穎邁，十歲能作邑人墓銘，父見大驚曰：「吾家積善之報，其在茲乎！」

初入太學，諸生溺於王氏新說，少能詞藝者。徽宗幸太學，崇禮出二表，祭酒與同列大稱其工。登重和元年上舍第，調淄縣主簿，爲太學正，遷博士，改宣教郎、祕書省正字，除工部員外郎，尋爲起居郎、攝給事中。召試政事堂，爲制誥三篇，不淹晷而就，辭翰奇偉。拜中書舍人，賜三品服，進用之速，近世所未有，高宗猶以爲得之晚。

車駕如平江，有旨鄒浩追復龍圖閣待制，崇禮當行詞，推帝所以褒恤遺直之意，有曰：「處心不欺，養氣至大。言期寤意，引裾嘗犯於雷霆；計不顧身，去國再遷於嶺徼。羣臣動色，志士傾心。」又曰：「英爽不忘，想生氣之猶在；姦諛已死，知朽骨之尚寒。」同列推重，除試尚書吏部侍郎，時從官惟崇禮與汪藻，尋兼直學士院。以徽猷閣直學士知漳州，其俗悍強，號難治，屬有巨寇起建州，聲撼鄰境，人心動搖，崇禮牧民禦衆，一如常日，訖盜息，環城內外按堵如故。

徙知明州，召爲吏部侍郎兼權直學士院。時有詔侍從官日輪一員，具前代及本朝事關治體者一二事進入，崇禮言：「祖宗以來選用儒臣，以奉講讀。若令從官一例獻其所聞，既非舊典，且又越職，望令講讀官三五日一進。」乃命學士與兩省官如前詔。又言：「駐蹕臨安，以浙西爲根本，宜固江、淮之守，然後可以圖興復。蜀在萬里外，當召用其士夫，慰安遠人之心。」時兵革後，省曹簿書殘毀幾盡，崇禮再執銓法，熟於典故，討論沿革，援據該審，吏不得容其私。後有詔重刊七司條敕，崇禮所建明，悉著爲令。

移兵部侍郎，仍進直學士院。御筆處分召至都堂，令條具進討固守利害。崇禮奏：「諜傳金人併兵趣川、陝，蓋以向來江左用兵非敵之便，故二三歲來悉力窺蜀。其意以謂蜀若不守，江、浙自搖，故必圖之，非特報前日吳玠一敗而已。今日利害，在蜀兵之勝負。」又奏：「君之有臣，所以濟治。臣効實用，則君享其功；臣竊虛名，則君受其弊。實用之利在國，虛名之美在身。忠於國者，不計一己之毀譽，惟天下之治亂是憂；潔其身者，不顧天下之治亂，惟一己之毀譽是恤。然效力於國，其實甚難，世未必貴；竊名於己，其爲則易，且以得譽。二者有關於風俗甚大，是不可不察也。」

九月，御筆除翰林學士，自靖康後，從官以御筆除拜自此始。楊惟忠、邢煥以節度使致仕，告由舍人院出，崇禮言：「祖宗時，凡節鉞臣僚得謝，不以文武，並納節別除一官致仕。熙寧間，富弼以元勳始令特帶節鉞致仕，其後繼者曾公亮、文彥博，他人豈可援以爲例。」詔自今·如祖宗故典。

進兼侍讀兼史館修撰。時有旨重修神宗、哲宗正史。兵火之後，典籍散亡，崇禮奏：「神宗實錄墨本，元祐所修已是成書，朱本出蔡卞手，多所附會，乞將朱墨本參照修定。哲宗實錄，崇寧間蔡京提舉編修，增飾語言，變亂是非，難以便據舊錄修定，欲乞訪求故臣之家文獻事迹參照。」又奏：「知湖州汪藻編類元符庚辰至建炎己酉三十年事迹，乞下藻以已成文字赴本所。」並從之。先是，藻奉詔訪求甚備，未及修纂，崇禮取而專之。

嘗進唐太宗錄刺史姓名於屏風故事，曰：「連千里之封得一良守，則千里之民安；環百里之境得一良令，則百里之民說。牧民之吏咸得其良，則治功成矣。苟能効當時之事，以守令姓名詳列于屏，簡在帝心，則人知盡心職業。」再入翰林凡五年，所撰詔命數百篇，文簡意明，不私美，不寄怨，深得代言之體。

以寶文閣直學士知紹興府。劉豫導金人入侵，揚、楚震擾，高宗躬御戎衣次吳會。崇禮以近臣承寧方面，謂：「浙東一道爲行都肘腋之地，備禦不可不謹。」密疏於朝，得便宜從事。於是繕城郭，厲甲兵，輸錢帛以犒王師，簡舟艦以扼海道，疚心夙夜，殆廢食寢。及春，帝還，七州晏然不知羽檄之遽。期年，上印綬，退居台州。卒年六十，贈左朝議大夫。

崇禮妙齡秀發，聰敏絕人，不爲崖岸斬絕之行。廉儉寡欲，獨覃心辭章，洞曉音律，酒酣氣振，長歌慷慨，議論風生，亦一時之英也。中年頓踣場屋，晚方登第，以縣主簿縣升華要，極潤色論思之選。端方亮直，不憚強禦，秦檜罷政，崇禮草詞顯著其惡無所隱，檜深憾之。及再相，矯詔下台州就崇禮家索其藁，自於帝前納之，且將修怨。會崇禮已沒，故身後所得恩澤，其家畏懼不敢陳，士大夫亦無敢爲其任保。樓鑰嘗敍其文，以爲氣格渾然天成，一旦當書命之任，明白洞達，雖武夫遠人曉然知上意所在云。

論曰：建炎、紹興之際，網羅俊彥，布于庶職，如衞膚敏以下七人者，其論議時政，指陳闕失，雖或好惡多不同，亦皆一時之表表者。矧一止、寧止兄弟之忠淸，交修、崇禮之詞翰，又有助於治化者焉。

校勘記

〔一〕升暘宮　原作「昪陽宮」，據汪藻浮溪集卷二五衞膚敏墓誌銘、李幼武四朝名臣言行錄別集下卷五衞膚敏條、繫年要錄卷一一改。

〔二〕晦欲斬邦　此下原衍「策」字，據上文及繫年要錄卷三〇删。

〔三〕六年　承上文，當指建炎六年，但建炎無六年。據繫年要錄卷六九、七七、八五、九五、一〇〇及宋中興學士院題名錄，下文胡交修歷任各職分別在紹興三年、四年、五年、六年，此處紀年有脫誤。下文「八年」應爲「紹興八年」。

〔四〕後徙濰之北海　「濰」原作「維」，據本書卷八五地理志、元豐九域志卷一改。

宋史卷三百七十九

列傳第一百三十八

章誼　韓肖胄　陳公輔　張嶧　胡松年　曹勛　李稙
韓公裔

章誼字宜叟，建州浦城人。登崇寧四年進士第，補懷州司法參軍，歷澶、台二州教授、杭州通判。建炎初，陳通寇錢塘，城閉，部使者檄誼聚杭州七縣弓兵，以張聲勢。會王淵討賊，誼隨淵得入城，賊平，旋加撫定，人皆德之。

帝幸臨安，苗、劉爲變，帝御樓，宰臣百執事咸在，人心恟恟。帝問羣臣曰：「今日之事何如？」浙西安撫司主管機宜文字時希孟輒曰：「乞問三軍。」誼越班斥之曰：「問三軍何義？若將鼓亂邪？」希孟却立屏息，帝嘉之。事定，竄希孟吉陽軍，誼遷二秩，擢倉部員外郎。奉使二浙，貿易祠牒以濟軍用，以稽遲罷。未幾，召爲駕部員外郎，遷殿中侍御史。

張浚宣撫陝西，誼奏：「自趙哲退敗，事任已重，處斷太專，當除副貳，使之自助。」何㮚贈官，誼論其「折衝無謀，守禦無策，乃中國招禍之首」。乞寢免。

邵青自太平乘舟抵平江，所至刼掠。誼請置水軍於駐蹕之地，且言：「古舟師有三等，大爲陣脚，次爲戰船，小爲傳令，皆可爲戰守之備。」詔淮南三宣撫措置。誼又獻戰守四策，謂：「金人累歲南侵，我亦累歲奔走，蓋謀國之臣誤陛下也。比者駐蹕揚州，有兵數十萬，可以一戰。斥候不明，金人奄至，踰江而東，此宰相黃潛善、汪伯彥過也。前年，移蹕建康，兵練將勇，據長江之險，可守矣。舟師不設，二相異意，金人未至，遵海而南，此宰相呂頤浩過也。不知今年守戰之策安所從出？執政大臣誰爲陛下任此事者？臣愚謂有江海，必資舟檝戰守之具；有險阻，必資郡縣防守之力；有兵將，必駕馭撫循，不可爲將帥自衞之資；有糧賦，必漕運轉輸，不可爲盜賊侵據之用。四者各付能臣，分路以辦，重賞嚴罰，誰敢不用命哉！」

詔問保民、弭盜、遏寇、生財之策，誼對曰：「去姦貪殘虐之吏，則民可保；用循良廉平之吏，則盜可弭；敵寇未遏，以未得折衝禦侮之臣；財賦未裕，以未得掌財心計之臣。凡此四者，任人不任法，則政治可得而治矣。」

詔集議明堂配享，胡直儒〔一〕等請合祭天地，而以太祖、太宗配。誼言：「稽之經旨則未合，參之典故則未盡，施之事帝則未爲簡嚴。今國家既以太祖配天於郊，比周之后稷，則太宗宜配帝於明堂，以比周之文王。仁宗皇祐二年，始行明堂合祭天地，並配祖宗，乃一時變禮。至嘉祐七年，再行宗祀，已悟皇祐之非，乃罷配享，仍徹地示之位，故有去並侑煩文之詔。如嘉祐之詔，則太祖地示已不與祭；元豐正祀典之詔，則悉罷羣祀。臣等謂將來明堂大饗，宜專祀昊天上帝，而以太宗配。」後不果行。

紹興二年，除大理卿。宰相奏知平江府，帝曰：「誼儒者，賴其奏讞平恕，使民不寃，勿令補外。」尋除權吏部侍郎，乞：「詔有司編類四選通知之條，與一司專用之法，兼以前後續降指揮，自成一書。如此則銓曹有可守之法，姦吏無舞文之弊，書成而吏銓有所執守矣。」

改刑部侍郎兼詳定一司敕令，誼奏：「比修紹興敕令格式，其忠厚之意，則本於祖宗；其綱條之舉，則仍於舊貫。今在有司，爲日既久，州縣推行，漸見牴牾。欲承疑遵用，則衆聽惑而不孚；欲因事申明，則法屢變而難守。乞詔監司、郡守與承用官司，參考祖宗舊典，各摭新書之闕遺，條具以聞，然後命官審訂删去，著爲定法。」

遷徽猷閣直學士、樞密都承旨，誼奏：「漢有南北兩屯，唐有南北兩衞，皆天子自將之兵。祖宗所置殿班親軍，處禁門之內，皆極天下之選。今日神武兵萃於五軍，多逃亡之餘，市井之人，殿班親軍，倚以侍衞者，曾無千百。願陛下酌漢、唐南北禁衞之意，修本朝遴選班直之法，選五軍及諸州各爲一衞，合取萬人，分爲兩衞，則禁衞增嚴，王室大競矣。」

四年，金遣李永壽、王翊來，求還劉豫之俘，及西北人在東南者，又欲畫江以益劉豫。時議難之，欲遣大臣爲報使。參政席益以母老辭，薦誼爲代，加誼龍圖閣學士，充軍前奉表通問使，給事中孫近副之。誼至雲中，與粘罕、兀室論事，不少屈。金人諭亟還，誼曰：「萬里銜命，兼迎兩宮，必俟得請。」金人乃令蕭慶授書，併以風聞事責誼，誼詰其所自，金人以實告，乃還。至南京，劉豫留之，以計得歸。帝嘉勞之，擢刑部尚書。

是冬，帝親征，王師大捷於淮陰，誼扈從。還臨安，遷戶部尚書，誼言：「祖宗設官理財，內則戶部，外則諸路轉運使、副，東南委輸最盛，則又置發運，以督諸路供輸之入，皆有移用補助之法，戶部仰以不乏者也。今川、廣、荆湖土貢歲輸，不入王府者累年矣，皆發運使失職之罪也。頃因定都汴京，故發運使置司眞、泗，今駐吳會，則發運當在荆湖南、北之間。望討論發運置司之地，選能臣以充其任。」又言：「戶部左右曹之設，諸路運司則左曹之屬也，提舉則右曹之屬也。若復發運司，於諸路各置轉運使副二員，以一員檢察常平，以應右曹之選，則戶部財用無陷失矣。」

五年，以疾請郡，除龍圖閣學士、知溫州。適歲大旱，米斗千錢，誼用劉晏招商之法，置場增直以糴，米商輻輳，其價自平。部使者以狀聞，詔遷官一等。六年，移守平江。時將臨幸，供億繁夥，誼處之皆當於理。召對，賜帶笏，帝曰：「此不足以償卿之勞，其勿謝。」

明年，移蹕建康，復爲戶部尙書。誼奏營田之策，謂：「京西、湖北、淮南東西失業者最多，朝廷必欲家給牛種、人給錢糧以勸耕，則財力不足。今三大將各屯一路，如各捐數縣地均給將士，收其餘以省轉輸，非小補也。」

七年，帝還臨安，以誼爲端明殿學士、江南東路安撫大使、知建康府兼行宮留守。未幾，提舉亳州明道宮，代還。八年卒，年六十一，謚忠恪。

誼寬厚長者，故事臺官言事，非挾怨以快己私，卽用仇家言爲人報復，誼獨存大體，士論歸之。立朝論事，奏疏無慮數十百篇，皆經國濟時之策。初，席益薦誼使金，帝曰：「誼亦母老，朕當自諭之。」誼聞命，略無難色，戒其家人勿使母知。將行，告母曰：「是行不數月卽歸，大似往年太學謁告時爾。」及還，母竟不知其使金也。誼卒，母年九十二。子八人：驎、駒、駟、驒、騂、駉、馳、騆。

韓肖胄字似夫，相州安陽人。曾祖琦，祖忠彥，再世爲相。父治。肖胄以蔭補承務郎，歷開封府司錄。與府尹同對殿中，徽宗問其家世，賜同上舍出身，除衞尉少卿，賜三品服。

尋假給事中、充賀遼國生辰使。既還，時治守相州，請祠。胄因乞補外侍疾，詔除直秘閣、知相州，代其父任。陛辭，帝曰：「先帝詔韓氏世官于相，卿父子相代，榮事也。」在相四年，王師傅燕，胄策幽薊且有變，宜陰為守備。已而金騎入境，野無所掠而去。

建炎二年，知江州，入為祠部郎，遷左司。嘗言：「中原未復，所恃長江之險，淮南實為屏蔽。沃野千里，近多荒廢，若廣修農事，則轉餉可省，兵食可足。」自是置局建康，行屯田於江淮。又應詔陳五事，曰：遠斥堠，戢戍兵，防海道，援中原，修軍政。擢工部侍郎。

時川、陝馬綱路通塞不常，胄請於廣西邕州置司，互市諸蕃馬，詔行之。時召侍從問戰守計，胄條奏千餘言，帝稱其所對事理簡當。吏部尚書席益歎曰：「援古證今，切於時用，非世官不能也。」

紹興二年，詔百官各言省費裕國、強兵息民之策，胄言：「天下財賦窠名，舊悉隸三司，今戶部惟有上供之目而已。問諸路窠名於戶部，戶部不能悉，問諸州窠名於漕司，漕司不能悉，失一窠名，則此項遂亡。願詔諸路漕司，括州縣出納，可罷罷之，可併併之，立為定籍。漕司總諸州，戶部總諸路，則無失陷矣。經費之大，莫過養兵。今人亡而冒請者衆，願立諸軍覈實之法，重將帥冒請之罪，則兵數得實，餉給不虛，省費裕國，此其大者。生民常賦之外，迫以軍期，吏緣為姦，斂取百端。復為寇所迫逐，田桑失時，寇去復業，未及息肩，催科之吏已呼其門矣。願詔郡邑，招集流散，官貸之種，俟及三年，始責其賦，置籍書之，以課殿最，強兵息民，此其先者。」時多所采納。又請復天地、日月、星辰、社稷之祀，於是下有司定一歲祭禮。

遷吏部侍郎，時條例散失，吏因爲姦，胥胄立重賞，俾各省記，編爲條目，以次行之，舞文之弊始革。陣亡補官，得占射差遣，而在部常調人，守待不能注授，且有短使重難。胥胄請陣亡惟許本家用恩例，異姓傒經任收使，遂無不均，且嚴六部出入之禁，而請託不行。

三年，拜端明殿學士、同簽書樞密院事，充通問使，以胡松年副之，胥胄慨然受命。時金酋粘罕專執政，方恃兵強，持和戰離合之策，行人皆危之。胥胄入奏曰：「大臣各循己見，致和戰未有定論。然和乃權時之宜，他日國家安彊，軍聲大振，誓當雪此讎恥。今臣等行，或半年不返命，必復有謀，宜速進兵，不可因臣等在彼而緩之也。」將行，母文語之曰：「汝家世受國恩，當受命卽行，勿以我老爲念。」帝稱爲賢母，封榮國夫人。

胥胄至金國，金人知其家世，甚重之，往返纔半年。自帝卽位，使者凡六七年未嘗報聘，至是始遣人偕來。胥胄先北使入對，與朱勝非議不合，力求去，以舊職知溫州，提舉臨安府洞霄宮。

五年，詔問前宰執戰守方略，胥胄言：「女眞等軍皆畏服西兵勁銳善戰〔三〕，今三帥所統多西人，吳玠繼有捷奏，軍聲益振，敵意必搖，攻戰之利，臣固知之。自荆、襄至江、淮，綿亘數千里，不若擇文武臣僚按行計度，求險阻之地，屯兵積糧，則形勢相接。今淮東、西雖命宣撫使，然將屯置司，乃在江上，所遣偏裨分守，不過資以輕兵，勢孤力弱，難以責其固志。當移二將於江北，使藩籬可固。」又言：「諸大將之兵，自主庭戶，更相讎疾。若欲並遣進攻，宜先命總帥，分以精銳，自成一軍，號令既一，則諸將疇敢不聽命。畿甸、山東、關河之民怨金人入骨，當以安集流亡，招懷歸附爲先，今淮南、江東西荒田至多，若招境上之人，授田給糧，捐其賦租，必將接跡而至。」又奏：「江之南岸，曠土甚多，沿江大將各分地而屯，軍士舊爲農者十之五六，擇其非甚精銳者，使之力耕，農隙則試所習之技藝，秋成則均以所種之禾麥，或募江北流徙及江南無業願遷之人分給之，創爲營屯。止則固守，出則攻討。」起知常州，召赴行在，提舉萬壽觀，尋除簽書樞密院事。

和議已定，復命胥胄爲報謝使。接伴者逆於境，謂當稱謝恩使。胥胄論難三四反，遂語塞。既至，金遣人就館議事，胥胄隨問隨答，衆皆聳聽。其還，給氈車及頓遞宴設，自胥胄始。

除資政殿學士、知紹興府。尋奉祠，與其弟膺胄寓居于越幾十年。事母以孝聞，弟不至不食，所得恩澤，皆先給宗族。卒，年七十六，謚元穆。

琦守相，作晝錦堂，治作榮歸堂，肖冑又作榮事堂，三世守鄉郡，人以爲榮。

陳公輔字國佐，台州臨海人。政和三年，上舍及第，調平江府教授。朱勔方嬖倖，當官者奴事之，公輔絕不與交。勔有兄喪，諸生欲往弔，公輔不予告。勔不悅，諷權要移公輔越州。累遷權應天府少尹，除秘書郎。

靖康初，二府多宣和舊人，公輔言：「蔡京、王黼用事二十餘年，臺諫皆緣以進，唐重、師驥爲太宰李邦彥引用，謝克家、孫覿爲纂修蔡攸引用，及邦彥作相，又附麗以進。此四人者，處臺諫之任，臣知其決不能言宰相大臣之過。願擇人臣中朴茂純直，能安貧守節、不附權倖、慷慨論事者，列之臺諫，則所任得人，禮義廉恥稍稍振起，敵國聞之，豈不畏服哉！」時吳敏、李綱不協，公輔奏：「陛下初臨萬機，正賴其同心合謀，而二臣不和，已有其跡，願諭以聖訓，俾務一心以安國家。」

徽宗渡江未還，人情疑懼，公輔力陳父子之義，宜遣大臣迎奉。欽宗嘉之，擢爲右司諫。孟夏享景靈宮，遂幸陽德、佑神觀。公輔諫不當如平時事宴游，論：「蔡京父子懷奸誤國，終未行遣。今朝廷公卿百執事半出其門，必有庇之者。」詔謫京崇信軍節度副使，德安府安置。又奏：「朱勔罪惡，都城之民皆謂已族滅其家，乞勿許其子姓隨上皇入京。」時有指公輔爲李綱之黨，鼓唱士庶伏闕者。公輔自列，因辭位，後陳三事：其一言李綱書生，不知軍旅，遣援太原，乃爲大臣所陷，必敗事。其二言余應求不當以言遠謫。其三言方復祖宗法度，馮澥不宜更論熙寧、元豐之政。語觸時宰，遂與應求、程瑀、李光俱得罪，斥監合州稅。

高宗卽位，召還，除尚書左司員外郎。明年，始達維揚。初，李綱得政，公輔自外除郎，未至而綱罷，改南劍州，尋予宮觀。

紹興六年，召爲吏部員外郎。疏言：「今日之禍，實由公卿大夫無氣節忠義，不能維持天下國家，平時旣無忠言直道，緩急詎肯伏節死義，豈非王安石學術壞之邪？議者尙謂安石政事雖不善，學術尙可取。臣謂安石學術之不善，尤甚於政事，政事害人才，學術害人心，三經、字說詆誣聖人，破碎大道，非一端也。春秋正名分，定褒貶，俾亂臣賊子懼，安石使學者不治春秋；史、漢載成敗安危、存亡理亂，爲聖君賢相、忠臣義士之龜鑑，安石使學者不讀史、漢。王莽之篡，揚雄不能死，又仕之，更爲劇秦美新之文。安石乃曰：『雄之仕，合於孔子無可無不可之義。』五季之亂，馮道事四姓八君，安石乃曰：『道在五代時最善避難以存身。』使公卿大夫皆師安石之言，宜其無氣節忠義也。」復授左司諫，言：「中興之治在得天得人，以孝感天，以誠得民。」帝喜其深得諫臣體，賜三品服，令尚書省寫圖進入，以便觀覽。

公輔感帝知遇，益罄忠鯁，言：「正心在務學，治國在用人，朝廷之禍在朋黨。」仍乞增輪對官，令審計、官告、糧料、榷貨、監倉及茶場等官，有己見，許面對。時有詔將駐蹕建康，公輔上疏陳攻守之策，且乞選大臣鎮淮西，增兵將守要害，使西連鄂、岳，東接楚、泗，皆有掎角之形。

徽宗訃至，公輔請宮中行三年之喪，視朝服淡黃，羣臣未可純吉服，明堂未當以徽宗配，宜罷臨軒策士。又乞權罷講筵，事不行。

遷尚書禮部侍郎。會趙鼎言進退人才乃其職分，疏稍侵公輔，因力請祠。除集英殿修撰、提舉江州太平觀，尋知處州。升徽猷閣待制，乃提舉太平觀。卒，年六十六，贈太中大夫。有文集二十卷、奏議十二卷，行於世。公輔論事剴切，疾惡如讎，惟不右程頤之學，士論惜之。

張觷字柔直，福州人。舉進士，爲小官，不與世詭隨。時蔡京當國，求善訓子弟者，觷適到部，京族子應之以觷薦，觷再三辭，不獲，遂即館，京亦未暇與之接。觷嚴毅聳拔，意度凝然，異於他師，諸生已不能堪，忽謂之曰：「汝曹曾學走乎？」諸生駭而問曰：「嘗聞先生敎令讀書徐行，未聞敎以走也。」胥曰：「天下被而翁破壞至此，旦夕賊來，先至而家，汝曹惟有善走，庶可逃死爾。」諸子大驚，亟以所聞告京，曰：「先生心恙。」京矍然曰：「此非汝所知也。」卽見胥深語，胥慷慨言曰：「宗廟社稷，危在旦夕。」京斂容問計，胥曰：「宜亟引耆德老成置諸左右，以開道上心。羅天下忠義之士，分布內外，爲第一義爾。」京因扣其所知，遂以楊時薦，於是召時。

胥後守南劍州，遷福建路轉運判官。未行，會范汝爲陷建州，遣葉徹擁衆寇南劍。時統制官任士安駐軍城西，不肯力戰，胥獨率州兵與之戰，分爲數隊，令城中殺羊牛豕作肉串，仍多具飯。將戰，則食第一隊人，旣飽，遣之入陣，便食第二隊人，度所遣兵力將困，卽遣第三隊人往代，第四至五六隊亦如之。更迭交戰，士卒飽而力不乏。徹中流矢死，衆敗走。胥知士安懼無功，卽函徹首與之，州兵皆憤，胥曰：「賊必再至，非與大軍合力不能破也。」士安得之大喜，遂馳報諸司，謂已斬徹。未幾，徹二子果引衆聲言復父讎，縞素來攻。於是士安與州兵夾攻，大敗之，城賴以全。

再知處州，嘗欲造大舟，幕僚不能計其直，胥敎以造一小舟，量其尺寸，而十倍算之。又有欲築紹興園神廟垣，召匠計之，云費八萬緡，胥敎之自築一丈長，約算之可直二萬，卽以二萬與匠者。董役內官無所得，乃奏紹興空乏難濟，太后遂自出錢，費三十二萬緡。以直龍圖閣知處州〔三〕，蕩平餘寇，進秘閣脩撰，卒。後廟食邵武。

胡松年字茂老，海州懷仁人。幼孤貧，母粥機織，資給使學，讀書過目不忘，尤邃於易。政和二年，上舍釋褐，補濰州教授。八年，賜對便殿，徽宗偉其狀貌，改校書郎兼資善堂贊讀。爲殿試參詳官，以沈晦第一，徽宗大悅曰：「朕久聞晦名，今乃得之。」遷中書舍人。

時方有事燕雲，松年累章謂邊釁一開，有不勝言者。咈時相意，提舉太平觀。建炎間，密奏中原利害，召赴行在，出知平江府。未入境，貪吏解印斂跡，以興利除害十七事揭于都市，百姓便之。加徽猷閣待制。奏防江利害：一曰立國無藩籬之固，二曰遣將無首尾之援，三曰不攻敵技之所短。

召爲中書舍人。言武昌、九江、建昌、京口、吳江、錢塘、明、越宜各屯水戰士三千以爲備。唐恪追復觀文殿學士，松年繳奏曰：「靖康之禍，何㮚輕脫寡謀，宜爲罪首。去年秦檜還朝，力稱其抗義守正，遂被褒贈，已大咈士論。今恪子琢自陳其父不獲伸迎請二帝之謀，飲藥而死。此事凛然，追蹤古人。宜詔有司詳考實狀，庶不爲虛美，以示激勸。」

除給事中。會選將帥，松年奏：「富貴者易爲善，貧賤者難爲功，在上之人識擢何如爾。願陛下親出勞軍，卽行伍蒐簡之，必有可爲時用者。」又奏：「恢復中原，必自山東始，山東歸附，必自登、萊、密始，不特三郡民俗忠義，且有通、泰飛艘往來之便。」除兼侍講。

王倫使金還，言金人欲再遣重臣來計議，以松年試工部尚書爲韓肖胄副，充大金奉表通問使。時使命久不通，人皆疑懼，松年毅然而往。至汴京，劉豫令以臣禮見，肖胄未答，松年曰：「聖主萬壽。」豫曰：「聖意何在？」松年曰：「主上之意，必復故疆而後已。」使還，拜吏部尙書。

岳飛收復襄、漢，令松年籌度守禦事。松年奏：「乞飛班師，徐窺劉豫意向，若豫置不問，其情叵測，當飭將士謹疆埸可也。」又條戰艦四利：一曰張朝廷深入之軍勢，二曰固山東欲歸之民心，三曰震疊强敵，使不敢窺江、浙，四曰牽制劉豫不暇營襄、漢。

除端明殿學士、簽書樞密院事。首奏八事：立規摹以定中興之基，振紀綱以尊朝廷之勢，馭將帥使知畏，撫士卒使知勸，收予奪之柄，察毁譽之言，無以小疵棄人才，無以虛文廢實效。又薦張敵萬：「向在淮南誘敵深入，步騎四集，悉陷於淖，無得解者，金人至今膽落。乞令統率軍馬別爲任使，庶幾外閫漸多名將，不獨仗倚三四人而已。」

諜報劉豫於登、萊、海、密具舟楫，淮陽、順昌積芻粟，欲憑藉金人侵我邊鄙。議者謂韓、劉、岳各當一面，可保無虞。松年奏：「三人聲勢初不相屬，緩急必不相救。況海道闊遠，蘇、秀、明、越〔四〕最爲要衝，乞選精兵萬人，命一大臣往駐建康，親督世忠、光世守采石、馬家渡，以張兩軍之勢，仍以兵五千屯明州、平江，控禦江海。或無人可遣，臣願疾馳以赴其急。」詔遣松年往江上，與諸將會議進討，因覘賊情。帝決意親征，遂次平江，命松年權參知政事，專治戰艦，張浚專治軍器。松年曰：「議論既定，力行乃有效，若今日行，明日止，徒紛紛無益。」

俄以疾提舉洞霄宮，卜居陽羨，雖居閒不忘朝廷事，屢言和糴科斂、防秋利害，帝皆嘉納。十六年，病革，呼其子曰：「大化推移，有所不免。」乃就枕，鼻息如雷，有頃卒，人謂不死也。年六十。

松年平生不喜蓄財，每除官例賜金帛，以軍興費廣，一無所陳請，或勸其白于朝，曰：「弗請則已，白之是沽名也。」喜賓客，奉入不足以供費，或請節用爲子孫計。松年曰：「賢而多財，則損其志，況俸廪，主上所以養老臣也。」自持囊至執政，所舉自代，皆一時聞人，所薦一以至公，權勢莫能奪。

方秦檜秉政，天下識與不識，率以疑忌置之死地，故士大夫無不曲意阿附爲自安計。松年獨鄙之，至死不通一書，世以此高之。

幸。

曹勛字公顯，陽翟人。父組，宣和中，以閤門宣贊舍人爲睿思殿應制，以占對開敏得幸。勛用恩補承信郎，特命赴進士廷試，賜甲科，爲武吏如故。

靖康初，爲閤門宣贊舍人、勾當龍德宮，除武義大夫。從徽宗北遷，過河十餘日，謂勛曰：「不知中原之民推戴康王否？」翌日，出御衣書領中曰：「可便卽眞，來救父母。」并持韋賢妃、邢夫人信，命勛間行詣王。又諭勛：「見康王第言有淸中原之策，悉舉行之，毋以我爲念。」又言「藝祖有誓約藏之太廟，不殺大臣及言事官，違者不祥」。

勛自燕山遁歸。建炎元年七月，至南京，以御衣所書進入。高宗泣以示輔臣。勛建議募死士航海入金國東京，奉徽宗由海道歸，執政難之，出勛于外，凡九年不得遷秩。紹興五年，除江西兵馬副都監，勛以遠次爲請，改浙東，言者論其不閑武藝，專事請求，竟奪新命。

十一年，兀朮遣使議和，授勛成州團練使，副劉光遠報之。及淮，遇兀朮，遣還，言當遣尊官右職持節而來，蓋欲亟和也。勛還，遷忠州防禦使。金使蕭毅等來，命勛爲接伴使。未幾，落階官爲容州觀察使，充金國報謝副使，召入內殿，帝洒泣，諭以懇請親族之意。及見金主，正使何鑄伏地不能言，勛反覆開諭，金主首肯許還梓宮及太后。勛歸，金遣高居安等衞送太后至臨安，命勛充接伴使。遷保信軍承宣使、樞密副都承旨。

二十九年，拜昭信軍節度使，副王綸〔五〕爲稱謝使。時金主亮已定侵淮計，勛與綸還，言鄰國恭順，和好無他，人譏其妄。孝宗朝加太尉、提舉皇城司、開府儀同三司。淳熙元年卒，贈少保。

李稙字元直，泗州臨淮人。幼明敏篤學，兩舉于鄉。從父中行客蘇軾門，太史晁無咎見之曰：「此國士也。」以女妻焉。

靖康初，高宗以康王開大元帥府。湖南向子諲轉運京畿，時羣盜四起，餉道阨絕，環視左右無足遣者。有以稙薦，遂借補迪功郎，使督四百艘，總押犒師銀百萬、糧百萬石，招募忠義二萬餘衆，自淮入徐趨濟，凡十餘戰，卒以計達。時高宗駐師鉅野，聞東南一布衣統衆而至，士氣十倍，首加勞問。稙占對詳敏，高宗大悅，親賜之食，曰：「得一士如獲拱璧，豈特軍餉而已。」承制授承直郎，留之幕府。

稙三上表勸進：「願蚤正大寶，以定人心，以應天意。」三降手札奬諭。稙感激知遇，言無不盡，爲汪伯彥、黃潛善所忌。高宗既卽位，爲東南發運司幹辦公事，尋以奉議郎知潭州湘陰。縣經煬么蕩析，植披荆棘，立縣治，發廩粟，振困乏，專以撫摩爲急。

丞相張浚督師江上，知植才，薦爲朝奉郎、鄂州通判。大盜馬友、孔彥舟未平，植請修戰艦，習水戰，分軍馬爲左右翼，大破彥舟伏兵，誅馬友，二盜平。浚以破賊功上於朝，轉朝奉大夫、通判荆南府。秩滿，除尙書戶部員外郎。

時秦檜當國，凡帥府舊僚率皆屛黜，浚亦去國。植卽丐祠奉親，寓居長沙之醴陵十有九年，杜門不仕。

檜死，子諲以戶部尙書居邇列，語及龍飛舊事，識植姓名，除戶部郎中。植始入見，帝曰：「朕故人也。」方有意大用，以母老，每辭，願便養，除知桂陽軍。丁母憂，歸葬，哀毀廬墓，有白鷺朱草之祥。劉錡遺之書曰：「忠臣孝子，元直兼之矣。」

服闋，參政錢端禮薦差知瓊州。陛辭，帝慨然曰：「卿老矣，瓊管遠在海外。」改知徽州。徽俗崇尙淫祠，植首以息邪說、正人心爲事，民俗爲變。轉朝請大夫、直秘閣，改知鎭江府，遷江、淮、荆湖都大提點坑冶鑄錢公事。

踰年，金人敗盟，朝廷將大舉，以植漕運有才略，授直敷文閣、京西河北路計度轉運使。植措畫有方，廷議倚重。乾道元年，遷提刑江西。二年，直寶文閣、江南東路轉運使兼知建康軍府兼本路安撫使，主管行宮留守司事。

稙上書極言防江十策，其略曰：「保荆、襄之障，以固本根；審中軍所處，以俟大舉；蒐選強壯，以重軍勢；度地險阨，以保居民；避敵所長，擊其所短；金人降者宜加賞勸。」皆直指事宜，不爲浮泛。疏上，帝嘉其言，以太府卿召赴闕，有疾不克上道，遂以中奉大夫、寶文閣學士致仕，還湘。

時胡安國父子家南嶽下，劉錡家湘潭，相與往還講論，言及國事，必憂形于色，始終以和議爲恨。年七十有六卒。有文集十卷，題曰臨淮集，廬陵胡銓爲之序。謚忠襄。子五人，汝虞知桃源縣，汝士朝奉大夫、知黄州，汝工知昌化軍。

韓公裔字子扆，開封人。初以三館吏補官，掌韋賢妃閤牋奏，尋充康王府内知客。金兵犯京，王出使，公裔從行。渡河，將官劉浩、吳湛私鬥，公裔諭之乃解。次磁州，軍民戕奉使王雲，隨王車入州廨，公裔復諭退之。王之將南也，與公裔謀，間道潛師夜起，遲明至相，磁人無知者，自是親愛愈篤。及兵退，張邦昌遣人同王舅韋淵來獻傳國璽。時淵自稱僞官，議者又謂邦昌不可信，王怒將誅淵，公裔曰：「神器自歸，天命也。」王遂受璽，命公裔掌之。公裔力救淵，釋其罪。

元祐后詔王入承大統，府僚謂金兵尙近，宜屯彭城。公裔言：「國家肇基睢陽，王亦宜於睢陽受命。」時前軍已發，將趨彭城，會天大雷電，不能前，王異之，夜半抗聲語公裔曰：「明日如睢陽，決矣。」旣卽帝位，公裔累遷武功大夫、貴州防禦使。

後以事忤黃潛善，適帝幸維揚，公裔丐去，潛善以爲避事，遂降三官，送吏部。帝幸越，念其舊勞，召復故官、幹辦皇城司，仍帶御器械，累遷至廣州觀察使、提舉佑神觀。

公裔給事藩邸三十餘年，恩寵優厚，每置酒慈寧宮，必召公裔。會修玉牒，元帥府事多放佚，秦檜以公裔帥府舊人，奏令修書官就質其事。俄除保康軍承宣使，檜疑其捨己而求于帝，銜之。右諫議大夫汪勃希檜意，劾罷公裔，遂與外祠，在外居住，而帝眷之不衰。

檜死，卽復提舉佑神觀，賜第和寧門西，帝曰：「朕與東朝欲常見卿，故以自近耳。」升華容軍節度使，尋致仕。後華容軍復爲岳陽軍，公裔遂換岳陽軍節度使。高宗旣內禪，嘗與孝宗語其忠勞，因詔所居郡善視之。乾道二年卒，年七十五，贈太尉，謚恭榮，官其親族八人。高宗賜金帛甚厚。

公裔律身稍謹，不植勢，不市恩，又敢與黃潛善、秦檜異，斯亦足取云。

論曰：章誼有蹇諤之節，胥冑席父祖之蔭，二人多所論建，奉使不辱，亦可取矣。陳公輔得諫臣之體，其劾蔡京、王黼之黨，論吳敏、李綱之隙，是矣。然既辨安石學術之害，而不尙程頤之學，何邪？張觷斥蔡京之禍，薦楊時之賢，其趣操正矣，況平寇有術，而不自以爲功乎？松年鄙秦檜而不交，知命通方，固不易得。而曹勛崎嶇兵間，稍著勞効，然金人入侵之計已決，猶曰鄰國恭順無他，何其見幾之不早邪？若李椬、韓公裔早著忠藎，爲天子故人，能與黃潛善、秦檜爲異，閉門不出，待時而動，斯亦知所向方者哉！

校勘記

〔一〕胡直儒　宋會要禮二五之八四、繫年要錄卷四三作「胡直孺」。

〔二〕善戰　「善」原作「喜」，據繫年要錄卷八七改。

〔三〕虔州　原作「處州」，據繫年要錄卷一一二、一二〇改。

〔四〕越　原作「趙」。按本書卷八六地理志，趙州屬河北西路，與胡松年奏請控禦江海以防劉豫南侵無關；卷八八地理志兩浙路有蘇、秀、明、越四州，當時分別爲沿江沿海要地，越州更有「航甌舶閩，浮鄞達吳，浪槳風帆，千艘萬艫」之稱（輿地紀勝卷一〇引王十朋賦），正與胡奏所謂海道要衡相合，「趙」當爲「越」之誤，因改。

〔五〕王綸　原作「王倫」，據本書卷三二高宗紀、卷三七二王綸傳改，下文「勛與綸還」語同。

宋史卷三百八十

列傳第一百三十九

何鑄 王次翁 范同 楊愿 樓炤 勾龍如淵 薛弼 羅汝楫 子願附 蕭振

何鑄字伯壽，餘杭人。登政和五年進士第，歷官州縣，入爲諸王宮大小學教授、秘書郎。御史中丞廖剛薦鑄操履勁正，可備拾遺補闕之選。即命對。鑄首陳：「動天之德莫大於孝，感物之道莫過於誠。誠孝既至，則歸梓宮於陵寢，奉兩宮於魏闕，紹大業，復境土，又何難焉。」帝嘉納之。

拜監察御史，尋遷殿中侍御史。上疏論：「士大夫心術不正，徇虛以掠名，託名以規利。言不由中而首尾鄉背，行險自售而設意相傾者，爲事君之失。懷險巇之謀，行刻薄之政，輕儇不莊，慢易無禮者，爲行己之失。乞大明好惡，申飭中外，各務正其心術，毋或欺誕。」蓋有所指也。時遷温州諸宮殿神像于湖州，有司迎奉，所過騷然。鑄言：「孝莫大於寧神，寧神莫大於得四海之歡心。浙東旱荒，若加勤動，恐道路怨咨。乞務從簡約，不得過爲騷擾。」疏奏，其事遂已。擢右諫議大夫。論：「中興之功，在於立志，天下之事濟與否，在於思與不思。願陛下事無大小，精思熟慮，求其至當而行。如是，則事無過舉矣。」尋拜御史中丞。

先是，秦檜力主和議，大將岳飛有戰功，金人所深忌，檜惡其異己，欲除之，脅飛故將王貴上變，逮飛繫大理獄，先命鑄鞫之。鑄引飛至庭，詰其反狀。飛袒而示之背，背有舊涅「盡忠報國」四大字，深入膚理。既而閱實俱無驗，鑄察其冤，白之檜。檜不悅曰：「此上意也。」鑄曰：「鑄豈區區爲一岳飛者，強敵未滅，無故戮一大將，失士卒心，非社稷之長計。」檜語塞，改命万俟卨。飛死獄中，子雲斬於市。

檜銜鑄。時金遣蕭毅、邢具瞻來議事，檜言：「先帝梓宮未反，太后鑾輿尚遷朔方，非大臣不可祈請。」乃以鑄爲端明殿學士、簽書樞密院事爲報謝使。鑄曰：「是行猶顏眞卿使李希烈也，然君命不可辭。」既返命，檜諷万俟卨使論鑄私岳飛爲不反，欲竄諸嶺表，帝不從，止謫徽州。

時有使金者還，言金人問鑄安在，曾用否。於是復使知温州。未幾，以端明殿學士提舉萬壽觀兼侍讀，召赴行在，力辭。乃再遣使金，使事秘而不傳。既歸報，帝復許以大用，又力請祠，除資政殿學士、知徽州。居數月，提舉江州太平興國宮。卒，年六十五。

鑄孝友廉儉。既貴，無屋可居，止寓佛寺。其辨岳飛之冤，亦人所難。然紹興己未以後，徧歷臺諫，所論如趙鼎、李光、周葵、范沖、孫近諸人，未免迎望風旨，議者以此少之。至於慈寧歸養，梓宮復還，雖鑄祈請之力，而金謀蓋素定矣。

先是，金諸將皆已厭兵欲和，難自己發，故使檜盡室航海而歸，密有成約。紹興以後，我師屢捷，金欲和益堅。至是，遣鑄銜命，蓋檜之陰謀，以鑄嘗爭岳飛之獄，而飛竟死，使金知之而其議速諧也。

鑄死四十餘年，謚通惠，其家辭焉。嘉定初，改謚恭敏。

王次翁字慶曾，濟南人。聚徒授業，齊、魯多從游者。入太學，貧甚，夜持書就旁舍借燈讀之。禮部別頭試第一，授恩州司理參軍，歷婺州教授、辟雍博士，出知道州。

燕雲之役，取免夫錢不及期，輒以乏興論。次翁檄取屬邑丁籍，視民產高下以爲所輸多寡之數，約期受輸，不擾而集。除廣西轉運判官。時劇盜馬友、孔彥舟、曹成更據長沙，帥檄漕司預鳩糧芻三十萬以備調發，次翁卽以具報，吏愕眙，次翁曰：「兵未必發，先擾民可乎？吾以一路常平上供計之，不啻三十萬。」已而賊不犯境。召對，論事不合，出知處州，乞祠，歸寓于婺。

呂頤浩帥長沙，辟爲參謀官。頃之，力乞致仕。秦檜召還，道出婺，次翁見之。樓炤言：「頤浩與次翁同郡，頤浩再相，次翁貧困至此。」檜笑曰：「非其類也。」檜居朝，遂以爲吏部員外郎，遷秘書少監，除起居舍人，遷中書舍人。劉光世除使相，奏以文資蔭其子，次翁執奏繳還。

除工部侍郎兼侍講。蜀闕帥，宰執擬次翁以聞。帝以次翁明經術，留兼資善堂翊善。改御史中丞。論趙鼎不法，罷知泉州。部差李泗爲鄂州巡檢，而湖北宣撫使不可，次翁言：「法令沮于下，而不知朝廷之尊，漸不可長。」帝令詰宣撫司。宣贊舍人陳諤、孫崇節即閤門受旨升轉，次翁言：「閤門徑自畫旨，不由三省，非祖宗法。」寢弗命。呼延通因內教出不遜語，次翁乞斬通以肅軍，且言：「著令，寸鐵入皇城者有常刑。」遂罷內教。

韓世忠與劉光世、張俊與劉錡皆不相能，次翁言：「世忠於光世因言議有隙，俊於錡由措置有睽。竊恐錡保一孤壘，光世軍處窮，獨俊與世忠不肯急援。願遣使切責，因用郭子儀、李光弼以忠義泣別相勉者感動之。」

金人敗盟入侵，次翁爲秦檜言於帝曰：「前日國是，初無主議，事有小變則更用他相，後來者未必賢於前人，而排斥異黨，收召親故，紛紛非累月不能定，於國事初無補。願陛下以爲至戒，無使小人異議乘間而入。」檜德之。先是，檜兄子與其內兄王㬇皆以恩幸得官，檜初罷政，二人擯斥累年。至是，次翁希檜旨，言：「吏部之有審量，皆暴揚君父過舉，得無傷陛下孝治。乞悉罷建炎、紹興前後累降指揮。」由是二人驟進。

初，次翁既論罷趙鼎，鼎歸會稽，上書言時政。檜忌鼎復用，乃令次翁又言之，乞顯置于法。且言：「特進乃宰相階官，鼎雖謫降，而階官如故，是未嘗罷相也。」遂降散官，謫居興化軍。右諫議大夫何鑄又論鼎罪重罰輕，降朝奉大夫，移漳州。檜意猶未厭，次翁又論：「鼎聞邊警，喜見顏色。繩以漢法，當伏不道之誅；責以春秋，當坐誅意之罰。雖再行貶責，然朝奉大夫視中大夫品秩不相遼，漳州比興化尤爲善地，以此示罰，人將玩刑。」再移潮州安置。

次翁除參知政事。兩浙轉運司牒試，主司觀望，檜與次翁子姪預選者數人，士論大駭。金人敗于柘皋，帝曰：「將帥成不戰劫敵之功，乃輔弼奇謀指縱之力。」除一子職名。檜召三大將論功行賞，岳飛未至。檜與次翁謀，以明日率世忠、俊置酒湖上，欲出，則語直省官曰：「姑待岳少保來。」益令堂廚豐其燕具，如此展期以待者六七日。飛既至，皆除樞密使，罷兵柄。次翁歸語其子伯庠曰：「吾與秦相謀之久矣。」

太后回鑾，次翁爲奉迎扈從禮儀使。初，太后貸金于金使以犒從者，至境，金使責償乃入。次翁以未得檜命，且懼檜疑其私相結納，欲攘其位，堅不肯償，相持境上凡三日，中外憂慮，副使王映裒金與之。太后歸，泣訴于帝曰：「王次翁大臣，不顧國家利害，萬一有變，則我子母不相見矣。」帝震怒，欲暴其罪誅之。次翁先白檜謂所以然者，以未嘗稟命，故不敢專。檜大喜，力爲營救，奏爲報謝使以避帝怒。

使還，帝立中宮，奏爲册寶副使，帝終惡之。檜諷次翁辭位，遂以資政殿學士奉祠，引年歸，居明州。檜憐之，餽問不絕。十九年，卒，年七十一，贈宣奉大夫，諸子壻親戚族人添差浙東者又數人，皆檜爲開陳也。檜擅國十九年，凡居政府者，莫不以微忤出去，終始不二者，惟次翁爾。

范同字擇善，建康人。登政和五年第，再中宏詞科，累官至吏部員外郎。與秦檜力主和議。紹興八年，假太常少卿接伴金使蕭哲、張通古入境，同北向再拜，問金主起居，軍民見者多流涕。除中書門下省檢正諸房公事，權吏部侍郎兼實錄院修撰，遷給事中。

十一年，檜再主和議，患諸將難制，同獻計於檜，請皆除樞府，罷其兵權。檜喜，乃密奏以柘皋之捷，召三大將赴行在，論功行賞。同入對，帝命與林待聘分草三制，世忠、俊樞密使，飛副使，並宣押赴樞府治事。張俊與檜意合，且覺朝廷欲罷兵權，卽首納所統兵。帝召同入對，復以同爲翰林學士，俄拜參知政事兼修實錄。

同始贊和議，爲檜所引，及在政府，或自奏事，檜忌之。万俟卨因論：「同貳政之初，首爲遷葬之議，自建康至信州，調夫治道，怨嗟籍籍。近朝廷收天下兵柄，歸之宥密，同輒於稠人中貪天功以爲己有。」遂罷與祠。檜意未已，卨再論，責授左朝奉郎、秘書少監，謫居筠州。

十四年，復朝奉大夫，提舉江州太平觀，移池州。十八年，復太中大夫、知太平州。卒，年五十二。

楊愿字原仲。宣和末，補太學錄。二帝北遷，金人聞愿名，索之，愿匿民間。上書執政，請迎復元祐皇后。又奔濟州元帥府勸進，辟爲屬。

高宗卽位，以元帥府結局恩，授修職郎，御營司辟機宜文字。歷新昌縣丞、越州判官。秦檜薦之，召改樞密院編脩官。登紹興二年進士第，遷計議官。召試館職，罷。主管崇道觀，復除秘書郎。議者謂外任未終，故通判明州。

檜既專政，召爲秘書丞。未幾，拜監察御史。臺長言愿資淺，當先歷郎官，改司封員外郎，遷右司，起居舍人兼權中書舍人。初脩玉牒，特以命愿，愿言：「玉牒當載靖康推戴趙氏事，以秦檜建議本末書之。」

十三年，權直學士院，充金國賀正旦接伴使。金使完顏曄〔二〕入境，猶欲據主席，中使傳宣，曄不迎拜，愿以禮折之，皆聽服。及還，就充送伴使。十四年，爲御史中丞。踰月，升端明殿學士、簽書樞密院事兼參知政事，仍兼脩玉牒。

十五年罷，提舉太平觀。初，愿與張擴並居西掖，一時書命，藉擴潤色。擴詠二毫筆詩，愿以爲誚己，訴于檜，諷御史李文會劾之。高閌侍經筵，帝問張九成安否，翌日，又問檜，檜曰：「九成以唱異惑衆，爲臺臣所論，予郡，乃力乞祠。觀其意，終不爲陛下用。」帝曰：「九成清貧，不可無祿。」檜疑閌薦之，以語愿，愿又嗾文會攻閌去。藤州守臣言遷客李光作詩諷刺時政，愿在中司，傅會其說，謂：「光縱橫傾險，子弟賓客往來吳、越，誘人上書，動搖國是。」光再移謫瓊海。文會既升西府，愿覘檜意稍厭，卽數其害政，罷之。後二日，愿遂補其處。帝與檜論事，因曰：「朕謂進用士大夫，一相之責也。一相既賢，則所薦皆賢。」愿曰：「陛下任相如此，蓋得治道之要。」又論史事，檜曰：「靖康圍城中，失節者相與作私史，公肆擠排。」帝曰：「卿不推異姓，宜其不容。」愿曰：「檜非獨是時不肯雷同，宣和間耿延禧爲學官，以其父在東宮，勢傾一時，士皆靡然從之，以徼後福，獨檜守正不易。」蓋自檜再居相位，每薦執政，必選世無名譽、柔佞易制者。愿希檜意迎合，附下罔上，至是斥去，天下快之。

又三年，起知宣州。玉牒書成，加資政殿學士，移建康府。二十二年，卒，年五十二。

初，愿守宣城，表弟王炎調蘄水令，過之，醉中謂愿曰：「嘗於呂丞相處得公頃歲所通書，其間頗及秦丞相之短，尚記憶否？」愿聞之，色如死灰，遂留炎不聽去。會愿移守金陵，宴監司，大合樂，守卒皆怠，炎即青溪得客舟以行，愿憂撓而卒。

樓炤字仲暉，婺州永康人。登政和五年進士第，調大名府戶曹，改西京國子博士、辟雍錄、淮寧府司儀曹事，改尚書考功員外郎。

帝在建康，炤謂：「今日之計，當思古人量力之言，察兵家知己之計。力可以保淮南，則以淮南爲屏蔽，權都建康，漸圖恢復。力未可以保淮南，則因長江爲險阻，權都吳會，以養國力。」於是移蹕臨安。擢右司郎中。時銓曹患員多闕少，自倅貳以下多添差。炤言：「光武併省吏員，今縱未能損其所素有，安可置其所本無乎？」

紹興二年，秦檜罷相，熠亦以言者論去。六年，召爲左司員外郎，尋遷殿中侍御史。明年，遷起居郎。言：「今暴師日久，財用匱乏。考唐故事，以宰相領鹽鐵轉運使，或判戶部，或兼度支。今宰相之事難行，若參倣唐制，使戶部長貳兼領諸路漕權，何不可之有？內則可以總大計之出入，外則可以制諸道之盈虛，如劉晏自按租庸，以知州縣錢穀利病。」詔三省相度措置，卒施行之。又言：「監司、郡守，係民甚切。乞令侍從官各舉通判資序或嘗任監察御史以上可任監司、郡守者一二人。」詔從之，命中書、門下置籍。

七年，宰相張浚之兄滉賜出身與郡，中書舍人張燾封還，乃命熠行，熠又封還，而竟爲權起居舍人何掄書黃行下，於是燾與熠皆請補外，以秘閣脩撰知温州。未幾，除中書舍人，與勾龍如淵並命。如淵入對，帝謂之曰：「卿與樓熠皆朕所親擢。」尋遷給事中兼直學士院。

九年，以金人來和肆赦，熠草其文，曰：「乃上穹開悔禍之期，而大金報許和之約。割河南之境土，歸我輿圖；戢宇內之干戈，用全民命。」尋兼侍讀，除端明殿學士、簽書樞密院事。繼命往陝西宣諭德意。熠奏：「京城統制吳革、知環州田敢、成忠郎盧大受皆以節義，革爲范瓊所害，敢、大受爲劉豫所殺，乞賜褒恤。」又奏：「陝西諸路陷劉豫，郡縣有不從僞之人，所籍貲產，並令勘驗給還。」熠至東京，檢視宮室，尋詣永安軍謁陵寢，遂至長安。

會李世輔自夏國欲歸朝，炤以書招之，世輔以二千人赴行在。尋至鳳翔，以便宜命郭浩帥鄜延，楊政帥熙河蘭鞏，吳璘帥鳳翔。炤欲盡移川口諸軍於陝西，璘曰：「金人反覆難信，今移軍陝右，則蜀口空虛。金若自南山擣蜀，要我陝右軍，則我不戰自屈。當依山爲屯，控守要害。」於是璘、政二軍獨屯內地。炤又會諸路監司于鳳翔，皆言蜀邊屯駐大軍之久，坐困四川民力，乃下其議，語在胡世將傳。

炤還朝，以親老求歸省于明州，許之，命給假迎侍，仍賜以金帶。十四年，以資政殿學士知紹興府，過闕入見，除簽書樞密院事兼權參知政事。尋爲李文會、詹大方所劾，與祠。久之，除知宣州，徙廣州，未行而卒，年七十三。後謚襄靖。

炤早附蔡京改秩，爲臺諫所論。其後立朝至位二府，皆與秦檜同時。其宣諭陝西，妄自尊大，或者論其好貨失將士心云。

勾龍如淵字行父，永康軍導江人〔三〕。勾姓本出古勾芒，高宗卽位，避御名，更勾龍氏。政和八年，登上舍第。沉浮州縣二十年，以張浚薦，召試館職。

紹興六年，除秘書省校書郎。歷著作佐郎、祠部員外兼禮部、起居舍人。嘗進所爲文三十篇，帝曰：「卿文極高古，更令平易盡善。」後因進對，帝復言：「文章平易者多淺近，淵深者多艱澁，惟用意淵深而造語平易，此最難者。」

八年，兼給事中、同知貢舉，除中書舍人兼侍讀，兼直學士院。面命草趙鼎罷相制，如淵言：「陛下旣罷鼎，則用人才須聳動四方，當速召君子，顯黜小人。」帝曰：「君子謂誰？」曰：「孫近、李光。」「小人謂誰？」曰：「呂本中。」先是，祠臣曾開以老病辭不草國書，帝欲用如淵代之，而趙鼎薦本中，故如淵憾之。

又言：「臣觀朝廷事，非君臣情通，未易能濟。大臣於事稍有過差，陛下訓飭之可也。陛下所欲爲，勢有未可，大臣亦當明白辯論。然必陛下先與大臣言及此意，若不先言，卽大臣論一事不從，尙未之覺，至再至三，遂以爲陛下疏之，或疑他人有以間之。旣以懷疑，卽不能盡誠，陛下察其不誠，又從而疑之，安有君臣之間，動相疑間而能久於其位者？願陛下明諭之。」帝曰：「前此未嘗有以此告朕者，卿見秦檜亦宜語此。」時檜方得君，如淵猶恐委檜未專，故及之。除御史中丞。

先是，檜力主和，執政、侍從及內外諸臣皆以爲非是，多上書諫止者，檜患之。如淵爲檜謀曰：「相公爲天下大計，而邪說橫起，盍不擇人爲臺諫，使盡擊去，則相公之事遂矣。」檜大喜，卽擢如淵中司。

如淵言：「凡事必有初，及其初而爲之則易，無其端而發之則難。陛下卽位，一初也；渡江，二初也；移蹕建康，三初也；自建康復還臨安，四初也。自趙鼎相，劉大中、王庶相繼去，今復獨任一相，召一二名士，凡事有當行而弊有當去者，又一初也。臣願以正紀綱、辨邪正、明賞罰、謹名器、審用度、厚風俗、去文具七者爲獻。」

又言：「孟庾召節在途，士論不與。」帝曰：「朕欲遣令使金國，在廷莫更有小人否？」對曰：「如趙鼎爲相，盡隳紀綱，乃竊賢相之名而去。王庶在樞府，盡用奸計，乃以和議不合，賣直而去。劉大中以不孝得罪，乃竊朝廷美職而去。」帝曰：「卿胡不論？」對曰：「目今士論見孟庾之召，王庶之去，已有『一解不如一解』之語。願陛下不惜孟庾一人，以正今日公論，其他容臣一一爲陛下別白之。」於是出庾知嚴州。又連論庶、大中，皆罷之。

金國遣二使來議和，許歸河南地。使者踞甚，議受書之禮不決，外議洶洶。如淵建議取其書納禁中。於是同諫長請對，又呼臺吏問：「朝廷有大議論，許臺諫見宰執商議乎？」吏曰：「有。」遂赴都堂與宰執議取書事，宰執皆以爲然。帝親筆召如淵、李誼入對。明日，詔宰執就館見金使，受其書納入，人情始安。

九年，奏召還曾開、范同，而罷施庭臣、莫將，以謂：「開、同之出，雖曰語言之過，而其心實出於愛君；庭臣、將之遷，雖曰議論之合，而其迹終近於希進。今國論既定，好惡黜陟，所宜深謹。」又論張邦昌時僞臣因赦復職非是。帝曰：「卿言是也，朕亦欲置此數匹夫不問。」對曰：「將恐無以示訓。」其後卒不行。

忽一日，如淵言：「和議之際，臣粗自效，如臣到都堂，若不遏朝廷再遣使之議，則和議必至於壞，而宣對之日，稍有將順，則遂至於屈。臣於二者，粗有報國之忠。臣親老，願求歸。」帝不許。如淵疑帝有疏之之意，又奏曰：「臣向薦君臣腹心之論，陛下大以爲然。其後秦檜在和議可否未决之間欲求去，陛下頗罪之，臣再三爲檜辨析。今陛下與檜君臣如初，而臣反若有讒愬於其間者。」帝曰：「朕素不喜讒，卿其勿疑。」如淵嘗與施庭臣忿爭，庭臣謂如淵有指斥語，帝謂秦檜曰：「以朕觀之，庭臣之罪小，如淵之罪大。」檜請斥庭臣而徙如淵，待其求去然後補外。帝不可，於是與庭臣皆罷。

初，如淵與莫將及庭臣皆力主和議，如淵緣此擢中司，而將及庭臣緣此皆峻用。張燾、晏敦復上疏專以三人爲言。如淵入言路，卽劾二人，至是與庭臣俱罷。其後檜擬如淵知遂寧府，帝曰：「此人用心不端。」遂已。兩奉祠，卒，年六十二。

如淵始以張浚薦召，而終乃翼秦檜擠趙鼎，讎呂本中，逐劉大中、王庶，心迹固可見矣。子佃、僎、似。

薛弼字直老，温州永嘉人。登政和二年進士第，調懷州刑曹、杭州教授。初頒五禮新書，定著釋奠先聖誤用下丁，弼據禮是正，州以聞，詔從其議。監左藏東庫。內侍王道使奴從旁視絹美惡，多取之，弼白版曹窮治，人嚴憚之。

靖康初，金兵攻汴京，李綱定議堅守，衆不悅。弼意與綱同，圍解，遷光祿寺丞。嘗言：「姚平仲不可恃。」未幾而敗。綱救太原〔三〕，弼言：「金必再至，綱不當去，宜先事河北。」金人果再入。始命刑部侍郎宋伯友提舉河防，弼以點檢糧草從之，爲計畫甚切，皆不能用，乃乞罷歸，改三門、白波輦運，尋主管明道宮，提舉淮東鹽事，改湖南運判。

楊么據洞庭，寇鼎州，王𤩽久不能平，更命岳飛討之。么陸耕水戰，樓船十餘丈，官軍徒仰視不得近。飛謀益造大舟，弼曰：「若是，則未可以歲月勝矣。且彼之所長，可避而不可鬥也。今大旱，湖水落洪，若重購舟首，勿與戰，逐筏斷江路，藁其上流，使彼之長坐廢，而精騎直擣其壘，則破壞在目前矣。」飛曰：「善。」兼旬，積寇盡平，進直秘閣。時道殣相望，弼以聞，帝惻然，命給錢六萬緡、廣西常平米六萬斛、鄂州米二十萬斛振之，且使講求富弼青州荒政，民賴以甦。

王彥自荊移襄，遷延不即赴。彥所將八字軍皆中原勁卒，朝廷患其恣横，以弼直徽猷閤代之。彥殊不意，弼徑入府受將吏謁，大駭。弼曲折譬曉，彥感悟，卽日出境。

除岳飛參謀官。飛母死，遁於廬山，張宗元攝飛事。飛將張憲移疾，部曲洶洶，生異語。弼謂諸將曰：「太尉力乞張公，而詔使隨至，岳軍素整，今而譁鬨，是汝曹累太尉也。」諸將以諭憲，憲佯悟曰：「相公腹心，惟參謀知之。」衆乃定。除戶部郎官，再知荊南。

桃源劇盜伍俊旣招安，復謀叛，提點刑獄万俟卨不能制，乃以委弼，弼許俊以靖州。俊喜曰：「我得靖，則地過桃源遠矣。」俊至，則斬以徇。遷秘閣脩撰、陝西轉運使，以左司郎官召知處州，移黃州。

時福州大盜有號「管天下」、「伍黑龍」、「滿山紅」之屬，其衆甚盛，鈐轄李貴爲賊所獲，民作山砦自保。守臣莫將議委漳、泉、汀、建，募強壯游手各千人爲效用，與殿司統制張淵同措置。未及行，詔升弼集英殿脩撰，與將兩易。弼至郡，漕臣以游手易聚難散，恐爲他日患，聞于朝。事下弼議，弼謂：「昔守章貢，有武夫周虎臣、陳敏者，丁壯各數百，皆能戰，視官軍可一當十。」乃奏虎臣爲副將，敏爲巡檢，選丁壯千人，號「奇兵」，日給糗糧，責以滅賊。自是歲費錢三萬六千餘緡、米九千石，凡四年而賊平。弼知廣州，擢敷文閣待制。卒，年六十三。

初，秦檜居永嘉，弼游其門。弼在湖北除盜，歸功于万俟卨。檜誣岳飛下吏，卨以中司鞫獄，飛父子及憲皆死。朱芾、李若虛亦坐嘗爲飛謀議，奪職，惟弼得免，且爲檜用，屢更事任，通籍從官，世以此少之。

羅汝楫字彥濟，徽州歙縣人。登政和二年進士第，監登聞鼓院，遷大理丞、刑部員外郎。奏命官犯公罪，勿取特旨以終惠臣子，又戶口凋耗，宜少寬養子之禁。

拜監察御史。未踰月，遷殿中侍御史。與中丞何鑄交章論岳飛，罷其樞筦。朱芾、李若虛嘗爲飛議曹，主帥有異意而不能諫；又言〔四〕，飛獄具，寺官聚斷，咸謂死有餘罪，寺丞何彥猷、李若樸獨喧然以衆議爲非，欲從輕典。皆坐黜。王庶謫道州，郡丞孫行儉以官廨居之，汝楫劾其無忌憚當斥，且令庶徙居。劉子羽知鎭江，上言：「和好非久遠計，宜及閑暇爲備。」檜怒，風汝楫論罷之。

時撫州有兩陳四繫獄，誤論輕罪者死，汝楫訟其寃，且言：「獨罪獄官而守倅不坐，非祖宗法。」於是詔天下斷死刑，守以下引囚問姓名、鄉里然後決。又言：「國家駐蹕臨安，淮南不可置度外，當重防海之寄，守長江之要，革竄名賞籍以勸有功。」

遷起居郞兼侍講。帝問：「或謂春秋有貶無褒，此誼是否？」對曰：「春秋上法天道，春生秋殺，若貶而無褒，則天道不具矣。」帝稱善，嘗曰：「自王安石廢春秋學，聖人之旨寖以不明。近世得其要者，惟胡安國與卿耳。」兼權中書舍人，除右諫議大夫。

有南雄守奏對：「太后之歸，和議之力也，當盡按前言和不便者。」時相是之，驟用爲臺官，中外悚懼，多束裝待遣。汝楫言：「皆不當罪，宜以崇寧事黨爲戒。」議遂寢。

遷御史中丞。舊例，中丞、侍御史不並置，乃更侍御史。汝楫求去益力，遷吏部尚書，充國信使。除龍圖閣學士、知嚴州。秩滿，請祠，居喪未終而卒，年七十。累贈開府儀同三司。子顯、籲、頡、頌、願、頫，皆有文。

願字端良，博學好古。法秦、漢爲詞章，高雅精鍊，朱熹特稱重之。有小集七卷，爾雅翼二十卷。知鄂州，有治績，以父故不敢入岳飛廟。一日，自念吾政善，姑往祠之，甫拜，遽卒于像前。人疑飛之憾不釋云。

蕭振字德起，温州平陽人。幼莊重，不好弄。稍長，能自謀學。嘗奉父命董農役隴畝，手不釋卷，其師謂其父曰：「此兒遠大器也。」未冠，游郡庠，既冠，升太學。時有號「三賢」者，推振爲首。登政和八年進士第，調信州儀曹。

時州郡奉神霄宮務侈靡，振不欲費財勞民，與守議不合。會方臘寇東南，距信尤近，守欲危振，檄振攝貴溪、弋陽二邑。既而王師至衢，又檄振督軍餉，振治辦無闕。大將劉光世見而喜之，欲以軍中俘馘授振爲賞，振辭曰：「豈可不冒矢石而貪人之功乎！」諸邑盜未息，守復檄振如初。振悉意區處，許其自新，賊多降者。守以贓去，振獨爲辦行，守愧謝之。調婺州兵曹兼功曹。時振婦翁許景衡以給事中召，振祝之曰：「公至朝幸勿見薦。」景衡詢其故，振曰：「今執政多私其親，願爲時革弊。」景衡然之。

時盜賊所在猖獗，婺卒揚言欲叛以應賊，官吏震恐。振選諸邑士兵強勇者幾千人，日習武以備，蓄異謀者稍懼。有一兵官素得軍士心，守疑而罷之，羣卒數百人被甲挺刃，斬儀門入。振聞卽往，羣卒皆羅拜呼曰：「某等屈抑，願兵曹理之。」振使之言，厲色叱曰：「細事耳。車駕南巡，大兵咫尺，汝速死耶！可急釋械，當爲汝言。」衆拜謝而去。郡守由是益相信，事悉與謀。嘗議城守，振請以錢數萬緡庸工板築，未數月，城壘屹然，一毫無擾。任滿歸，告其親曰：「家世業農，幸有田可力以奉甘旨，振不願仕。」或薦于朝，授婺州教授，改秩，乞祠。

以執政薦召對，敷奏數事，皆中時病，帝大喜，拜監察御史。明年冬，以親老乞補外，章七上，不許。面奏曰：「臣事親之日短，事陛下之日長。」指心自誓：「今日之事父母，乃他日之事陛下也。」遂除提點浙西刑獄，尋召爲宗正少卿，俄擢侍御史。

振本趙鼎所薦，後因秦檜引入臺，時劉大中與鼎不主和議，振遂劾大中以搖鼎。大中既出，振謂人曰：「如趙丞相不必論，盍自爲去就。」鼎遂罷。

後振知紹興府，改兵部，除徽猷閣待制、知湖州。陛辭，奏曰：「國家講和，恐失諸將心，宜遣使撫諭，示以朝廷息兵寬民意。雖兩國通好，戰禦之備宜勿弛。」帝曰：「卿欲奉親求便，豈不知朕有親哉？」振曰：「臣之親所係者一夫也，陛下之親所係者天下也。陛下以天下爲心，聖孝愈光矣。」帝歎其忠。將行，白檜曰：「宰相如一元氣，不可有私，私則萬物爲之不生。」檜不悅。

振至州，檜欲取羨餘，振遺檜書，謂：「財用在天下，如血氣之在一身，移左以實右，則病矣。」檜屬以私事，又不克盡從。以親老乞祠，提舉太平觀。後知台州。海寇勢張，振至，克之。二十二年〔五〕，以楊煒在獄供涉，鐫徽猷待制，謫居池州。

初，煒將上書，責李光徇秦檜議和。時振爲侍御史，煒見振道書意，振然其言。及振知台州，而煒治邑有聲，每大言無顧忌，振擊節稱善，遂薦煒改秩，又移書於檜從子秦昌時，俾同薦之。屬吏密語振曰：「煒嘗以書責李參政及太師，昌時義不當舉，待制亦不可舉。」振

獨憐之，其在位最久。孔子所謂鄙夫患得患失無所不至者，此輩是已。鑄能伸岳飛之枉，雖爲可尙，然又爲之使金而通問焉，蓋墮其術而不悟者，檜之計深哉。

校勘記

〔一〕完顏疃　原作「完顏畢」，據本書卷三〇高宗紀、繫年要錄卷一五〇改。

〔二〕導江　原作「道江」，據本書卷八九地理志「永康軍」條、輿地紀勝卷一五一改。

〔三〕綱救太原　「救」原作「求」，據葉適水心先生文集卷二二薛公墓誌銘、本書卷三五八李綱傳改。

〔四〕又言　按繫年要錄卷一四四，上文論朱李、下文論何李，都是羅汝楫所言，此二字疑在上文「朱芾李若虛嘗爲飛書」語上。

〔五〕二十二年　按繫年要錄卷一六三、十朝綱要卷二四都作紹興二十二年十月庚辰，此處失書紹興紀元。

〔六〕安撫制置使　「制置」二字原倒，據本書卷三一高宗紀、繫年要錄卷一六四改。

曰：「吾業已許之，豈可中輟。」遂因煒獄中供前事而貶。

明年，詔除敷文閣待制、知成都府、安撫制置使〔六〕。軍儲適闕，倉吏以窘告，振奏留對糴米八萬斛以足軍食，以其直歸計所。總計者利在掊克，即先告檜，謂振唱爲闕乏之語，風御史劾振要譽，復謫池陽。而總計者以譖得蜀帥，既而專用羅織掊克其民，民益思振。

檜死，語得聞，帝大感悟，亟遣振還成都，父老懽呼蜀道。振至，一切以寬治。或問其故，振曰：「承縱弛，革之當嚴，今繼苛劾，非寬則民力瘁矣。」帝嘉振治行，謂宰臣沈該、湯思退曰：「四川善政，前有胡世將，今有蕭振。」進秩四等，加敷文閣學士。卒于成都府治，年七十二。振兩爲蜀守，威行惠孚，死之日，民無老稚，相與聚哭於道。遺表至，帝悼惜之，賻銀五百兩、絹五百匹，贈四官。

振好獎善類，端人正士多所交識，其間有卓然拔出者，迄爲名臣。振居瀕江，自父微時，見過客與掌渡者爭，多溺死。振造大舟，傭工以濟，人感其德，相與名其江爲蕭家渡云。有文集二十卷。子誠、忱。

論曰：何鑄、王次翁以下數人者，附麗秦檜，斥逐忠良，以饕富貴，而次翁尤爲柔媚，故檜